地域を活かす
遺跡と博物館

遺跡博物館のいま

青木豊・鷹野光行 編

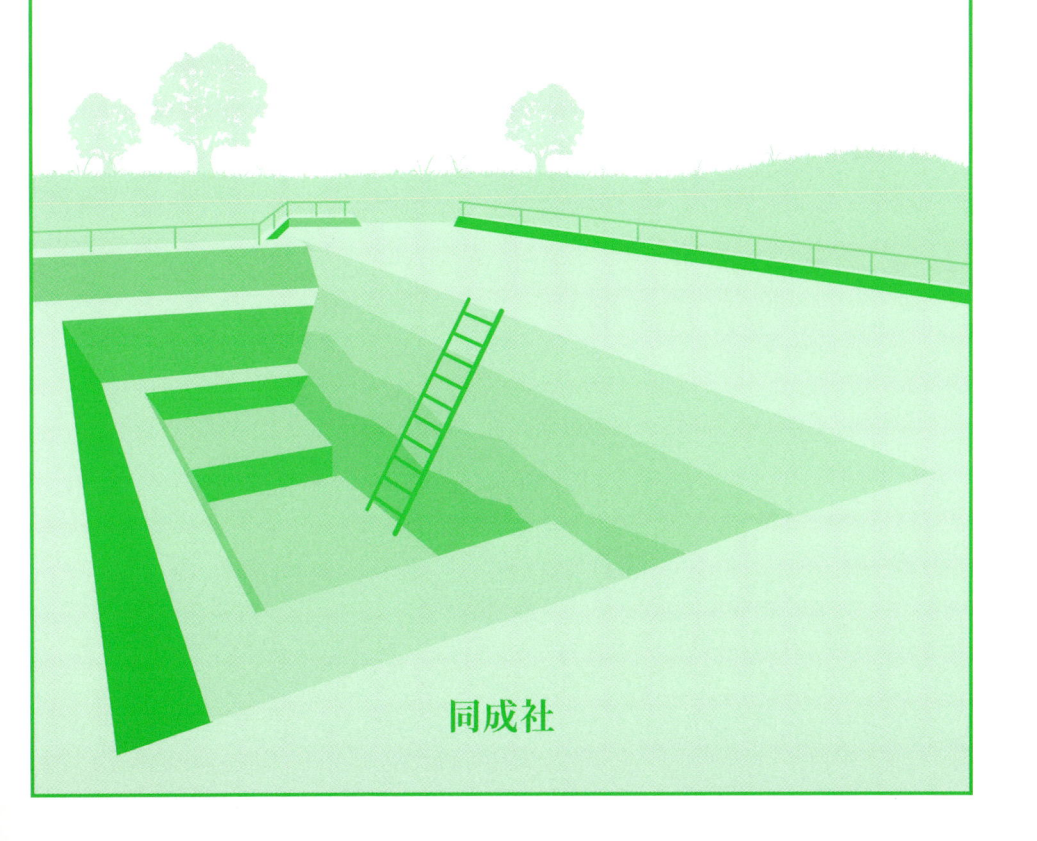

同成社

まえがき

　考古学の調査・研究対象である遺跡と博物館とは、切っても切れない関係にある。そのことを私たちに教えてくれたのは大森貝塚を発掘調査したE.S.モースである。モースは、大森貝塚の発掘成果を英文・和文の報告書にまとめただけではなく、出土した資料を自ら提言して大学内に設けられた「博物場」に展示し、具体的な資料によっても発掘成果を示したのである。また日本で最初の考古学講座を京都大学で担当し、我が国に近代考古学の研究法を紹介・実践した濱田耕作は、考古学の研究成果を子どもたちにわかりやすく伝えるための書として『博物館』を著した。

　今日、発掘調査され、そして運よく保存された遺跡は、遺跡公園などの形で整備され活用が図られる。しかし、整備された公園としてだけでは、そこがなんなのか説明し切れまい。出土した遺物を展示し、併せて遺跡を説明する場としても博物館が必要なのである。本書はそうした社会の要請のもとにある日本各地およびアジアにおける遺跡博物館の現状を把握し論じるものである。

　本書で対象とした遺跡博物館は、原則として古代までの遺跡にかかわるところとした。また博物館を取り上げるときには本来博物館が持つ収集・保存、調査・研究、展示・教育の機能に基づく活動を十分におこなっているものを対象とすべきではあるが、今回は、公開のためにある程度整備された遺跡と展示施設があって、上述の博物館の機能のうち複数の観点での活動が認められるもの、とした。厳密には博物館とは言いがたいがガイダンス施設や案内所に展示があるものも含めたことをお断りしておく。また遺跡地と博物館との所在地とは近接しているのが本来の姿であろうが、それらがやや離れて立地しているものも取り上げられている。なお遺跡名を冠していてもその遺跡が埋滅してしまっている博物館は対象としなかった。

　遺跡の「記録保存」というかたちでの「保存」がまかりとおり、遺跡そのものは調査後破壊されることが当然のこととされがちな昨今、調査を担った

人々をはじめその遺跡を愛する人たちの懸命の努力でかろうじて保存された遺跡は、保存のため多額の公費が投入されることになる。したがってただ保存されればよいのではない。遺跡に関係する人々の思いに報いるためにもまた公費を投入することに対する説明責任を果たすためにも、広くその遺跡の意義を多くの人に知ってもらい私たちの生活のなかでの活用が図られなければなるまい。そのための拠点として、遺跡博物館は重要な役割を担っているのである。

2015年6月

鷹野光行

目　次

まえがき

第1章　遺跡博物館の概念 …………………………………………… 1
　　　——法制度・保護思想の変遷と風土記の丘——

第2章　日本人が見た海外の遺跡博物館：site museum ………… 25

第3章　遺跡博物館の出現の背景 …………………………………… 41

第4章　遺跡博物館における覆屋展示 ……………………………… 51

第5章　中国西安における遺跡の保存と博物館 …………………… 79

第6章　香港における遺跡博物館 …………………………………… 95

第7章　遺跡の保存整備と遺跡博物館の歴史 ……………………… 107

　　　Ⅰ　北海道地域　107
　　　Ⅱ　東北地域　117
　　　Ⅲ　北関東地域　126
　　　Ⅳ　南関東地域　138
　　　Ⅴ　甲信越地域　160
　　　Ⅵ　北陸地域　171
　　　Ⅶ　東海地域　181
　　　Ⅷ　関西地域　196
　　　Ⅸ　山陰地域　210

　　　　Ⅹ　山陽地域　220
　　　　Ⅺ　四国地域　230
　　　　Ⅻ　九州地域　241
　　　　ⅩⅢ　沖縄地域　256

第8章　遺跡博物館のこれから ……………………………… 265

附　表　全国の主要遺跡博物館一覧 ……………………… 273

あとがき　285

本書の執筆者
第1章　青木　豊
第2章　落合知子
第3章　鷹野光行
第4章　中島金太郎
第5章　于　大方
第6章　鄒　海寧
第7章　Ⅰ　熊木俊朗
　　　　Ⅱ　辻　秀人
　　　　Ⅲ　小林青樹
　　　　Ⅳ　杉山哲司、領塚正浩、後藤宏樹、桝渕彰太郎
　　　　Ⅴ　中山誠二
　　　　Ⅵ　駒見和夫
　　　　Ⅶ　黒澤　浩
　　　　Ⅷ　中村　浩
　　　　Ⅸ　中原　斉
　　　　Ⅹ　向田裕始
　　　　Ⅺ　岡本桂典
　　　　Ⅻ　池田朋生
　　　　ⅩⅢ　伊藤慎二
第8章　鷹野光行

地域を活かす遺跡と博物館

遺跡博物館のいま

第1章

遺跡博物館の概念
――法制度・保護思想の変遷と風土記の丘――

　本章は、史跡整備の活用には遺跡の学術情報伝達の基本となる博物館が不可欠であることと、求められる遺跡博物館の理念を明らかにすることを目的とする。保護上での遺跡の概念を、自然環境をも含めた風土の保全といった捉え方で規定するにあたり、明治以前の保護思想と保護史の確認を行い、明治時代・大正時代・昭和時代のそれぞれの制度史である「古社寺保存法」「史蹟名勝天然紀念物保存法」「文化財保護法」制定に至る経緯および社会情勢を確認する。また、史跡整備における博物館の必要性を説いた高山林次郎、水谷仙次、黒板勝美、三好學の遺跡保護思想と博物館像を明らかにし、史跡整備に必要とされる博物館像を求めて、1966（昭和41）年に制定された文化財保護法のなかの「風土記の丘」構想の理念と実情の再検討を行うものである。

1. 遺跡・史跡とは

　遺跡とは、基本的には過去の人々の活動の痕跡を留めている場所であり、過去の人々の活動により生じた構築物の痕跡で不動産である遺構と、過去の人々が活動の結果生じたあるいは作出した動産である遺物の両者から構成されているのである。
　さらには、過去の人々が利用あるいは意識した自然も遺跡の形成要因であると捉えられよう。この点に関して、黒板勝美は「史蹟保存と歴史地理學」のなかで下記のとおり著している[1]。

　　凡そ史蹟なるものは、すべて地上を離れて存在する事能はず、その地上に残存せる過去人類の活動を示せるものは勿論、変化し易き天然状態の中

に於て、河道・海岸線の如き過去に於ける人類の活動ときわめて密接なる関係を有する物等は、凡そ史蹟として保存すべきものなる故に、……

また、黒板は「史蹟遺物保存に関する意見書」の「第2章 史蹟とは何ぞや」でも下記の定義を記しているのである。[(2)]

一 地上に残存せる過去人類の活動の痕跡中不動的有形物にして歴史美術等の研究上特に必要あり便宜をふるもの

二 變化し易き天然状態の過去人類活動と密接なる關係を有するものにして偶々今日にその舊態を留むるもの

三 厳密なる意味に於いて右二類に属せざるも、古来一般に史蹟として尊重せられ、特に社會人に感化を及ぼせるもの

以上の黒板の遺跡に対する概念を含めて、遺跡とは過去の人々が利用あるいは意識した自然環境・自然物は、当該地を選定するに至る主たる要因でもあり、その場に介在した過去の人々にとっての景観であったのである。したがって、遺跡の保存は遺跡のみの範囲内に留まるのではなく、周辺の自然をも含めた保存でなければならないのである。

また、「遺跡」と「史跡」の用語については、かかる意味で全国に存在する遺跡のなかで、文化財保護法に基づく国指定史跡および都道府県および市町村の文化財保護条例による指定を受けた遺跡を「史跡」と称し区別している。

2. 明治以前の保護思想の萌芽と保護史

遺跡保護思想の基盤は、自然環境を含めた風土の保全でもあり、そのためには当該地域の風土の把握と確認が不可避であることは確認するまでもなかろう。

かかる意味での我が国における風土の確認は、713（和銅6）年の「風土記」撰進が濫觴であろうと看取される。その内容は、1）郡郷の名に好字をつけること、2）郡内の銀銅草木禽獣魚虫などの種類を記録すること、3）土地の地味肥瘠の状態を報告すること、4）山川原野の名称の由来を記すこと、5）古老の旧聞異事を記すことの5項目を諸国に命じたものであった。つまり、「風土記」撰進はその名称が示すとおり、自然と歴史を含めた風土の把握を目的と

したものであったのである。

　時代は下って、1690（元禄3）年には、大淀三千風が我が国での濫觴とも思われる全国的規模の紀行文である『日本行脚文集』を刊行していることも忘れてはならない。[3]

　その後、1780（安永9）年に刊行された秋里籬島による『都名所圖會』や1797（寛政9）年の『東海道名所圖會』等をはじめとする全国各地の「名所圖繪」「名所案内」が出版されたことにより、我が国内の風土の把握と同時に遺跡に対しての社会啓蒙も拡大されていったのである。これらの書物の特徴として、挿絵をふんだんに盛り込んだ、今日で言うビジュアル版であったことが社会に受け入れられた最大の理由であろう。

　また、江戸時代には、前述の「古風土記」に対して「新編風土記」が精力的に編纂され、名所・旧跡・天然物等々をはじめとする各地の風土が特質的に紹介されたことにより、全国に遺存する遺跡、名勝の存在が庶民層まで広く浸透すると同時に、保護思想の醸成基盤も形成されるに至ったものと理解できよう。

　明治時代に入り特筆すべきことは、1894（明治27）年に、札幌農学校出身で地理学者であった志賀重昴が、日本の風土と日本人の景観意識論をまとめた『日本風景論』を著したことである。[4]当該著は遺跡の保護を直接には記したものではないが、広く自然と景観保護の必要性を訴えた点が我が国最初の保護思想を明示した名著であると評価できる。同著の「日本風景の保護」の章では、以下のごとく記されている。

　　あるいは古城断礎を毀ち、あるいは「道祖神」の石碣を橋梁に用ひ（中略）名所舊蹟の破壊は歴史観念の聯合を破壊し、國を挙げて赤裸々たらしめんとす。日本の社會は、日本未来の人文をいよいよ啓發せんため、ますます日本の風景を保護するに力めざるべからず。

　次いで遺跡の具体的な保護に関しては、遺物の発見に関する記事は多数見ることができる。[5]なかには、発見に至る経緯・出土状態・遺物の種類・数量・法量・遺存状態・発見後の取り扱い等に関する詳細な記録情報を記載した書物・記事も認められる。このことは、保存意識に基づく学術的行為であったと看取できるのである。

例えば、1814（文化11）年、名古屋市南区笠寺町に現在も所在する笠覆寺（笠寺観音）の境内から十一面観音立像・宝塔・壺等の出土記事が、『笠寺出現宝塔絵詞伝』[6]と『猿猴庵の本　新卑姑射文庫　三編』[7]に記されている。両書ともほぼ同一内容で、塚は現在の西門が立っている位置に存在したようである。大きな松があり、仁王門の棟木に使用する目的でこの松を伐採して、切り株を取り除いて塚を崩し、西門を建てようとして発見したとある。発見物は、「銅造十一面観音並びに六稜式厨子及び古甕」が主たる検出品で、『笠寺出現宝塔絵詞伝』では銅造十一面観音は「出現観世音」「掘出し観音」「出現大士」、六稜式厨子は「宝塔」「金塔」と呼称している。古甕は、（瀬戸の四耳壺　瀬戸窯大窯期第一段階：1480～1503）「掘出しの壺」と記されており、宝塔・経筒のなかには埋納経らしきものが確認されたが、日に干しているうちにボロボロになったと記されている。

　このような記載内容からも明確であるように、遺跡の種類は経塚であり、鎌倉時代末期ころから開始された六十六部聖と呼ばれた行脚僧が、書写した法華経を全国六十六州の霊場をめぐり、一部ずつ納経して回る廻国納経の流行に伴う遺構であると考えられている。

　これらの出土品は、愛知県指定文化財となり現在も笠覆寺に保存されている。この間、『猿猴庵の本　新卑姑射文庫　三編』で確認できるように何度もの居開帳に供されてきたことが、資料の保管につながったものと看取されるのである。また一方で、開帳による展示行為は見る者の歴史資料に対する知識と保存意識を高揚させたことは十分予想できるのである。

3. 遺跡の保護史

　遺跡の保護・保存に関しての記録は、比較的少ないのが事実である。古くは『日本書紀』の推古紀28（620）年の条に下記の記事が認められる。

　　　冬十月に、砂礫を以て檜隈陵の上に葺く。則ち域外に土を積みて山を成す。仍りて氏毎に科せて、大柱を土の山の上に建てしむ。時に倭漢坂上直が樹てたる柱、勝れて太だ高し。

　本条は、推古天皇による欽名天皇陵の修改築を記したもので、古墳の修改築

を記した最古の文献であろう。しかし、この場合の修改築は埋葬後70年余のことであるから、まだまだ今日で言う遺跡的捉え方では当然なく、あくまで先祖の墳墓の改修であったと看取される。

　次いで、遺跡そのものの保護ではないが、広い意味で同種と理解される事例として、築営時から室町時代を通して名庭園（名勝）であり、今日までも保護され続けている室町時代における庭園保護の歴史が挙げられる。京都市右京区に所在する室町時代の名園であり、一般に苔寺と称される国史跡（名勝）の西芳寺庭園は、歴史上たびたびの修復がなされてきたことが『西芳寺池庭縁起』からうかがい知れる。奈良時代の僧行基による開山と伝えられる西芳寺は、1339（暦応2）年に夢窓國師の入山により伽藍も再興された。森蘊の「室町時代に於ける西芳寺庭園の修理」によれば西芳寺庭園は、この折に山腹の枯山水と下段の黄金池を中心とする回遊式を取り入れた禅的庭園に改築されたものであった。[8]この名庭園の修理は、足利義満による1386（至徳3）年・1391（明徳2）年、足利義正による1455（康正元）年・1481（文明13）年の修復、1586（永禄11）年には信長等による修復がなされたことが記されている。つまり、明確な修復の歴史がそこには存在しているのである。

　また、名勝の保護としては、紀州の徳川頼宣の「和歌の浦」に関する保護政策が挙げられる。和歌の浦は、万葉歌人以来多くの人々に詠われた紀州随一の景勝地であったが、地元民からの開墾の願いに対して頼宣は、名勝地保護の観点から不許可と裁断すると同時に、さらなる保護対策として植林を命じたことも具体的な名勝地の保護政策であった。さらに頼宣は、1663（寛文3）年には紀州藩内の古墳旧址の悉皆調査の実施や熊野権現を祭祀する「九十九王子社」の保護・整備を命じるなど、遺跡保護政策を意図した基礎調査をも執行した人物であったことは確認しておかねばならないのである。[9]

　明確な遺跡整備の嚆矢は、1692（元禄5）年に徳川光圀の命により大金重貞が発掘を実施した栃木県那須郡に所在する2基の前方後円墳である上・下侍塚古墳であることは周知の事実である。両古墳の出土遺物は、図化による二次資料化がはかられ、『那須記』『下野國誌』に詳細が記載されている。[10]一次資料である遺物は、我が国の伝統的保存知識に基づき水に強い松材による箱櫃を製作し、そのなかに検出遺物を納入した上で樹脂によって密封し、再び石室内に埋

め戻し保存したと記されている。ここにも資料保存知識に基づく資料保存に関する意図が読み取れるのである。また一方、墳丘の封土流失等による崩壊部分は盛り土をもって埋め戻し、四周に松を植栽するなど具体的に墳丘、すなわち遺構の保存整備をも行ったのである。

　1697（元禄10）年には、陵墓の荒廃を糺す勤皇思想に対応すべく柳沢吉保を中心に山陵考定を行い、農民からの陵墓保存の目的で陵墓の周囲を竹垣で囲暁し、高札をもって陵墓であることを明示した「元禄の修陵」事業も明確な遺跡の保護である。1808（文化5）年に『山陵志』を上梓した宇都宮藩の蒲生君平は、大和・河内・和泉・摂津の御陵調査を詳細に実施した。(11) 当該調査は、後述する宇都宮藩が実施した山陵修補に直結していくこととなるのである。山陵修補事業はその後も引き継がれ、1862（文久2）年に宇都宮藩は、山陵修補の建白書を幕府に提出し、同年11月より1865（慶応元）年までの3年余の間に116陵の山陵修補を実施している。これは一般に「文久の修陵」と称されている。当該事業は、我が国近世における最も大規模な遺跡整備として特筆すべきものであった。

　また、福岡県うきは市吉井町若宮八幡宮の境内地内に所在する月岡古墳の墳丘と長持形石棺の例も遺跡の保存であることは別稿で指摘したとおりである。(12) 月岡古墳は、古墳時代中期に築営された前方後円墳であって、江戸時代に封土の崩壊により長持形石棺の一部が露出した。1805（文化2）年に発掘調査が行われ、長さ5.5m、幅2.7mの大型長持形石棺が確認された。村民は、当該石棺を御神体とし、墳丘上面部に移動させてその上部に社殿を建立し保存したのであった。墳丘および石棺を社殿で覆うことにより保存・整備し、御神体にすることによりさらなる保存思想の強化と同時に、信仰物としての活用を企てたのである。

　次いで、1835（天保6）年に幕末の歌人千種有功が、乙訓郡下久世村坂井清水の遺跡を保存した記事が『清水分書帳』に記されている。(13)「板井清水」は、万葉集にも詠われ、江戸時代の『都名所圖會』にも描かれていた名勝で、これを整備した記録が、「板井の清水分書帳」である。平安時代には、すでに荒れていたことは下記の歌からも理解できよう。

　　ふるさとの　いたゐのし水　みくさゐて　月さへすます　成にける哉

俊惠法師（千載和歌集　巻十六：雑上）
みくさゐる　板井の清水　いたづらに　岩ねを汲て　知る人はなし
澄覺法親王（1219〜1289）
　江戸時代末期には、藤堂藩の大和国内の手代で本居流の国学者であった北浦定政が、西洋の測地術に依る測地機を発明し平城京の調査を行った。当該調査は平城京の保護活動を目的とするもので、完成した「平城大内裏跡坪割之圖」はこれ以後の平城京の保存の基本資料となった。
　以上、遺跡・名勝地の歴史的保存事例について縷々述べたごとく、少ないながらも明治時代以前の歴史のなかで、遺跡や名勝の保護は何らかの形で実施されてきたのである。

4. 遺跡保護に関する制度史

（1）古社寺保存法制定に至る経緯
　直截な遺跡の保護ではなく遺物の保護に関してであるが、757（天平宝字元）年施行の「養老律令」雑令二十二条に宿蔵物条があり、「得古器形製異者。悉送官酬直。」と明記されている。つまり、形の珍しい古い器を拾得したならばことごとく官司に送って報酬を与えるように、との条文である。これが最初の歴史資料の保護を意図した法制であるとみられる。
　我が国最初の明確な文化財保護の宣言は、意外にも明治初年に外務省が「考古ノ徴拠トモ可成」とした資料の保存を目的とした「集古館」の建設を、太政官に献言したことに始まる。このことは、1871（明治4）年4月25日に、文部省の前身であり教育行財政を担当した大学から出された大学献言の「集古館」建設のなかに、基本的には外務省等からの献言であったと明記されているところからもうかがい知れる。これを受けて、翌1872（明治5）年5月に太政官により「古器舊物保存方」が布告された。しかし、きわめて残念ながら大学の献言の趣旨であった集古館の建設には全く触れられることはなかったのである。
　次いで、1874（明治7）年5月2日には、太政官布達第59号として「古墳發見ノ節届出方」が布告される。

上世以来御陵墓ノ所在未定ノ分即今取調中ニ付各管内荒蕪地開墾ノ節口碑流伝ノ場所ハ勿論其他古墳ト相見ヘ候地ハ猥ニ發掘為致間敷候若差向墾粥ノ地ニ有之分ハ繪圖面相副敎部省ヘ可伺出此旨相達候事

　本届出方は、我が国はじめての遺跡に関する保護制度であり、古墳という遺跡の種別に限り保存を意図した法制度であったが、遺跡の保護という観点からは、発令の意義は画期的であったと評価できよう。

　1876（明治9）年には、「遺失物取扱規則」によって、出土品は「埋蔵物」に位置づけられた。第6条に「官私ノ地内ニ於テ埋蔵ノ物ヲ掘得ル者ハ並ニ官ニ送リ地主ト中分」とあり、民法の所有権を明確にしたものであった。翌1877（明治10）年には、内務省が埋蔵物の検査を通知し、「物品ノ中古代ノ沿革ヲ徵スルモノモ有之候ニ付処分前一応当省ヘ届出検査ヲ可受」「物品ハ先ツ掘出地名及形状等ヲ詳記シ及ヒ模写スルモノヲ郵送シ其見込アルモノニテ遞送」と、埋蔵文化財の発見時の対応の具体が明示されたのであった。

　1880（明治13）年11月15日には、宮内省達乙第3号で「人民私有地内古墳等發見ノ節届出方」が通牒された。

　　上世以来御陵墓ノ所在未定ノ分即今取調中ニ付云云ノ件去ル七年五月第五十九号ヲ以テ公達ノ趣有之就テハ古墳ト相見候地ハ人民私有地タリトモ猥リニ發掘不致等ニ候ヘトモ自然風雨等ノ為メ石槨土器等露出シ又ハ開墾中不圖古墳ニ堀当リ候様ノ次第有之候ハ、口碑流伝ノ有無ニ不拘凡テ詳細ナル繪圖面ヲ製シ其地名並近傍ノ字等ヲモ取調当省ヘ可申出此旨相達候事

　上記のごとく、本省達は古墳の発掘規制と偶然の発見時の具体的な届出の方法を明示したものであった。

　明治21（1888）年には、「臨時全國寶物取調局」が設置され、委員長は図書頭九鬼隆一が兼任し、「古器物書畫ノ保存及ヒ美術ニ關スル事等ヲ掌ル」ことを目的に、全国的に社寺の宝物調査が開始された。かかる経過のなかで、1895（明治28）年貴衆両院で可決された古社寺保存組織に関する決議によって、翌年5月内務省に「古社寺保存會」が設置され、会長には九鬼隆一・委員に岡倉覚三・伊藤忠太が就任した。古社寺保存会は、古社寺保存法案を第十回帝国議会での提出に向けて準備を担当した。

　この結果、1897（明治30）年に我が国最初の文化財保護に関する法律となっ

た法律第49號「古社寺保存法」が、立法措置で制定された歴史的意義は多大であると評価できるのである。

世界最古の文化財保護に関する法制は、1834年に制定されたギリシャの記念物法であろうと田中琢が指摘しているように、当時文化財に関する法律を有したのは、ギリシャ・トルコ・フランス・ブルガリア・ルーマニアに過ぎなかった。ゆえに、文化財保護に関する「古社寺保存法」の制定は、文明開化の脱亜入欧思想とは全くの別思想であり、世界最古の記念物法を制定したギリシャでの制定理由がオスマン帝国時代の美術品の海外流出の対抗措置として設けられたのと似通っているように思える。つまり、1868（明治元）年に神祇事務局から全国の諸社へ通達された「神仏判然令」による古文化財の廃棄と、これに伴う海外への流出といった社会現象と同時に社寺は全般的に財政が逼迫し、修理ができず荒れるに任せた状態のなかから必然的に発生した社会的思潮による法の制定であったのである。当該法の最大の特質である特別保護建造物制度は、いわゆる歴史資料に留まらず建造物をも対象とした点にあり、このことは臨時全国宝物取調局臨時監査掛で明治期を代表する建築家の伊藤忠太の尽力であった。

古社寺保存法は、全20条から構成されている。勅令で「古社寺保存法施行ニ關スル件」、内務省令で「古社寺保存法施行細則」、内務省訓令で「古社寺保存金管理方法ヲ定ムル件」等の関係法規が制定されている。当該法は、保存修繕費を国家が支援するとした我が国独特の社会的背景に基づくもので、その最大の特質は、「所轄が内務省であり、内務大臣が社寺の建造物と宝物類を格付けすることとなったこと」「社寺に官公立博物館への所蔵品の出品を義務付けたこと」の2点であったと言えよう。

第1条では、かつて町田久成が中心となって内務省に創設した古社寺保存金の下付制度を定め、第4条では「特ニ歴史ノ証徴又ハ美術ノ模範トナルベキモノ」を内務大臣が特別保護建造物、または国宝に定めることを規定した点が大きな特徴であった。建造物と宝物類は、「歴史ノ証徴」「由緒ノ特殊」「製作ノ優秀」の3別の分類に基づき、特別保護建造物・国宝に指定したのであった。さらに国宝は、甲乙丙の三種に区分され、甲種は「製作の優秀ナルモノ」、乙種は「由緒ノ特殊ナルモノ」、丙種は「歴史ノ証徴トナルモノ」と分類理由も

明らかにされたのであった。甲種は、さらに四等に区分されている。

　古社寺保存法に基づき1897（明治30）年12月28日の内務省告示第817号で、44件が特別保護建造物の指定を受けているが大半が寺社であり、寺社以外で共通する要件は「皇国の歴史」の事蹟かどうかが基準となって格付けがなされた点が、特質であるといえよう。

　1897（明治30）年の古社寺保存法は、文化財保護制度史の上では大きな意味を有する法であったが、まだまだ文化財全般から見れば微視的な把握であり、史跡・名勝・天然紀念物の保護には至らなかったのである。

（２）史蹟名勝天然紀念物保存法制定にいたる経緯

　1900（明治33）年には、帝国古墳調査会が発足している。1909（明治42）年には、第一回郷土保存万国博覧会会議がパリで開催されるなど遺跡・名勝・天然紀年物を含めた郷土保護思想の萌芽が認められた。

　1910（明治43）年には、史蹟老樹調査保存会から「破壊湮滅ヲ招ク史蹟等ノ永遠ノ保存計画」が要求されている。翌1911（明治44）年には、史蹟老樹調査保存会は史蹟名勝天然紀念物保存協会に発展するなかで、史蹟名勝天然紀念物保存協会の会員であった議員から貴族院へ「史蹟及天然紀念物保存ニ關スル建議案」が提出されたことは画期をなす出来事であったと看取される。内容は「輓近國勢ノ發展に伴ヒ土地ノ開拓道路ノ新設鐵道ノ開通市區ノ改正工場ノ設置水力ノ利用其ノ他百般ノ人為的原因ニヨリテ直接或ハ間接ニ破壊湮滅ヲ招ク」と明記されていることからも理解できるように、史跡等の永遠の保存計画を求めたのであった。

　1912（明治45）年には、栃木県日光町長西山眞平が「日光を帝國公園となすの請願」を提出し、第28回帝国議会において採択されるなど、郷土・自然保護は進展してゆくのである。

　また、1912（明治45）年6月には、ドイツ・シュツットガルトで第2回郷土保存万国博覧会会議開催され、京都帝国大学文科大学助教授石橋五郎が出席するなど郷土保存思想の受容がここに開始されるのである。本論のなかで石橋は、「自然界人物界の遺物保護行はる之を称して郷土保存（「ハイマートシュッツ」）と云ふ」[16]と、ハイマートシュッツなる郷土保存を意味するドイツ語を紹

介した上で、この内容については、「一、勝景の保存」「二、天然紀念物の保存」「三、古建築の保存」「四、風俗言語の保存」の 5 項を挙げている。恐らく当該論文がハイマートシュッツという言葉を我が国へ紹介した嚆矢であろうと看取される。

次いで、当該ドイツ郷土保存思想を展開したのは植物学者の三好學で、『天然紀念物』を 1915（大正 4）年に刊行している。三好による当該書は、郷土保存思想が我が国に広がる基本となった記念碑的著作であり、郷土について以下のごとく記している。

　　其の事業としては、先ず其土地の特徴足るべき史蹟、名勝、天然紀念物に就いての調査を施して、其結果を報告し、更に詳しい「郷土誌」の編集を行い、又一方には郷土紀念の材料を蒐集して陳列する「郷土博物館」を造り、土地の人々に自郷の特徴を知らせる、其他土地の學校に於いては、中學校、小學校で郷土誌に関係ある事柄を教へ、所謂「郷土學」の講習を怠らない。

具体的には、文部省社会教育局の「郷土研究」の思想は、師範学校を源泉に社会に大きな広がりを見せたのであった。このような社会情勢のなかで 1930（昭和 5）年に、郷土教育連盟による機関雑誌『郷土』の創刊や『新郷土教毓の理論と實國際』が刊行され、これらが大きな触発となり郷土博物館論が華々しく展開されたことと相まって、史跡・名勝等の保存思想がさらなる拡大を見せたのであった。

以上のような社会情勢を反映して、1919（大正 8）年 4 月に、「史蹟名勝天然紀念物保存法」が制定されたのである。史蹟名勝天然紀念物保存法の第 5 条には、以下のごとく記されている。

　　内務大臣ハ地方公共團體ヲ指定シテ史蹟名勝天然紀念物管理ヲ為サシムルコトヲ得前項ノ管理ニ要スル費用ハ當該公共團體ノ負担トス國庫ハ前項ノ費用ニ対シ其ノ一部ヲ補助スルコトヲ得

本法は、史跡・名勝・天然紀念物の保存と管理、さらには国庫補助金制度を明文化した点が大きな特徴である。ここにようやく史跡に関する概ねの理念が定められ、その大半は現行法である 1950（昭和 25）年制定の文化財保護法に継承されているのである。

しかし、一方で史跡と名勝、名勝と天然紀念物は概念上では重複し、京都の鹿苑寺金閣に代表されるように特別史跡であり特別名勝といった二重指定も珍しくはなかったのである。

　史蹟名勝天然紀念物保存法の制定に基づき、1920（大正9）年の美濃国分寺の指定を嚆矢とし、1921（大正10）年3月には北海道の手宮洞窟、神戸市に所在する五色塚古墳などをはじめとする全国34か所の遺跡が指定されている。1926（大正15）年11月4日の大正時代最後の指定までの間12回に及ぶ指定が実施され、指定総数は90余史跡を数える。しかし、全体に美術的・顕彰的要素が強く、史跡の定義が曖昧であった事実は否定できず、昭和時代に入ると、時代の風潮に伴いさらなる拍車がかかり、建武の中興の史跡や明治天皇聖跡、歴代天皇の聖跡が中心的に指定されたのであった。

　三好による郷土保存思想の嚆矢を経ること約10年、1924（大正13）年に至りようやく文部省内に社会教育課が設置され、次いで1929（昭和4）年に文部省内に社会教育局が設置されたことは、文化財・博物館行政にとっても大きな変革の兆しであったと看取されるのである。

（3）文化財保護法制定にいたる経緯とその後の文化財行政

　国立公園については、1911（明治44）年に、新潟県長岡市出身の実業家で互尊思想を唱えた野本恭八郎が帝国議会に「明治記念日本大公園創設請願書」を提出したことに始まり、ここに自然保護思想の醸成は始まった。

　1921（大正10）年頃に至り、政府は国立公園の調査を開始し、1927（昭和2）年にようやく国立公園協会が創立された。[19]続く1931（昭和6）年には、自然公園法の前身となる国立公園法が制定され、1934（昭和9）年に初めて瀬戸内海国立公園・雲仙国立公園・霧島国立公園の3か所が我が国最初の国立公園として誕生するに至ったのであった。

　国立公園制度が展開されるなかで、文化財行政は前述したとおり1897（明治30）年制定の「古社寺保存法」、1919（大正8）年の「史蹟名勝天然紀念物保存法」を経て、1929（昭和4）年には「國寶保存法」、1933（昭和8）年の「重要美術品等ノ保存ニ關スル法律」が制定されたが、これらの法制度はあくまで歴史資料のみを対象としたものであり、わずかに屋外であっても社寺の建

築物を主とするに留まるものであった。

　戦後の1950（昭和25）年になって、「史蹟名勝天然紀念物保存法」「國寶保存法」「重要美術品等ノ保存ニ關スル法律」の3法を一本化した、現行法である「文化財保護法」が新憲法のもとに制定された。旧法との明確な違いは史跡の「活用」が明示されたことにあった。具体的には、同法第一条（この法律の目的）で、活用の目的が下記のごとく明示されたことは、大きな画期をなす法であると評価できよう。この法律は、「文化財を保存し、且つ、その利用を図り、もって国民の文化的向上に資するとともに、世界文化の進歩に貢献すること」を目的とする。

　文化財保護委員会が、専門審議会第三分科会に対する諮問の答申に基づいて、従来の史蹟名勝天然紀念物保存法にはなかった制度である特別史跡指定を開始したことは、文化財保護制度史上特記すべきことであった。

　文化財保護法により1965（昭和40）年には、国史跡の環境整備の国庫補助事業が予算化され、特別史跡の大阪府百済寺跡の史跡整備が開始されたことは、史跡を修景して整備・活用するといった具体的史跡保存と整備の幕開けであったと把握できよう。このことは、遺跡整備の歴史のなかで大きな意義を有すると同時に、文化財保護行政史の上でも画期をなす事業となったのである。かかる意味では、登呂遺跡の保護と整備に基づく公開といった活用は、文化財保護史の上で唯一の異例事項なのである。

　文化財保護法のなかで特筆すべきは、1966（昭和41）年の文化財保護法改正のなかで、「風土記の丘」構想が文化財保護委員会から提示されたことである。本構想は、遺跡を点としての保護ではなく面として広域にわたって保護することと、同時に出土品である埋蔵文化財の収蔵、保存となかでも注目に値することは、史跡整備・活用の中核となる展示施設の設置を義務付けた点にあった。これは、具体的な遺跡の保護・整備・活用を意図する時代への、大いなる変換を意識した文化財保護行政であったと評価できるのである。

　この文化財保護に関する社会変化を裏づけるがごとく、1967（昭和42）年には、『日本歴史』に史跡保護の啓蒙を目的とした「文化財レポート」が創設されるなど[20]、ここに遺跡保護思想は社会的にも大きな高揚を見たのであった。

　世界的には、ユネスコ第15回総会で、「公的または私的の工事によって危険

にさらされる文化財の保護に関する勧告」が決議されたことに伴い、加盟国は当該勧告の趣旨を遵守し、必要な立法その他の措置をとるように強く求められたことも遺跡保護を国家的にも正当化させる要因となったのである。

　一方で、1969（昭和44）年には、第2次全国総合開発計画（新全総）により、大規模工業基地を日本全土に展開するといった開発構想が出された。当該構想によって、当然のごとく開発による遺跡の破壊と地価の急激な高騰が引き起こされたのであった。我が国の社会構造や生活形態・生活習慣・価値観までが大きな変容を強いられたことにより、民具の収集と保存の必要性が叫ばれたことが、全国に所在する歴史民俗資料館の設立を迎える原因となった。しかし、残念ながらこれらの歴史民俗資料館の多くは、設立の理念を伴わない、あるいは希薄な急場しのぎの保存施設であった。そしてこれらの大半は、残念ながら変わることなく現在に至っているのである。

　平成時代に入ると、1988（昭和63）年の竹下内閣による「ふるさと創生事業」が契機となり、「文化財を地域の活性化」「遺跡を文化振興の核に」「文化財を核とした地域の再生」等々の短絡的とも思える思潮が全国に敷衍し、文化財保護行政は矢継ぎ早な展開を見ることになる。大略を列挙すると以下のとおりである。

　　1989（平成元）年「史跡等活用特別事業」（通称「ふるさと歴史の広場事業」）
　　1992（平成4）年「地域中核史跡等整備事業」
　　1994（平成6）年　天然記念物整備活用事業「風土記の丘」構想終了
　　1995（平成7）年「大規模遺跡総合整備事業」
　　1996（平成8）年「歴史の道」整備活用推進事業
　　1997（平成9）年「地方拠点史跡等総合整備事業」（「歴史ロマン再生事業」に統合）
　　1999（平成11）年「文化振興マスタープラン」
　　2002（平成14）年「文化を大切にする社会の構築について」（文化審議会答申）・「文化財の保存・活用の新たな展開」（企画調査会審議の報告）
　　2003（平成15）年「史跡等総合整備活用推進事業」（「ふるさと文化の体験広場事業」へ統合）

2005（平成17）年「改正文化財保護法施工」

以上のごとく、後述する1966（昭和41）年に制定された「風土記の丘」構想が、1994（平成6）年をもって終了したことは当該期における最大の出来事であり、「風土記の丘」構想の廃止を前後して短命とも表現できる保護・活用政策が出されたことも当該期の特質である。

バブル経済崩壊後の社会変化により、1997（平成9）年をピークに発掘調査が激減するなかで、遺跡の保存から整備・活用へといった文化財行政本来の思潮に立ち戻る契機が生じたものと看取される。

5. 史跡整備における博物館の必要性

（1）古社寺保存法に対する高山林次郎と水谷仙次の批評

前述した1897（明治30）年に制定された「古社寺保存法」を最初に評したのは、博文館の『太陽』の編集主幹であり、日本美術研究者の高山林次郎で、1900（明治33）年のことであった。

高山による「古社寺及び古美術の保存を論ず」と題する論文は、2・4章のタイトルからも予想できるように全体的に古社寺保存法に関する批判的論調で展開されているのが特徴である。当該論文の構成は、「1、序論」「2、我當局者は古社寺保存に對して定見を有する乎」「3、古社寺保存の三方法」「4、無分別なる古社寺保存」「5、古美術の保存と博物館」の5章から構成されており、古社寺保存法の無統一な修復と微視的保存の現状を批判した論旨であった。また、「5、古美術の保存と博物館」では、古社寺に伝世する資料の保存と公開を目的に政府が古社寺保存の事業のなかに博物館を設置する必要があると力説したところに本論文の意義が確認されるもので、以下のごとく記している。

　　　吾人は我政府が古社寺保存の事業と共に、是等古美術を帝國博物館に収容するの挙に出でむことを切望するもの也。凡そ古代美術を博物館内に保存すれば、二個の大利益あり、其保存の安全なるは其一也、國民をして洽ねく國民的藝術の精粋接することを得しむるは、其二也。

高山が本論で意図するところの古代美術とは、「推古天平より空海惠心時代」に到るまでの仏像仏画であると明記した上での文面である。このような奈

良美術を古美術とした概念に基づく捉え方は、明治時代には一般的であり、本論の特色である博物館の設置の必要性を、資料の保存と美術の啓蒙であるところの今日で言う生涯学習を意図したところにあった点は卓見として高く評価できるものである。

次いで、歴史的建造物の明治期の修理について論を展開した水谷仙次は、1900（明治33）年7月に『中央公論』の紙上で「古社寺保存について」下記のごとく強い語調で記している。[22]

> 古社寺保存の意義如何の項で更に史蹟を明らかならしめんが如きも、亦たこの古器物、古社寺の貴重せらるべき所以ならずとせず。もし強ちに、美術的遺品の保存をのみ滿足せしむるが所謂現在須急の保存方法なりといえば、吾人は單に美術的、非美術的といはず、更に猶一層洪汎なる意義に於いての、古器物、古社寺保存を説かざる可からず。

水谷は、現行法下での美術資料保存のみの古社寺保存法に史跡の保存を強く求めたのである。

（2）黒板勝美の思想

黒板勝美は、1912（大正元）年に朝日新聞紙上で「博物館に就いて」と題する史跡の保存・整備に関しての黒板にとっての最初の論文のなかで、史跡の整備には博物館が必要であると下記のごとく明示したのであった。[23]

> 近来史蹟保存のことが大分八釜しいやうであるが、自分はこゝに一言する、博物館の設立に伴はぬ史蹟保存なるものは、少なくとも其效果の半以上を失ふもので、歐州諸國の實例を研究しても、何れの國とて之を並行せしめて居らぬ國は無い。

その後矢継ぎ早に、「史蹟保存と歴史地理學」[24]「史蹟遺物保存に關する意見書」[25]「史蹟遺物保存に關する研究の概説」[26]「史蹟遺物保存の實行機關と保存思想の養成」[27]「國立博物館について」[28]「史蹟保存と考古學」[29]を記すなかで、史跡整備における博物館の必要性を訴え続けたのである。

以上の黒板が史跡保存について記した論文のなかでも、「史蹟遺物保存に關する意見書」と「史蹟遺物保存に關する研究の概説」が、史跡保存に関する黒板論の総論であると見なせる。「史蹟遺物保存に關する意見書」は、「第1章

叙言」「第２章　史蹟とは何ぞや」「第３章　史蹟の分類」「第４章　史蹟と遺物」「第５章　史蹟遺物保存の過去及び現在」「第６章　史蹟と遺物保存の根本主義」「第７章　史蹟と遺物の保存方法」「第８章　史蹟と遺物保存思想の養成」「第９章　保存法と監督局及び博物館」から構成され、全43頁を数える。なかでも「第９章」に博物館の必要性を明示した章を設けたことが最大の特徴であり、その論調は力強いもので、社会啓蒙には十分な説得力を発揮したことが予想される。「史蹟遺物保存に關する研究の概説」では、「第一　前置き」「第二　史蹟と遺物」「第三　史蹟遺物保存の過去現在」「第四　史蹟遺物保存の根本主義」「第五　史蹟遺物の保存方法」「第六　史蹟遺物保存思想の養成」「第七　餘節」からなる全40頁の総論的論文であった。

「史蹟遺物保存に関する意見書」「史蹟遺物保存の實行機關と保存思想の養成」「國立博物館について」「史蹟保存と考古學」は、前記した「博物館に就いて」で明示した遺跡整備での博物館の必要性を確認したものとなっており、なかでも、「史蹟遺物保存の實行機關と保存思想の養成」では、黒板の博物館に対する思いの深さが下記の表現からも読みとれるのである。

　　こゝに於いて博物館―遺物の保存場所―の設置が史蹟遺物の保存事業と關連して、先づ第一に必要なことゝなるのである。博物館の設置なき保存事業は、丁度龍を畫いて睛を點ぜぬやうなものである。折角の保存事業も遂に無效に帰すといはねばならぬ。

「史蹟遺物保存に關する研究の概説」の「第六　史蹟遺物保存思想の養成」では、国民に対する社会啓蒙の必要性を明示している点も黒板学の特質の一つとして捉えられよう。

　この意味で当該期の黒板の史跡の保存・整備の関する思想は、考古学・博物館学にとってはもちろんのこと社会においても指針となる大いなる論文であったであろうことは、新聞掲載論文を含むことからもうかがい知れよう。

　一方で、「史蹟遺物保存に關する研究の概説」の「第二　史蹟と遺物」の節で、史跡分類の第一に「皇室に關するもの」として宮城・皇居址・離宮・行宮・頓宮などの宮址、陵墓を挙げて以下のとおり記しているのである。

　　第一類皇室に関するもの我が國は特別の國體を有つて居ます、また皇室に於いても歴代の陵墓に就ては殊に御手厚い保存方法を講ぜられて居ます

から、皇室に關する史蹟を獨立させて、若し成らうことなら、皇室に於いて御保存のことを御願い申したいのですが、もしそれが出来ませんならば、国家事業として先ず第一着にその保存を講ぜられたいと考えます、従って此の第一類は學術的分類の外であります。

この点に関して鈴木良は、「天皇制の束縛からは自由ではあり得なかった」と記しているように、皇室に関する史跡・資料は学術的分類の埒外としたのであった。黒板の史蹟整備理論においてもこの面は、黒板の皇国史観の表れであると看取される。

（3）三好學の保存思想

1915（大正4）年に三好は、「通俗講和　天然紀念物の保存と美化1～4」と題する東京日々新聞紙上で保存と活用をめぐる「天然紀念物」と「公園」の概念を提起し、以下のごとく記し郷土保存の啓蒙を企てたのであった。

此等の史蹟、名勝、天然紀念物の保存は、前にも述べた通り、一は學術研究の資料として必要なるのみならず、一は又愛郷愛國の精神即ち國民涵養の上から見ても大切なることで識者の夙に認めて入る所である。

また、三好は「天然紀念物保存雑記（續）」のなかで、（九）天然紀念物博物館と題下し、次のごとく通常の博物館ではなく、天然紀念物に特化した博物館の必要性を論じたのであった。

又適當なる博物館を造って、此處へ往けば、天然紀念物に關する知識を、容易く得ることの出来るやうにしたい。普通の博物館では、一般の知識は得られるが、特に天然紀念物に關する知識は得られない。天然紀念物は、土地の考証にもなり、又學問上の資料に供せらるゝ大切なものを含んで居るから、一般に之を見せる必要があり、又是に就いて調査する必が起ってくる。

郷土保存思想を俎上に乗せた三好は、その視覚上の具現を博物館設立論に求めたものと思われる。

（4）日本博物館協会による戸外文化財思想の啓発

戦後の1948（昭和23）年に日本博物館協会は、『戸外文化財の教育的利用』

を刊行する。戸外文化財とは、従来の博物館の概念であった建物内の博物館に対しての戸外、すなわち野外博物館を意図する用語として使用されたものであった。先駆的研究としては、戸外文化財利用の教育機関として、1930（昭和5）年に棚橋源太郎が、『眼に訴へる教育機關』の中で戸外博物館と称し、下記の定義を行っている。[33]

第八章　戸外博物館

アウト・ドア・ミュージヤム、即ち戸外博物館の問題である。これは、本邦の古社寺史蹟、名勝、天然記念物保存事業と關係のある施設で、博物館の内に持ち込めないやうな大きい古建築物とか、或はその他の歴史的遺物、或は天然記念物の類を戸外に保存して、公衆の觀覽に供せんとする新しい施設の一つである。

棚橋の言う戸外博物館は、古社寺を含めた史跡・名勝・天然記念物を想定したもので、明治時代の多くの文化財・博物館研究者が範としたスウェーデンのスカンセン野外博物館を事例とした思想であったことは当該書の全容よりうかがい知ることができる。

本題に戻し、日本博物館協会による『戸外文化財の教育的利用』は、「1、戸外文化財の意義」「2、戸外文化財教育的利用の重要性」「3、海外における戸外文化財教育的利用の状況」「4、本邦における戸外文化財保存利用の現状」「5、戸外文化財の性格とその教育的利用施設」「6、戸外文化財の教育的利用促進の方策」「7、教育・學藝上に戸外文化財利用の方法」の7章から構成されており、「5、戸外文化財の性格とその教育的利用施設」の「考古學園」の節では以下のとおり記されている。[34]

……北海道網走市のモヨロ貝塚のごときである。この種の遺蹟は全國いたるところに見出されるのである。これらは發掘品とともに、適當にこれらが保存觀覽の施設を行って、教育學藝の上に利用しやすいやうにすべきである。もしも發掘品収容のため、遺蹟の付近に小規模でもよいから陳列館を設置することができるならば、その地方から發掘した考古品とともに整理して系統的に陳列するようにしたい。

本書の刊行は、戦後の日本博物館協会の再興を明示する編纂であり、また博物館館法（昭和26年12月制定）制定を意識した活動であった。[35]

また、本書で示された理論は、先の棚橋による『眼に訴へる教育機關』でその萌芽が認められた遺跡の保存をさらに一歩進めたもので、遺跡の現代社会への活用に言及した書であったところに文化財保護のみに留まらず博物館学においても大きな意義を有するものと評価できるのである。

6. 考　察

　以上述べてきたように、史跡の活用には博物館が不可避なのである。2005（平成17）年に文化庁文化財部記念物課から刊行された『史跡等整備のてびき―保存と活用のために―Ⅰ～Ⅳ』には、管理・運営および公開・活用に関わる施設として、ガイダンス施設・体験学習施設の2種の施設を挙げるのみに留まり、史跡整備の活用の基本である情報の伝達機関としての博物館は記されていないのである。[36]この点が、今日の史跡整備において欠けている最大の要件であると考えられる。

　ここで再度想起されるのは、1966（昭和41）年の「風土記の丘」構想である。当該制度は、第一の特徴は史跡と埋蔵文化財を従来においては一般的であった面積的意味合いで、点としての遺跡の保護に対し面としての広域にわたっての遺跡保護を目的としたことは述べたとおりである。このことは、複数の遺跡を有機的かつ系統的につなぐという新たな理論の具現であり、初現的遺跡博物館であると同時にサイトミュージアムの一完成形態であったと把握できるのである。第二点は、広域に文化財を保存した上で、さらに整備活用を企てたところにある。具体的には、埋蔵文化財の出土品を収蔵・保存し、さらには埋蔵文化財の公開と普及展示施設である資料館を設置した上で、専門職員である学芸員の配置を義務付けたところに当該法の大きな意義が認められたのである。第三点としては、面積の上での有利性で遺跡のみにとらわれず古民家の移築と民具の展示や万葉植物園等の設置により遺跡・地誌・民俗・植生・景観等を含めた総合博物館と成り得る要件を有したことであったと考える。[37]かかる意味で、文化財行政史の上では画期的といえる制度と評価できるものであった。

　しかし、上記の特質である50,000坪（165,000 m^2）以上の面積・遺跡保存と民家の移築・民具の収集と展示・植物園の設置・風土記は旧国単位であるのに

対し都道府県単位であること等、それぞれに問題を孕んでいたこともまた事実であった。以上のような視点からの鈴木重治・西川幸治[38]・後藤和民[39]・高橋誠一[40]等の「風土記の丘」構想に対する批判論文も多数みとめられる。また一方、安原啓示・小笠原義彦らを代表とする評価論考も多数あることも事実である。小笠原義は「風土記の丘構想を再考する」[42]のなかで次のごとく評価論を展開している。[43]

　　風土記の丘がこれまではたしてきた役割、さらに後の文化財保護思想の
　　普及を考えると各地に風土記の丘を開設したこの構想の趣旨を再評価し、
　　今日的な状況のもとでさらに開設することが望まれるのである。

　平成に入り、短命な文化財行政が新たに矢継ぎ早に制度化されるなかで1994（平成6）年に「風土記の丘」構想が、明確な理由もなく終了したことは周知の事実である。そして、その後当該法の不具合点を改善した文化財制度は、未だ施工されていないことも事実である。ゆえに何をもっての終了であったか甚だ疑問なのである。小笠原が記すように、今日的な状況のもとで最大の課題であった対象面積にしても、限定面積を解除することにより都市部での設定も可能になるだろうし、旧国名と都道府県名およびその行政範囲は特段の問題とする必要はないと考える。現に栃木県では、「しもつけ風土記の丘」と「なす風土記の丘」の両風土記の丘が、同一旧国で同一県内に存在している。したがって、歴史的な旧国の「風土記」ではなくあくまで「風土記の丘」なのである。つまり、歴史学的には大きな誤用である「道の駅」の命名と同様と考えてよいのではないだろうか。それぞれの国々でなくともそれぞれの地域の自然・景観・地誌を含めた歴史を感じさせる「風土記の丘」という名称こそが重要であると考える。

　我々日本人は、古いものや見慣れたものを廃棄し、新たなものを求める傾向を強く持つ民族と思われる。思想や制度においても同様であろう。例えば、世界記憶遺産や世界ジオパークに関しても、同じ傾向が観察される。世界記憶遺産の場合、山本作兵衛による筑豊炭鉱での記録画等が世界記憶遺産に登録されたことは、我が国でも知られていない資料であったところから再認識という観点では喜ばしい登録であった。ところが、第2回の遣欧使節資料と藤原道長の自筆日記である『御堂関白記』の両者はすでに国宝に指定された我が国を代表

する歴史資料なのである。国宝では不十分なのであろうか。世界ジオパークについても、国立公園・国定公園では不十分なのだろうか。指定後の活用に関しては、不十分であることは否めないであろうが、制度そのものに決して不備はないものと考えられる。風土記の丘に関しても全く同様なのではないだろうか。遺跡の保存と活用を行うにあたり、なぜ、風土記の丘ではいけないのかを再度確認する必要があることを提起するものである。従来の遺跡の活用の姿と現在社会への整合性を確認し、不具合な点を改善すれば風土記の丘の基本理念は、現在社会でも十分通用する構想であろうし、現時点ではこれに勝る遺跡の保存・整備・活用に関する理念は皆無なのである。

　自然・景観・文化・歴史・民俗といった地域文化の保存と活用には、野外博物館が必要であることは、別稿で述べたとおりである[44]。この点では、遺跡という野外空間は野外博物館を展開するには整合性を有することと、また逆に遺跡の活用の基本である遺跡が有する学術情報の伝達には博物館が不可避である点とさらには遺跡に関する専門知識を有した上で博物館知識と意識を持った学芸員の配置が必要であることを考え合わせれば、1966（昭和41）年の「風土記の丘」設立の理念に再び到達するのである。

註
（1）黒板勝美　1912「史蹟保存と歴史地理學」『歴史地理』第20巻第1號、16頁。
（2）黒板勝美　1912「史蹟遺物保存に關する意見書」『史學雜誌』第23編第5號、『虚心文集』所収、397頁。
（3）近世文学書誌研究会編　1975『近世文学資料類従　古俳諧編37　日本行脚文集』勉誠社。
（4）志賀重昂　1894『日本風景論』政教社、203頁。
（5）1979（明治12）年5月に開催された『得能印刷局長展覧古器古書目録』の「度會郡陳列品目録」に「寛弘年中當所鼓ケ岳麓元蓮台寺地内ニ於テ之ヲ掘出スト傳言ス」とある。つまり、1004～12年の寛弘年間に愛知県度会郡鼓ケ岳山麓の蓮台寺地内で、古鏡が掘り出されたことが記されている等の記事。小玉道明編　2006『考古の社会史』光出版。
（6）文化11年甲戌5月吉日　名古屋高力種信謹図［朱印］『笠寺出現宝塔絵詞伝』。
（7）名古屋市博物館　2005『名古屋市博物館資料叢書3　猿猴庵の本』（第10回配本）19-46頁。
（8）森蘊　1941「室町時代に於ける西芳寺庭園の修理」『建築史』第三巻第四號。

（9）芳賀祥二　1998『史蹟論―19世紀日本の地域社会と歴史意識―』名古屋大学出版会、334-340頁。
（10）大金重貞　1673-1680『那須記』『続群書類従』第22巻上、所収、越智守弘編／田崎梅溪画『下野國誌』。
（11）蒲生君平　1921「山陵志」『勤王文庫』第参編、大日本明道会、95頁。
（12）青木豊　2008「史跡の活用とは何か」『國學院大學考古学資料館紀要』第24輯。
（13）三浦周行　1913「江戸時代の名勝保存」『歴史地理』第20巻第3號。
（14）田中琢　1982「遺跡遺物に関する保護原則の確立過程」『考古学論考』平凡社。
（15）稲葉信子　1986「伊藤忠太―魑魅魍魎の彼方に―」『建築雑誌』第246号。
（16）石橋五郎　1912「第2回郷土保存萬國會議狀況報」『建築雑誌』第25巻第5號、84頁。
（17）三好學　1915『天然紀念物』富山房。
（18）峯地光重・大西吾一　1930『新郷土教育の理論と實國際』人文社。
（19）内務省衛生局　1927『國立公園』。
（20）日本歴史学会編　1968『日本歴史』240号
（21）高山林次郎　1900「古社寺及び古美術の保存を論ず」『太陽』第5巻第10號、61頁。
（22）水谷仙次　1900「古社寺保存について」『中央公論』第15年7号、2頁。
（23）黒板勝美　1912「博物館に就て」『東京朝日新聞』1頁。
（24）黒板勝美　1912「史蹟保存と歴史地理學」『歴史地理』第20巻第1號、17頁。
（25）黒板勝美　1912「史蹟遺物保存に關する意見書」『史學雑誌』第23編第5號、『虚心文集』所収、吉川弘文館、357-400頁。
（26）黒板勝美　1915「史蹟遺物保存に関する研究の概説」『史蹟名勝天然紀念物』第一巻第参號～第六號、401-441頁。
（27）黒板勝美　1917「史蹟遺物保存の實行機關と保存思想の養成」2月、大阪毎日新聞。
（28）黒板勝美　1918「國立博物館について」『新公論』第33巻第5號、『虚心文集』所収、506頁。
（29）黒板勝美　1936「史蹟保存と考古學」『考古學雑誌』第26巻第5号。
（30）鈴木良　2002「近代日本文化財問題研究の課題」『文化財と近代日本』山川出版社。
（31）三好學　1915「通俗講和　天然紀念物の保存と美化1～4」東京日々新聞（朝刊）。
（32）三好學　1917「天然紀念物保存雑記（續）」『史蹟名勝天然紀念物』第一巻第十五號、119頁。
（33）棚橋源太郎　1930『眼に訴へる教育機關』寶文館、156頁。
（34）日本博物館協會　1948『戸外文化財の教育的利用』社團法人日本博物館協會、2・19頁。
（35）今野農　2010「戦後初期における日本博物館協会の『戸外文化財』構想」『國學院大學博物館學紀要』第34輯。

(36) 文化庁文化財部記念物課編　2005『史跡等整備のてびき―保存と活用のために―Ⅰ～Ⅳ』文化庁文化財部記念物課。
(37) ここでの総合博物館とは筆者が言う総合学域博物館をさす（青木豊　2003『博物館展示の研究』雄山閣、283-293頁）。
(38) 鈴木重治　1976「風土記の丘」『ジュリスト増刊　総合特集開発と保全』No.4。
(39) 西川幸治　1973『都市の思想―保存修景への思想―』日本放送出版会。
(40) 後藤和民　1979「Ⅴ　館種別博物館における資料整理と保存法2　歴史系博物館」『博物館学講座―資料の整理と保管―』第6巻、雄山閣。
(41) 高橋誠一　1981「風土記の丘」『地理』第26巻11号。
(42) 安原啓示　1970「風土記の丘計画の再検討」『日本歴史』263、吉川弘文館。
(43) 小笠原義彦　2008「風土記の丘構想を再考する」『明日への文化財』60号、21頁。
(44) 青木豊　2013『集客力を高める博物館展示論』雄山閣、95-98頁。

（青木　豊）

第2章

日本人が見た海外の遺跡博物館：site museum

　明治から昭和期にかけて、多くの学識者達がポンペイをはじめとするヨーロッパやアジアの遺跡を訪れていた。日本においてはまだ遺跡博物館の概念が未熟であったこの時期に、歴史学者黒板勝美らは海外の site museum として活用されている遺跡を見て、保存事業や博物館の必要性、その展示等を紹介している。本章では黒板のほか、博物館学者棚橋源太郎、考古学者濱田耕作の遺跡に対する博物館学意識とその相違に焦点を当てて考察するものである。

　また、黒板および棚橋の記述は『野外博物館の研究』[1]を、また濱田の記述は「濱田耕作と博物館—明治37年の Museologie の記述—」[2]を再考したものである。

1. 黒板勝美の見た site museum

　かつて黒板勝美は、その著書『西遊弐年歐米文明記』[3]において史跡整備について以下のごとく論じている。

　　　博物館の設立に伴はぬ史蹟遺物の保存事業は少なくともその功果の一半以上を失ふものである。伊太利、希臘その他の歐洲諸國では何れでも平行せられて居るばかりでなく、中には國立博物館で史蹟遺物の保存事業を監督するやうになつて居る。

　黒板は海外の史跡を見学し、史跡整備における博物館の必要性を指摘した上で国立博物館の役割にも言及している。欧州では史跡遺物は国立博物館の監督のもとに保存されていることが明記されており、さらに以下のごとく博物館の必要性を再度確認したのであった。

博物館の設置なき保存事業は、丁度龍を畫いて睛を點ぜぬやうなものである。(略) この博物館は一方に於て遺物の保存所であると同時に、他方に於ては史蹟遺物の保存を計畫し實行する場所となるのである。

　遺跡博物館は遺物を収蔵し、その保存を推進する施設であることを指摘しており、このような黒板の文化財保護思想は今日の史跡整備の概念との差異は少なく、むしろ黒板の理念を基に今日の史跡整備が成り立っていると考えても過言ではない。当時としては非常に斬新な理論であったと言えるのである。

　しかし我が国の遺跡保存では、一般的にありがちな原地保存はしたものの、情報発信を行う核となる博物館を伴わない史跡整備も多く、結果的に保存のみに終始しているのが現状なのである。

　黒板は欧米を見聞し、博物館に関連した事項を詳細に記録したが、史跡整備と保存事業は博物館が行う必要があると論じた点は高く評価できよう。また黒板は、史跡保存の立場から神社の保存をも論じたが、このような考え方は、神社合祀反対運動や史蹟名勝天然紀念物保存思想といった、当時の風潮によるところが大きいものであった。

　『西遊弐年歐米文明記』(1911年)が刊行された翌年に、東京朝日新聞に6回にわたり「博物館に就て」が連載された。そのうち2回は以下のとおりである。

　　此等の建築はまた遺物として保存すべき必要からこゝに移して來たともいふことが出來るので、この種のミューゼアムは史蹟遺物保存の一法として實行せられたものとしても可い(「博物館に就て」(6) 1912年8月30日、第9369号)。

　この記事は、スカンセン野外博物館についての記述であるが、博物館資料はそれぞれの時代、文化的風気の復元を伴うものであり、なかでも建築物資料はそのまま保存活用することが重要であることを説いたものであった。さらに野外博物館はその国の風俗、風土、文化を表すものであり、まさに当該国の縮図と解釈したのであった。このような野外博物館を史跡遺物保存の一方法と見なしていることから、黒板の主張は史跡整備を主軸としたものであり、博物館をあくまで史跡整備に活用することであったと言える。

　　博物館と史蹟遺物 (略) 國家が史蹟遺物の保護をその一部に限定する

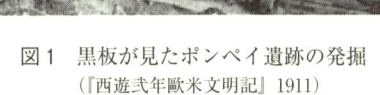

図1 黒板が見たポンペイ遺跡の発掘
（『西遊弐年歐米文明記』1911）

図2 黒板が見た整備されたポンペイ遺跡
（『西遊弐年歐米文明記』1911）

　は、理論上全然賛成すべからぬことであるのみならず、之を指定しながら、その保管の方法を立てずして之を寺社の手に委するは甚だ危険千萬にして、寺に取りても迷惑至極の事である。假りに一歩を譲りその指定が正當とするも、その保管については、どうしても博物館を建て、安全に之を保存するのでなければ、その目的を達することが出來ぬ（「博物館に就て」(3) 1912年8月27日、第9386号）。

　史跡遺物は博物館を建設して、それらを安全に保管しなければ、史跡指定した目的意義を失うとして、博物館の設立に伴わない史跡遺物の保存事業はその効果を大きく失うものであると明記している。前述のごとく欧州では国立博物館が史跡遺物の保存事業を監督し、史跡保存には博物館が必要であることを主張し、自身の役割を強く訴えたのであった。

　次に「史蹟遺物保存に關する意見書　第九章保存法令と監督局及び博物館」のなかでも博物館の建設の必要性を説いている。

　　（略）史蹟遺物の保存事業が博物館の設立と伴はざるべかざるを主張す、蓋し博物館の設立に伴はざる史蹟遺物の保存事業は、實にまた保存そのものゝ意義に戻るといはざるべからず、何となれば、史蹟の一部及び遺物等は、その保存上博物館の如き、完全堅牢なる建築の中に陳列せらるべき必要を認むること多ければなり、素より史蹟の一部及び遺物等は、能ふだけその地に保存すべきを原則とするはいふを待たず（1912年『史學雜誌』第23編第5號）。

ここでも黒板は史跡保存には博物館が必要であり、遺物は完全堅牢の建物内部で展示することが肝要であることを論じている。また、「史蹟遺物保存に關する研究の概説」でも同様に、博物館の必要性とともに、理想的な史跡保存論を展開している。

（略）博物館の設立に伴はない史蹟保存をしようと云ふのは、眞の保存の意味を没却して居ると思ふ。（略）特別の史蹟遺物が一緒にある場合には成るべくその史蹟に博物館を置くのも一の案で、希臘のデリフォイとか、オリンピアとかの小博物館に倣ひたいと同時に、中央の國立博物館が、中央監督局の下に出來、各地方の監督局の下にその地方の博物館が出來ますならば、ここに始めて理想的に保存事業が完成さるるのであります。それが出來なければ完全なる史蹟遺物保存事業は出來ないと思ひます。（略）第一現保存、現保存と云ふのは、史蹟遺物保存の最も主要なるものと思ひます。現保存は、前にも申しました通り、史蹟は唯單に現の儘に保存せらるべきものなりと云ふ第一の根本義を基にしたのであります。若し現を保存することが出來ないことがありますれば、私は現の一部分に屬すべきものでも宜いから保存したいと思ひます。模型保存は史蹟の大きな場合に全體を一目に見る上に於いて便利であります、國民教育に於いて應用するもよいことであらうと思ふ（1915年1月『史蹟名勝天然紀念物』第壱巻、第參號）。

さらに「史蹟遺物保存の實行機關保存思想の養成」では歴史的建造物利用の博物館が理想的な形態であることを提案している。

我が國の古寺保存會がその美を濟す能はざるは、その根本的方針の誤れるによるといへども、また一は博物館を有せざるに因ることも忘れてはならない。いはゞこの博物館は一方に於て遺物の保存所であると同時に、他方に於ては史蹟遺物の保存を計畫し實行する場所となるのである。博物館は從來各國ともその首都に置くのが普通であつたけれど、近來の傾向は成るべく史蹟に近い、出來べくんば史蹟の中に之れを設立すること、なつて來た、（略）ついでながら博物館として古い建築物を用ひることが出來れば、それが一番理想的である（1917年2月大阪毎日新聞）。

黒板は明治年間から史跡保存に考慮が深く、このように「史蹟遺物保存の實

行機關と保存思想の養成」と題して大阪毎日新聞紙上においても史蹟保存を論じており、これを受けて後述の濱田耕作も同紙に意見を寄せている。

　以上のごとく、黒板の論じた博物館学は史跡整備を主軸としたものであったが、それは現代の博物館学に引き継がれている理念が多いのである。史跡整備の範疇に学校保存を含めるなど、その着目点を見る限り、今日の史跡整備の観点と変わりはなく、むしろ黒板の理念を基に今日の史跡整備が成り立っていることを再度確認するものである。まさに史跡整備には博物館が必要であることを強調し、それが郷土保存につながっていくことを早くから訴えていたのである。

2. 棚橋源太郎の見た site museum

　黒板と同様に棚橋も海外の博物館や史跡を多く訪れ、特に博物館に関しては多岐にわたる分野から考究し、博物館学視座に基づく論を展開したことは周知のとおりである。棚橋の専門分野は理科教育ということもあり、考古学的視座からの理論展開は少ないが、本項は棚橋が見た海外の遺跡に関する記述に焦点をあてて考察を試みる。

　動植物学・地質学・古生物学関係の天然紀念物を、原地に現状保存し、利用するという試みは1906年にドイツで始められ、我が国においても1911年に徳川頼倫の発起により、史蹟名勝天然紀念物保存協会が設置され、1919年に史蹟名勝天然紀念物保存法が公布された。棚橋は遺跡をはじめとする戸外文化財は、同じ一次資料であっても博物館に陳列される資料や、動植物園・水族館に飼育および栽培された資料と比較して、臨場感に富んだ点において教育上の効果はより高いものとし、さらに遺跡も原地保存が好ましいことを論じている。

　　　動植物ならばそれが住んだり、生えたりしている原地で、生きた實物に触れて観察したり、聞いたり、かいだり、味わったりすることができ、館内の枯れた見本や液づけの標本、蝋製模型など、遠くおよぶところではない。考古歴史的遺品、建造物、遺跡もその昔からあった原地では周囲との關係を考えたり、ありし昔を想像することもでき、博物館で離れ離れに陳列し、寸法を縮めて小さい模型にして見せてあるものに比べると非常な違

いである。⁽⁴⁾

　このように棚橋が考えた遺跡は、原地保存つまりそれを取り巻く環境とともに保存されてこそ意義のあるものという理念に基づいたものであり、可能な限りこの方策による保存が好ましいことは確認するまでもない。博物館に展示された資料の多くはそれが置かれた環境から切り離されており、この点を最大の原因として結果的には臨場感の欠けた無味乾燥な展示と批判したのである。

　「異彩を放つ歐米の地方的博物館」の「戸外博物館となつた二千年前の文化都市ポンペイ⁽⁵⁾」に遺跡博物館の記述が見られる。

　　この珍しい廢墟、謂はゞ戸外博物館であるその城門を入ると、三室から成る小陳列場がある。これは發掘主任フィオレリ氏の努力に依つて出來たもので、舊ポンペイ市内の状態や、家庭生活の模様などを示す資料が陳列されてゐる。卽ち各室の陳列ケース内や壁面には、ランプ、壺、瓶、杯、錢箱、赤土燒の瓦、皿、噴水口、パンの碎片、卵の殻その他の食品、ガラス器、銅鍋、錫、釘その他の、馬具、蝋燭、計器、羅災男女の人體模型、骸骨、髮の殘つた頭蓋、馬、犬、猫、鼠の骸骨、ヴィナスの大理石像、無髮青年やサチロスの大理石像などが陳列されてゐる。（中略）この發掘された廢墟と、それからの出土した物品とで以て、今から二千年前のヨーロッパ文化が果して何の程度まで進歩してゐたのかを明かにすることが出來、世界文化史上の研究に資するところ頗る大なるものがある。

　このように、ポンペイを一つの遺跡博物館と捉え、遺跡内の小陳列場の展示について詳述していることから、当時も遺跡内で展示が行われていたことが理解できる。また、野外博物館は過ぎ去りし日にタイムスリップさせ、昔を体験させる場であるが、その点においても棚橋がポンペイを見て驚嘆したことは明白であろう。「新意義を持つポンペイ博物館⁽⁶⁾」でもポンペイの記述が確認できる。

　　このポンペイ發掘都市は、異彩ある戸外博物館の一つと見做すべきものである。これまで博物館と云へば、すべて建物の内にあるものに限られてゐたが、近年戸外博物館と云ふものが發達してからは、博物館の意義が擴張されて來た。そのため、今日ではポンペイの如きも、發掘地の全部が一つの博物館と見做されるに至つた。名稱は等しくポンペイ博物館でも、從

來の二三の室から成る小陳列所は、最早今日の所謂ポンペイ博物館ではなくなつたのである。

以上のポンペイで發掘した資料はナポリ國立考古學博物館に收藏されている。このナポリ國立博物館は、公式に開館したのが大學にその經營を任されてからの 1616 年で、その後 1688 年の大震災後は一時裁判所に用いられ、1701 年の革命時には兵營にあてられた經緯を有している博物館である。その後、從來の教育機關に戻り、1790 年にはフェルディナント 4 世がこれを考古學博物館たらしめようと發意し、建築したものである。

図3 棚橋が見た整備されたポンペイ遺跡
（『博物館・美術館史』1957、長谷川書房）

爾来王家の私有物となつてゐた同館は、一八六〇年ガリバルディ將軍が執政官となるに及び、これを國立の博物館となり、ポンペイ發掘の經費を増額し、その出土品の全部を同館に收容することにした。（中略）然し何といつても本館の特色は、ポンペイ及びヘルキュラニウムの發掘品が豊富で、貴重品揃ひの點にある。

このように棚橋が見た遺跡・史跡は現地保存され、小規模ではあるが展示行為が行われていたことが読み取れるのである。さらに「陳列の場所による種類」[7]においては、史跡・考古学的遺跡などで博物館内へ持ち込めないもの、あるいはそのまま原地に保存することを必要とするものはこれを博物館の付近へ移してくるか、現存の場所で展覧に供する外はないとした上で、以下のごとく述べている。

カルデアのウルの遺蹟、インダス河畔のモヘンジョタローの遺蹟など、紀元前三千年にも及ぶ太古の、驚くべく進んだ文明の大都市が、當時のさまをさながらに復活させて、人目をひいてゐるのである。それ等の發掘地もやはりポンペイ同様、圍塀や出入口を設けたり、小さい博物館を附設してゐるものが多い。（略）

海外の諸國で考古學遺蹟として保存されてゐるものは、先史時代民族の居住蹟・洞窟・石灰洞・湖上生活の蹟・貝塚・ドルメン・ストンヘンヂな

どの巨石建造物等である。これ等の遺蹟は適當な施設をして到るところに觀覽に供されてゐる。先史時代に於ける民族の湖上生活の遺蹟はスイスのチューリッヒ湖によく保存されてゐて、その縮小模型やそこからの發掘品などが、同地の博物館ランデス・ムゼウムに陳列されてゐる。また先史時代の民族居住の洞穴は、獨國のハルツ山内に一カ所よく保存されてゐて、數十間奥ふかくはいつて行つてみることのできるやうになつてゐる。この洞窟内で發見された遺品は、洞窟の入口に設けられてゐる小博物館内に、順序よく陳列して觀覽に供されてゐる。

以上のごとく、博物館学者であった棚橋はポンペイを野外博物館として捉えている点においては、博物館学者たる見方であると言える。また、我が国にも価値ある遺跡が全国に存在しており、これらは発掘品とともに適当な保存観覧の施設を設け、考古学園として教育学芸上に利用すべきとした。遺跡の付近に小規模でも陳列館を設置し、整理して系統的に陳列するようにしたいと論じたのである。

3. 濱田耕作の見た site museum

考古学者の濱田は科学としての考古学の開拓者であり、『通論考古學』[8]で、我が国に正しい考古学の研究法を知らしめると同時に、博物館の正しいあり方を説いた。また、1929年に刊行された日本児童文庫『博物館』は、若者層への博物館普及に努めた著であり、1931年に『考古學入門』、1962年には『やさしい考古學』と改名された。『博物館』[9]のなかに次のような記述がある。

　　イタリアにいる時間の半分は博物館で過ごし、あとの半分はローマだとかポンペイだとかの旧蹟をまわるというありさまであります。

このように濱田は研究分野の遺跡をめぐるのみならず、博物館にもかなりの時間を割いていたことが明記されている。濱田は紀行随筆を数編執筆しており、特に『希臘紀行』『南歐游記』『考古游記』は遺跡めぐりと博物館見学を中心に執筆されている。

（1）『希臘紀行』『南歐游記』『考古游記』

　1906（明治39）年、京都帝国大学に文科大学が開設され、それに伴い文科大学史学科陳列館の設置が立案されて濱田の起用が決定することになった。したがって、濱田の博物館との直接的な関わりはこの頃からと想像できる。1913（大正2）年、京都帝国大学文科大学助教授になった濱田は1916年までの3年間、英仏伊諸国に留学し、この時の記録が『希臘紀行』と『南歐游記』としてまとめられたのである。2回目の外遊は1927（昭和2）年で、アメリカからベルリンを経てスウェーデン、ノルウェー、ドイツ、オーストリア、フランス、スペイン、イタリア諸国を歴訪した。翌3年に帰国し、その記録は1929（昭和4）年に『考古游記』として出版された。以下は、これらの紀行随筆を中心に、濱田が見た海外の遺跡博物館について考察する。濱田と調査に同行した市河三喜が『希臘紀行』の序文で以下のごとく述べている。

　　　濱田君は筆まめな人である。旅行中どんな草臥れた晩でも、寝る前に半時間位は、机に向つて日記を書くのが習慣で、之は自分の記憶する所では一度も缺かさなかつた。

　市河が記したごとく、濱田の日々の記録が丁寧に残されている。その記録が詳細であったがゆえに、目的地に到着するとまず、博物館に向かう濱田の調査方法も明らかになった。「我等はスパルタで先づ博物館を訪問する」「先づ東隣の博物館に向ふ」「ヂルヂェンチの町に歸り來れば、午に近けれど、我は直ちに博物館に向ひぬ」シチリアでも「我は先づ國立博物館に至る」というように、いかに小さな村であっても、最初に赴くのは博物館であった。濱田のフィールドワークのスタイルは、まず博物館に行くことであったのである。

　濱田は遺跡について「アクロポリスでは、パルテノンは實に希臘建築發達の最頂點を飾る完美の記念物として、歴史上の一大遺物である」としつつも、破風や軒廻りなどの彫刻物の大部分が大英博物館に移されて「エルギン、マーブル」と呼称されていることに対して「生みの子を母親から引き割いてしまつたやうな哀感を催さしめる」と大英博物館に批判を加えて、現地保存の重要性を論じている。

　また、ギリシャ国立博物館においては、ギリシャ文明の起源を研究するものは、「是非とも此の雅典の博物館を見なければならぬ」と述べ、展示技法も詳

述している。

　（略）墳墓の内部を其の儘に土器副葬の位置を示して陳列してある（中略）最後に珍しいのは、土偶や銅器などの偽物を眞物と比較して並べてある一箱で、これは旅客のみならず學者の為にも頗る有益な参考である。

濱田は現地保存された遺跡の内部に出土遺物の展示が行われていることと、さらには二次資料との比較展示について指摘し、すこぶる有益な展示技法と評価している。

このような遺跡の展示技法を見てきたことが、のちの『通論考古學』に「遺物遺跡の保存」として編まれていくのである。

濱田の旅はカンヂヤの町あたりから馬背旅行となり、かなりの危険を伴うものであったことは「一度鞍をすべり落ちたならば奈落の底に葬られて、再び落馬の機會はあるまいと思われる。此の危険な旅行」といった記述からも鮮明に読み取れるが、百聞は一見にしかずの精神でもって、博物館に向かうのが濱田の調査スタイルであった。カンヂヤの博物館には2度訪れて、博物館の必要性を述べている。

　余はカンヂヤの博物館を再び訪問して、親しく諸遺蹟を巡覧した後の新しい印象を以て陳列品を見るを楽しんだ。（中略）所詮は書物ばかりでは、徹底した観念を得ることは出來ない。百聞一見に若かず、遙にカンヂヤの博物館に來て、凡ての遺物を通覧するに非ざれば、此の文明について語ることは困難である。

百聞は一見にしかず、つまり机上の知識ではなく、実物を見ることが重要であるといった博物館学に通じる考えが記されている。さらにローマ時代の改修もほとんどなく、「希臘に於ける最も完美せる劇場」と称されるエピダウロスの劇場については古建材を利用して復原していることや、失われた資料は模造で以て代用している点を評価しており、のちに『通論考古學』にも登場する遺跡であることからも、いかに印象的であったかがうかがえるのである。

『南欧游記』ではナポリ国立考古学博物館について、[11]「ポムペイ、ヘルクラネウムの發掘品を網羅したれば羅馬の國立美術館にも勝りて、世界に最も優れたる博物館の一となりぬ」とし、「殊に此の博物館にのみ見る可きは、ポムペイとヘルクラネウムにて發見せし銅像の數々にして、其の優秀なる古代の技術

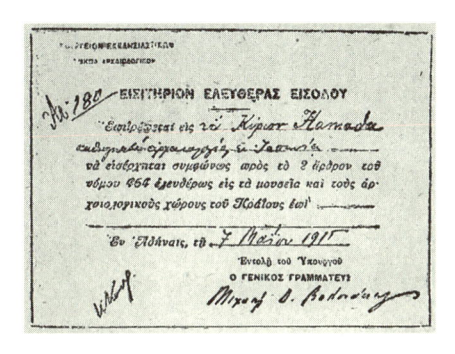

第2章　日本人が見た海外の遺跡博物館：site museum　35

図4　全希臘博物館及發掘地自由觀覽證
　　（『希臘紀行』1918）

図5　土俗博物館の切符
　　（『南歐游記』1919）

は、大理石に見馴れたる吾人をして、さらに驚嘆の目を見張らしむるのみ」とある。このように濱田の記述の特徴は、遺跡と遺物を展示する博物館に触れてはいるものの、この時点では博物館学意識に基づく記述ではない点である。美術が専門であった濱田の着眼は、資料そのものを観察する傾向にあると言える。しかし、一方で黒板と棚橋が触れていない新たな記述も濱田の著書には見ることができる。具体的にその記述とは「ポムペイ發掘」の駅に下車した濱田は、「我は幸に伊太利全土の發掘博物館の自由通劵を持ちたれば、發掘の外廊を迂曲するの不便なきなり」と記し、そこには「發掘博物館自由通劵」なるチケットの存在を写真入りで掲載しており、当時の観覧券についての情報を得ることができるのである。

最後に『考古游記』の記述から濱田の遺跡博物館に対する意識を考察する。濱田は1925（大正14）年に北京調査の傍ら、二十余年来の悲願であった雲崗石窟寺調査を果たし、未発見の銘文を探しあてた。さらに仏像の修理技法を土地の老翁から聞き取りをしたことで、「兎に角學者が色々六ヶ敷い考察を廻らした所謂學説よりも、土地の古老が何となく昔から傳承して來た説の方が正鵠を得てゐることが多い」と聞き取り調査の重要性を述べている。また、石窟近くには貧しい村落があり、それが石窟の景観を害しているが、村人たちの居住によって古くから遺跡を監視できたことから、外部からの侵略も受けずに比較的良好な状態で残されたことを濱田は喜びつつも、この先の保存に不安を述べている。

慶州の瑞鳳塚の発掘においては、考古学者のスウェーデン皇太子グスターフ・アドルフとのやりとりが興味深い。
　　今や黃金寶冠が半ば出現して、「クラウン・プリンス」の發掘を待ちつゝあると申したところ殿下は『それは余らの幸運である。或はその冠は博物館より持つて來て埋めたのではないかを恐る』と諧謔せられた。私は『その果して然るや否やは、考古學者たる殿下自ら現場において鑑定せらるべきにて、私自身にはその責任なしと思惟す』と御答へした。
これに対して、慶州においては奉迎の順序上まず第一に博物館へ出行願い、博物館にある金冠塚の金冠を見て、今発掘しつつある金冠の比較研究を実践している。アドルフとのユーモアのある会話は続く。
　　「これは博物館から持り來つて埋めたるものに候や」と申したところ「洵に然らず」と莞爾として答へられ、「これは博物館から持り來つたのではなく、これがやがて博物館へ行くのであります」。
　アドルフとの学問を介した交流は、その後の濱田の大きな力となっていった。北欧の旅においても博物館見学が中心となる。
　　さてコーペンハーゲンの都で先づ何を見やうか。國立博物館、彫刻館、美術館と色々あるが、（中略）それゆゑたゞ一つ午前から見ることの出來るトルワルゼン記念館へ行くほかはない。
国立博物館では「この博物館に安ぜられてあるトムゼンの胸像と、ワルセーの記念碑とを見るものは、この二人の學者によつて、今日われわれが賜与する人類文化の三時期すなはち石器、青銅、鐵の三時代の分類が創唱せられたことを思ひ起すであらう」と考古学的観点からの記述が見られる一方で、「石器時代の後期農業をやり出したころの風俗を、大きな人形によつて復原してゐるのは人の注目を惹く。總じて模型を以つて復原し、一見素人にも具體適の知識を與へることに努めてゐるのは、西洋各國の博物館の長所である」と博物館学的見解を示す記述も見られる。さらに「専門とはいひながら、私に取つても毎日博物館を見学するほど草疲れることはない」と博物館疲労を述べている。
　この北欧の旅で、スウェーデン皇太子と再会し、「私の一生において未だ曾て豫期しなかつた『皇太子殿下の御客』たるべき運命を得たことを非常に光榮とする」反面「不安が伴はぬではない」とその心情を述べている。かくのごと

く毎日皇太子とともに、日の暮れて燈火の点ぜられるころまで博物館に居残ることになる。皇太子妃からは「よく身を守らざれば、健康を害すべし。恐ろしきは博物館と古物なり」と哄笑されたほどであった。その滞在のなかで博物館における展示についての記述がある。

　　　大陳列室の中央には、多數の彩色土器を副葬した甘肅の一古墓をそのまゝ移置し（後略）

ここで、遺構の移築についての記述が明記されている。濱田は遺構の移築についても早くから論じていることから、次項は遺構の移築に関する記述を考察する。

（２）平壤博物館の移築

朝鮮における楽浪古墳の調査は1909（明治42）年に関野貞らによって踏査が行われ、大正に入って黒板らの発掘および研究がなされている。濱田は1931（昭和6）年の南井里第116號墳（彩篋塚）の発掘に関する記述で遺構の移築について記している。

　　　此の古墳は圓形の封土の下に從來未だ曾て見なかつた程完全に殘つてゐた木槨室があり、其の構造も亦頗る特色あるものである。即ち室は前後兩區に區劃せられ、前に扉を附してある處は、所謂横口式の構造を示し、其の巨材を井籠組にした完好な構築は、今度新たに建築せられた平壤博物館の構内に移置せられて、見る人をして驚嘆せしめるものがある。[13]

古墳内部の木槨室が平壤博物館に移築され、展示に供されていることが記されており、濱田の驚くさまが見てとれるのである。別稿においても「今日この墓室を掘出して、そのまゝ平壤博物館に移置せられて居るのを見まするど、實に壯大を極めた構造に驚かれる」とあり、博物館における遺構の移築がいかに臨場感に富むものであったかがうかがえるのである。当時の展示

図6　平壤博物館内移築の彩篋塚木槨（『科學知識』第14巻第9號（『考古學研究』所收））

としては革新的であったと言えるのである。

(3) 濱田の遺跡保存論
　濱田は『通論考古學』の「第二章　遺物遺蹟の保存」において以下のごとく論じている。

　　保存の義務　永遠の存在の權利を有する過去人類の生命たる遺物に對して、吾人の盡す可き義務は之を永遠に保存するを努むるにあり。(略) 發掘せられたる遺物其者も、可及的に其の物質的形狀に於いて、之を將來に保存するの義務あり。最良の遺物保存者たる土砂の母胎より分離したる遺物に對して、吾人は少なくとも土砂中に於けると同等、若しくは之に近き保存法を講じ、學術上の資料を永遠に傳ふるに努力せざる可からず。(略) 遺物其者に物理學的、化學的方法を適用して、自然力の破壞より防禦する方法を狹義の保存（preservation）と謂ふ。之には完全なる所謂「博物館的方法」と應急單易なる方法との別があり。

このように、遺物の保存についての理念を述べて、その保存には博物館が必要であるとしたものであった。また、記録による保存を講じるとともに、遺物の模造複製（replica）を複数製作する必要性を論じている。この模造複製については、「原物所藏の博物館等に於いて之を試み」とし、現代博物館におけるレプリカ製作の原則を当時から論じている点は評価できよう。
　「第三章　遺蹟遺物の修理」においては以下のごとく論じている。

　　遺物保存に對する處理法と、密接なる關係を有するものは其の修理なり。(略) 考古學的資料としての遺物は、其の保存に絶對的必要なる程度以上の修理を加ふることを無用とするも、遺物中には單り考古學的資料たるのみならず、美術的作品あり、之を博物館等に陳列して、觀者に美的鑑賞を滿足せしむ可き必要あるものあり。或は建築物の如く、今なほ實用に供し、或は宗教の儀禮等に使用するを必要とするものあり。

濱田は遺物の修理の必要性を述べつつも、伊太利その他欧州諸国において試みられた遺物遺跡の修理はいわゆる復旧（restoration）であり、その無用な復旧により学術的価値を失うものがすこぶる多いとし、修理そのものが技術者の自己の手腕を発揮する目的になっていることには批判的であった。一方で、ペ

ルガモン祭壇彫刻やオリンピアのパイオニオスのニケ像のごとく模造を傍らに置く事例や、建築物における修理理念としては、シシリー島のシラクサキリスト教伽藍と合体するギリシャドリック式神祠遺柱、ローマのネプチューン古祠のごとく、そのままに保存するのはその遺物が遭遇した歴史を語っているもので興味深く、好事例であることを論じている。

建築物、墳墓其他の遺蹟の修理は、多くの土工を要し、技術家の手を煩はす可しと雖も、其の根本方針を決するは、固より考古學者の職とする所なり。而かも其の修理は保存美観の要求の最小限に止まり、且つ原物と修理の部分とを明示す可きこと遺物の場合と同じ。（略）廣大なる遺蹟に於ては、往々之を公園的に造構するを必要とす可く、此際植樹等にも意を用み、遺蹟の造られたる時代のものを選び、美観を添ゆると同時に、遺物に何等の害を與へざる種類を擇ぶを肝要とす。

建築物の遺材をもって学術的に復旧修理したアゼンスのアクロポリス上のニケ・アプテロス祠、遺跡公園はローマのカラカラ浴場、チボリのハドリヤヌス帝の離宮址を事例として挙げ、植樹の好事例としてはローマパラチノ丘跡を挙げ、この遺跡は遺跡の保存と植栽に関して研究している考古学者ボニ教授（G. Boni）[14]の指導を受け、ローマ時代に存在した樹種のみで構成された植栽であることを記している。また、クリート島クノソス遺跡の保存と修理は、学術的基礎に基づく復旧であり、遺跡中央に物見台を設けたことで、来訪者が遺跡の全体を見ることが可能となる点を評価し、その他イタリア、ギリシャ等における保存と修理は参考に値するものと論じている。このように濱田は史跡整備の植栽に関しても早くから着目し、論じていたのである。

濱田は考古学者としての立場から遺跡と博物館について論じてきた。しかし、濱田の考古学のフィールドワークには常に博物館が伴い、遺構の移築や植栽、修理、模造、レプリカの教育的価値等、博物館学意識に基づく理論を構築し、そして今日の博物館学の研究に課題を残した点は高く評価されよう。

註
（1）落合知子　2009『野外博物館の研究』雄山閣。
（2）落合知子　2014「濱田耕作と博物館―明治37年のMuseologieの記述―」『全博協

　　　　紀要』第 16 号、全国大学博物館学講座協議会。
（3）黒板勝美　1911『西遊弐年歐米文明記』文會堂書店。
（4）棚橋源太郎　1949『博物館』三省堂。
（5）註（4）と同じ。
（6）棚橋源太郎　1947『世界の博物館』大日本雄辯会講談社。
（7）棚橋源太郎　1950『博物館學綱要』理想社。
（8）濱田耕作　1947『通論考古學』全國書房。
（9）濱田耕作　1929『博物館』ARS。
（10）濱田耕作　1918『希臘紀行』大雅堂。
（11）濱田耕作　1919『南歐游記』大鐙閣。
（12）濱田耕作　1929『考古游記』刀江書院。
（13）濱田耕作　1934「楽浪古墳最近の發掘」『科學知識』第 14 巻第 9 號。
　　　　　　　　1940『考古學研究』座右宝刊行会。
（14）G. Boni, Il "Metodo"nell'espolazioni archeologiche (Roma, 1913).

　　　　　　　　　　　　　　　　　　　　　　　　　　　　（落合知子）

第3章

遺跡博物館の出現の背景

　単なる紹介にとどまることなく、遺跡博物館を研究という視点で最初に取り上げたと評価できる中川成夫は、遺跡博物館を「学問の系統からは当然歴史博物館の部門に属するが、施設面の分類からは野外博物館の一部に含まれるといえる。遺跡博物館とは歴史博物館のうちの考古学博物館の部門に属し、特に遺跡の保存と活用に重点を置く博物館と定義することができる」と述べている（中川 1963）。ここに示されたように、遺跡博物館の出現や増加の背景には、考古学上の遺跡の保存と活用に関する事情がある。

1. 遺跡博物館の背景にある遺跡破壊の進展

　開発に際して遺跡が発見されたり破壊されたりする例は今に始まったことではない。古くは奈良の平城京の造営に際して、造営予定地および平城宮の建設予定地に存在した前方後円墳が壊されている。今日奈良市立一条高校の北方にあたる部分は、ウワナベ古墳から続く丘陵の先端で、ここに貴族の邸宅を作るにあたり前方後円墳1基が完全に削られてその葺石や堀は庭の池として残っただけになり、その北側にあった前方後円墳も前方部を削られて後円部だけが残され、円墳の形態が私たちに残されている。すでに今日私たちが古墳と呼ぶ高塚墳墓を中央では作らなくなっていた時期とはいえ、墓を簡単につぶして住まいを作るという意識はどういうものであったのだろう。

　上総国では、国分尼寺の造営について、縄紋時代中期・後期の貝塚である祇園原貝塚のある場所を選んでいる。国分寺・国分尼寺の造営の詔が741（天平13）年にだされ、茨城県の大串貝塚に関する記述のある常陸国風土記は723年

頃までにできたとされていることから、7世紀前半の人々が今日貝塚と我々が呼ぶずっと以前の人の生活の跡がすでに何であるのかを忘れていたことは明らかである。しかし、祇園原貝塚の地に造営された尼寺の西門の作られたあたりからは人骨が多数出土しており、このことをどう考えていたのか、わからない。

　静岡県の登呂遺跡は第2次世界大戦末期の1943（昭和18）年1月に軍需工場（プロペラ生産）建設に際して発見されたものであることもよく知られている。

　今日では、開発工事などに際して遺跡が発見される、または周知の遺跡であるところで工事を行うとき、所定の手続きに従って発掘調査が行われ、その多くは「記録保存」という言葉のもとに調査終了後遺跡そのものは破壊されてしまうことが一般的である。こうしたパターンが行われるようになったのは1958年に始まった名神高速道路の建設の頃からである。名神高速道路建設時には路線にかかった遺跡はすべて調査後破壊されている。

　1960年代までの遺跡破壊の状況をまとめた日本考古学協会の『埋蔵文化財白書』（日本考古学協会編 1971）では、遺跡破壊・調査の原因として、宅地造成、農業改善事業、鉄道・道路建設事業、をビッグ3として挙げている。1960年の池田勇人内閣の高度経済成長政策のもと、大都市周辺には大住宅団地の造成が進行し、高速道路計画も着々と振興し、農業基本法によって政府援助下に農地の構造改善事業が進んだ時代であった。これに応じて事前調査・緊急調査という名のもとに行われた発掘調査も増加していった。1963年に277件であった緊急調査は5年後の1968年には611件に増えている。この傾向はその後長く変わらなかった。

　文化庁への届け出件数によって1960年代と70年代の発掘調査件数を見てみよう（図1）。このグラフを見ると、曲線が微増しつつの横ばい状態から急激に上向きになる変曲点が1971年から72年のところにある。「日本列島改造論」を掲げた田中角栄内閣の頃である。1971年には1,275件であったのが72年には1,715件、73年2,066件と、10年前の1年分の調査件数がそのまま上乗せされて増加している。工事等に伴う事前の緊急調査はこれより少なく灰色の線で示したが、学術調査件数は200件内外であまり大きな件数の変化はなかった

図1 発掘調査届出件数の推移

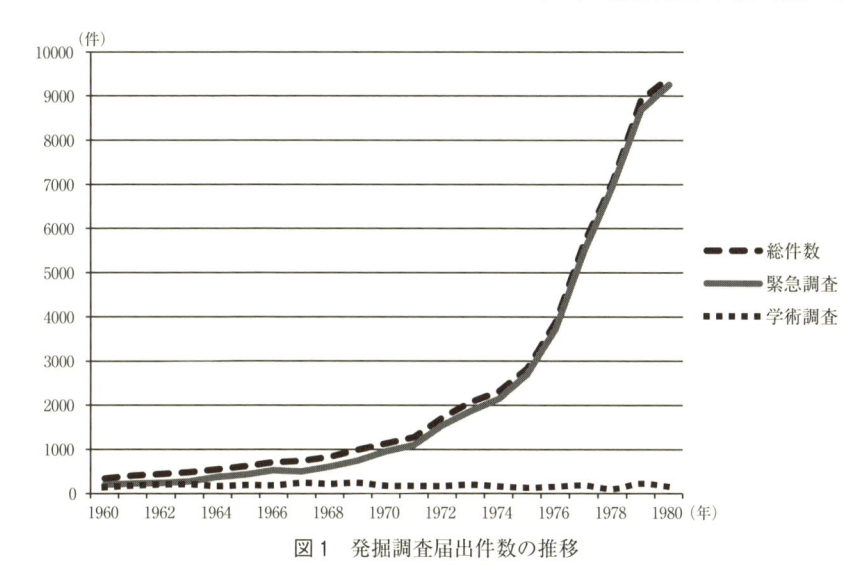

ので、この急激な増加分はすべて緊急調査の件数の増加である。さらにその後の10年については何をか言わんや、である。調査の増加というのは単に調査件数が増加しただけでなく、一つの発掘調査における調査面積、調査期間も激増し、調査規模の拡大も指摘しておかなければなるまい。たとえば、北海道・函館の、函館流通センター建設に伴う西桔梗遺跡群の調査は、25,000 m^2 が1971・72年の2年間で行われ（千代編 1974）、千歳空港拡張移転に際しての美沢川流域遺跡群の調査は1976年から始まったが、1995年度まで17遺跡約266,000 m^2 に及ぶ調査が行われてきた（財団法人北海道埋蔵文化財センター 1997）。日本中のどの都道府県を取ってみてもこうした大プロジェクトに先駆ける調査が行われていた、という時代であった。長野県の中央自動車道関連遺跡の調査は延べ282,579 m^2、193遺跡で、37冊の発掘調査報告書が残されたが、調査の結果保存された遺跡は1か所、阿久遺跡のみであった（長野県中央道遺跡調査会 1981）。この間の状況は1981年に日本考古学協会によって『第2次埋蔵文化財白書』にまとめられた（日本考古学協会編 1981）。

このような膨大な発掘調査＝遺跡破壊の振興に対して、調査後完全に破壊されることを免れたわずかな遺跡について、「活用」が求められる状況がもたら

されたのである。吉野ヶ里遺跡や三内丸山遺跡を典型とするような、運よく調査の成果が認められて保存されることになった遺跡は、何らかの形で活用が図られることになる。しばらく前まではあった活用のしかたの根本に関する議論（児玉ほか 1967、森 1970、仲野ほか 1979 など）も、今やほとんど聞かれなくなり、遺跡に竪穴住居の建物を復元したり、想像の産物でしかないかもしれない構築物を作ることについての疑問もほとんどないようである。

　さて発掘の結果重要であると認められて保存され国の史跡に指定された遺跡は、公有地化されることになる。当然のことながら公有地化には国民の税金が使われる。税金を投下するにあたっては「遺跡がただ守れるからという凍結保存方式で未使用地としておくのでは、土地所有者は納得せず、公有化が難しい」（安原 1979）などの理由から、史跡となった土地を積極的に利用することが要求される、いわば会計検査院的な発想のもとに取り扱われることになる。文化庁は文化財保護委員会時代の昭和 40 年度からこのために補助金を出し、大阪府枚方市にある特別史跡の「百済寺跡」を史跡公園化して（田代 1966）以来、国の指定史跡の整備を行ってきた。しかし、公園として保存するだけでは遺跡の活用にはつながらない。遺跡を博物館の資料として活用する、遺跡博物館が重要になってきたのである。

2.「風土記の丘」と「ふるさと歴史の広場」「歴史民俗資料館」

　このような背景のもとで、遺跡そのものの保存と活用の方策として打ち出され、また遺跡博物館の増加につながっていったのが「風土記の丘」と「ふるさと歴史の広場」である。文化庁の補助金による「歴史民俗資料館」の設置もその一翼を担った。

（1）「風土記の丘」
　風土記の丘の計画は、歴史的風土と遺跡の広域保存、遺跡の環境整備による史跡公園化事業、および開発に伴う発掘調査等による多量の出土遺物や民俗資料の散逸を防ぐための収蔵保存施設建設に対する国の補助事業とが結びついて立案され実行されてきたもので、具体的事業は、1979 年の「風土記の丘設置

要項」によると
  1) 公有化による用地の確保
  2) 用地内の各遺跡等の環境整備
  3) 資料館等の建設

が柱であり、各都道府県に1か所ずつ建設されることになっていた。風土記の丘は、遺跡をその周辺の環境とともに広域的に保存するための方策の一つとして始められたものであったが、その設置場所の選択にあたり、保存状況のよいものや保存措置のとれやすいものが選択されがちであったし、また各都道府県に1か所という縛りは遺跡の保存対策としては有効な処置であったとは言いがたい。古墳群の所在する地域内にこれと全く異質の民家を移築してきて保存しても、それで歴史的環境を保っていることになるのだろうかという疑問も生じる。しかし、風土記の丘は単なる遺跡保存の施策としてだけ意味があるのではなく、要項にもあるとおり、資料館の設置を伴うものであり、ここを核とした遺跡博物館としての役割・活動を実現していることは、大いに評価できるものであった（安原 1969・1970・1973・1976・1979）。設置第1号の宮崎県西都原風土記の丘をはじめとして、文化庁補助金によらないものも含め、現在までに18府県、19か所に風土記の丘が設けられている。

(2)「ふるさと歴史の広場」

1989（平成元）年度からは「史跡等活用特別事業」いわゆる「ふるさと歴史の広場」事業として特に予算をとり、史跡の活用のための事業を推進している（文化庁記念物課 1989）。この事業推進のために1989年5月29日文化庁長官裁定の「史跡等活用特別事業費国庫補助要項」が出された。

この要項によると、事業期間は単年度でなく「概ね3ヶ年」、補助率は50％（沖縄県は当分の間80％）である。補助対象となる事業は、「史跡等を広く国民の活用に供するために必要」とされる、

　ア　歴史的建造物の復原
　　史跡等の空間を視覚的に体験できるような歴史的建造物を実物大で復原する事業
　イ　遺構全体模型の設置

史跡等の全体範囲等を理解するために、往時の姿の全体模型を設置する事業
　ウ　遺構露出保護展示施設の設置
史跡等の実物遺構を実際に見るために必要な保存および展示施設を建設する事業
　エ　ガイダンス施設の建設
史跡等を理解するために必要最小限のオリエンテーションおよびガイダンスのための施設を建設する事業
　オ　その他史跡等の活用上必要と認められる事業
が挙げられている（第3項）。

　「ふるさと歴史の広場」事業には大きな特徴が2点ある。一つは、これまで取られてきた、発掘された遺構に盛土をしてその上に芝を貼ったり建物の礎石の位置を石を置くなどの形で示す平面的な整備に代えて、建物そのものの復原をするという立体的・視覚的な形での整備を積極的に進めるようにしたことである。しかし日本の遺跡では火災にあった住居のようなごくわずかの例外を除いて、イタリアなどの石造の建物と違って建物の存在した位置や平面的な規模しか残っていない。建築材の問題で、石や煉瓦などで構築された建物は、基礎だけでなく壁や屋根までも残っていることがある。したがって「復原」ではなく「修復」にとどめても十分に立体的・視覚的な整備が行える。具体的な建物として現れると、もしかしたら間違っているかもしれない「復原」がそのまま事実に近いものとして受け取られかねない。この点で慎重さが要求される。「ふるさと歴史の広場」事業では、マニュアルにのっとったような画一的な処理がなされないことを期待する。

　もう一つは、これまでは原則的に建築が制限されていたガイダンス施設の建設である。文化庁はこれについて「史跡等が占める歴史の流れの中での位置をオリエンテーションすることによって総体的に史跡等の理解を深める」ためのもので「単に出土遺物の並列的展示を目的としたものでない」（文化庁記念物課1989）としている。このガイダンス施設のなかには、イに挙げられた全体模型や映像資料、いろいろな模型やレプリカ、色とりどりの図表などが置かれるのであろう。しかし遺跡を理解する上で、遺物は切り離されていいものであ

ろうか。遺跡と遺物とは一体であって、出土遺物を置かずに遺跡の理解を助けるためのガイダンス施設というのはあり得るのであろうか。「必要最小限の」というのはこの施設が史跡の範囲内に設けられることも想定して史跡の景観をそこねることのないように、という配慮からであろうし、出土遺物を置くようになったら「必要最小限」の範囲を超えてしまうには違いない。ガイダンス施設には逆に必要最小限の規模であっても、理解を助けるために作られるという遺跡の全体の模型やきれいな図表、映像だけでなく、出土した遺物を置く空間もまた考慮されるべきものであった。

　しかし、施設ができればそれを管理する人が配置されるのもまた当然のことで、それが博物館における学芸員の役割を担うものとなってもふしぎはなく、またそのような活動をしているところもある。千葉県市原市の「史跡上総国分尼寺跡展示館」は、上総国分尼寺のふるさと歴史の広場事業の補助金による整備によって設けられた「ガイダンス施設」であるが、ここには市原市の、学芸員資格を持ち、市の埋蔵文化財センターにも勤務していたこともある職員が配属されたこともあり、この職員のもとで、考古学に関する講座などが教育委員会ともタイアップして実施されていて、遺跡博物館としての機能を十分に発揮していたところであった。

（3）歴史民俗資料館の設立

　時間的にはふるさと歴史の広場より先行した事例ではあるが、歴史民俗資料館にも遺跡を対象としたものが設置されている。文化庁は、我が国の高度経済成長下で生じた埋蔵文化財や民俗文化財の危機対策と、それらの保管場所を設けることを大きな目的として、地方歴史民俗資料館の建設に対する補助金の交付を開始し、1970（昭和45）年から県立、市町村立を問わず、200館以上がこの補助金によって建設された。明治百年記念事業として設置が決定され、1983（昭和58）年に千葉県佐倉市に開館した国立歴史民俗博物館は、当初歴史民俗資料館の総元締めとしても構想されていたものである。

　初年度は県立館では九州歴史資料館、市町村立館では岩手県江釣子民俗資料館ほか2館が建設されている。また1977（昭和52）年度に文化庁文化財保護部から「市町村立歴史民俗資料館の設置・運営についてのあり方」が、1979

（昭和54）年度には「歴史民俗資料館建設費補助要項」が出され、これらにより事業内容の整備、充実が図られた。

「市町村立歴史民俗資料館の設置・運営についてのあり方」では、歴史民俗資料館設置の目的を「市町村立歴史民俗資料館は、各種開発事業の急速な進展と生活様式の変貌に対処して、山村・漁村・離島・平地農村および町方など広くその地域の特色を示す民俗文化財あるいは地域の歴史の流れを裏づける遺物・文書などの歴史資料の保存活用を図り、郷土の歴史と文化に対する住民の知識と理解を深めること」とし、その管理にあたっては「職員を常駐させるなど、資料の保存・活用・学習活動などが適切かつ円滑に行われるよう管理体制を確立する」ことをうたった。設置用地の選択にあたっては「建設予定地の付近に建造物・美術工芸品・民俗文化財・遺跡および名勝地などの文化財や、公民館・美術館・図書館および文化会館等の教育文化施設があり、有機的に文化・文化財の学習活動ができることが望ましい」こと、建物を新設するほか、「地方的特色を示す民家、または郷土にとって歴史的に重要な建造物などの既存の建物を利用する」ことでもよいとしている。そして、収集保存活動、調査研究活動、公開展示活動、学習活動の各項目について実際に行うべき活動を列挙している。特に学習活動については、文化財見学会・文化財研修会・物づくり実演（研究）会・民俗芸能等の伝習会の開催・口頭伝承の研修会・生活文化財の研修会（伝習会・体験学習会）・その他について具体的な活動を挙げ、これらの「活動を推進するため専任の職員を置くことが望ましい」ことに言及している。

昭和50年代半ばには設置館数が大きく伸長し、各地の農山村や離島などにも資料館の建設が及んだ。1993（平成5）年度を最後に国庫補助事業は廃止されたが、これまでの設置館数は、都道府県立が12館、市町村立は452館、合計464館を数える。当初歴史民俗資料館の名称で出発したもので、現在は博物館の名を冠するものも、いくつか見られるようになった。このうち、風土記の丘に設けられた歴史民俗資料館も含めて、遺跡博物館と見なされるものは、15か所ある。

参考文献

岡田茂弘　1968「西都原古墳群の環境整備」『月刊文化財』63。
木下　忠　1981「歴史民俗資料館の設置・運営」『月刊文化財』214。
児玉幸多ほか　1967「(座談会) 史跡の保存をめぐって」『日本歴史』227・228。
児玉幸多・仲野浩編　1979『文化財保護の実務』柏書房。
田代克己　1966「河内百済寺跡」『月刊文化財』34。
千代肇編　1974『西桔梗－函館圏流通センター建設用地内遺跡調査報告書』。
中川成夫　1963「遺跡博物館の現状と課題」『ムゼイオン』9。
長野県中央道遺跡調査会　1981『中央道遺跡調査のあゆみ』。
仲野浩ほか　1979「(座談会) 文化財保護と開発をめぐって」『文化財保護の実務』所収。
日本考古学協会編　1971『埋蔵文化財白書』学生社。
日本考古学協会編　1981『第2次埋蔵文化財白書』学生社。
文化庁記念物課　1989「「ふるさと歴史の広場」事業について」『文化庁月報』No. 253。
(財) 北海道埋蔵文化財センター　1997『美々・美沢―新千歳空港の遺構と遺物―』。
森　浩一　1970「文化財行政への疑問　遺跡保護のあり方」『観光』33。
安原啓示　1969「風土記の丘計画の現況」『月刊文化財』74。
安原啓示　1970「風土記の丘計画の再検討」『日本歴史』263。
安原啓示　1973「風土記の丘あれこれ」『自然と文化』12、特集風土記の丘。
安原啓示　1976「風土記の丘の現状と将来」『博物館研究』11-8。
安原啓示　1979「風土記の丘」『文化財保護の実務』所収。

（鷹野光行）

第4章

遺跡博物館における覆屋展示

　文化財保存全国協議会編『新版 遺跡保存の辞典』では、過去の人間の生活・行動の痕跡であり、一定の空間を持ち、物質的資料を残した場所のことを「遺跡」と定義している。遺跡には、集落跡・貝塚・都城跡・城館跡・古墳・社寺跡・港湾跡など、人間活動の痕跡に応じた数だけの種類がある。一般的に遺跡は土中に埋もれており、土木工事などさまざまな要因によって発見されることにより周知される。

　もの・こと・場に限らず、目的をもって保持・存続させることを一般的に「保存」という言葉を用いて表現している。「保存」の字義は、現状を維持しつつ、そのものを失わせないようにすることであり、過去の人々の痕跡である遺跡に関しての保存についても、かつてより多くの議論と実践がなされてきた。遺跡の保存には、現状以下に状況を悪化させないための「現状保存」と、遺跡の往時の姿をわかりやすく一般に周知するために建物の復元や環境整備などを行う「整備保存」に大別でき、さらにその各カテゴリのなかで複数の保存方法が考案されている。筆者は今回、整備保存に分類され、長い歴史と多くの事例が存在する「覆屋」を用いる保存方法に着眼し、論を進めるものである。本章では、覆屋の定義・効果を再考するとともに、遺跡博物館における覆屋を用いた展示の現状と今後の展望について検討を行うものである。

　1. 覆屋、覆屋保存とは

（1）覆屋の定義
　覆屋とは、広義には特定の物件に屋根などの上物を架ける設備を指し示し、

神社仏閣に設置される鞘堂や覆堂と近しい特徴を持つものである。[2]覆屋の意味するところは多岐にわたり、古い社殿や仏堂、石碑を保護する建物や、豪雪地域での雪害対策として施されたりするものとして「覆屋」の名称が使用されている。また、2015（平成 27）年 3 月まで姫路城大天守修理に伴って架設されていた覆屋の「天空の白鷺」に例示されるように、建物を修理・修復する際に上から被せる仮設の覆いに対しても「覆屋」という用語を使う例が認められる。したがって、一般的には意図を持って、特定のものを保護する設備に覆屋という語を用いているものと理解できよう。

図 1　姫路城大天守（修理見学覆屋「天空の白鷺」）

　考古学や建築学において覆屋を用いる方法は、一般的に遺構等の「露出展示」を第一目的に実施されている。そもそも遺跡博物館での露出展示とは、発掘調査等で明らかとなった遺構面を露天の下にさらして公開する展示手法である。[3]埋蔵文化財は、地中にあるときは土によって保護されているが、発掘調査等で大気中に露出すると、遺構面の水分蒸発に伴う収縮劣化や析出・菌類・動植物による劣化・損壊の危機にさらされることとなる。遺構を露出状態で公開するためには、適当な遺構面の保存処理と劣化・損壊を防ぐための保存環境の整備が必要であるところから、覆屋は風雨などの外的な破壊要因から遺構を守るための設備として用いられている。遺構に覆屋を建設することにより外的な破壊要因から文化財を守るという保存方法のことを、遺跡の保存分野および遺跡博物館では「覆屋保存」と呼んでいる。

　覆屋の架設は、竪穴住居址や窯業址、古墳の石室など考古学的な調査で検出された遺構や、野外に遺在している石仏・石塔・石碑等で保存上、覆いをかけたほうがよいと判断される建物が対象となる。歴史上、さまざまなものに覆屋が架けられてきたが、覆屋保存として考える際には、被覆物の保護を第一義とするものを「覆屋」として扱っている。つまり、寺社の鞘堂など被覆施設の意義を参拝・祈願に見出すものや、解体工事に伴う一時的な覆屋については、覆

屋保存に含まれないと看取される。京都府宇治上神社や岩手県中尊寺金色堂の覆屋は、神社仏閣に敷設されているものではあるが、その架設目的は内包物の保護である。近世に出現する古墳石棺を神聖なものとして覆屋を架設し賽銭箱を置くような例でも、主体的な意味は石棺の保護であると考えられる。このことから本章では、内部に納めるものの保護を主体的意義とする例を覆屋として扱う。

　これらを踏まえた遺跡博物館のなかでの覆屋を定義付けすると、「1. 露出状態の遺構面に、科学的・保存的な意識を持ってその防護手段をとること」、「2. 単に保護のための覆いではなく、利用者の観覧に供することのできる保存と活用を両立した施設」の以上2点に集約されよう。

（2）覆屋の形態分類
　一口に覆屋といっても、その形態は多種多様であるところから、まず研究の基礎的作業として日本国内の覆屋形態を、下記の2種5タイプに分類した。それぞれの特色を記すと下記のとおりである。

① 開放型
A. 完全開放タイプ
　　遺構に屋根を架けているが側面には壁がない。いわゆる「素屋根」構造。
【利点】
・遮るものがないことで展示されている遺構面をクリアに見ることができる。
・中が見えやすいことで容易に見学が可能である。
【欠点】
・日光や降雪・降雨・降霜・凍結などからの保護には効果があるが、側面から吹く風や飛来物等からの保護に対しては効果が薄弱である。
・誰でも入れるがゆえに、ホームレスの居住やスプレーによる落書きなど人為的な破壊・汚損にさらされる危険性が高い。
B. 半開放タイプ
　　屋根・壁を持ち、覆屋内に入って観覧できるタイプ。いわゆる「棟屋」構

図2 ①-Aタイプ例：乙女不動原瓦窯跡

図3 ①-Bタイプ例：三内丸山遺跡大型掘立柱建物跡

図4 ①-Cタイプ例：鴻臚館跡展示館

造。

【利点】
・屋根や壁を備えることで、Aタイプに比べ風雨から遺構面への保護が増進する。
・外部と隔離された覆屋内に入ることで、遺跡という非日常的空間を感じることができる。
・復元建物に比べ設置コストが低い。

【欠点】
・古墳の石室の保護など比較的古い例に見られるように、遺構に建物を架設しただけの簡素なものも多く、保存環境を意識していない例が少なくない。
・本質的には「遺構の保護施設」であるため、展示スペースが限定される。
・Aタイプと同様にホームレスの居住やスプレーによる落書きなど人為的な破壊・汚損の可能性がある。

C. 展示施設タイプ

覆屋内に入って遺構を観覧でき、さらに出土品や土層断面などの付帯展示を有する。

【利点】
・実物である遺構とそれに付随する遺物や記録を同時に扱うこと

ができるため、遺跡の一体的な公開・活用を行うことができる。

【欠点】
・相応の設備が必要となるため、設置コストや運営上の維持管理費が多くかかる。
・博物館や資料館を併設している遺跡に比べて展示スペースが狭小な傾向にあり、モノによる情報伝達が不十分になりやすい。

図5　②－Aタイプ例：長者ケ原遺跡土器捨場跡

② 密閉型
A. 完全密閉タイプ
　遺構上面にガラスなどの覆いを設置し、遺構面を外気から隔離するタイプ。
【利点】
・密閉構造を持つため遺構の保守管理機能が高い。
・外界との接触を断つことで、外部から受ける影響を最小限に抑えることができる。
【欠点】
・限られたスペースのものしか観覧できない。
・保守点検を行うことが困難である。

B. 保存管理棟タイプ
　遺構の保存上の影響が考えられるため一般の入場はできないが、保守点検や調査などの目的に限り覆屋内に入ることができるタイプ。
【利点】
・覆屋内を常にほぼ一定の環境を維持し続けることができる。
・外的な影響を最低限に抑えることが可能であるため、保存遺構等は劣化しにくい。

図6　②-Bタイプ例：王塚古墳保存施設模型（王塚装飾古墳館提供）

【欠点】
・保守点検の際に環境変化を起こし、それが原因で劣化する危険がある。
・完全に覆ってしまうため、あまり観覧に適さない。

　本章で分類した以外にも、覆屋とも考えられる保存施設は存在している。大阪府に所在する大阪歴史博物館は、国指定史跡難波宮の遺構を地下に保存している。これは、遺構をビルの地下フロア中に保存している事例であり、風雨を防ぎつつ遺構の露出展示を行っていることから、広義の覆屋と見なすことができる。また、博物館等の床の一部にガラスを張り、資料を見学できるようにしたいわゆる「床下展示」についても、覆屋として扱うべきか判断が難しい。床下展示について、小島有紀子は「来館客が立ち歩く床の表面より下にある空間に資料を展示する展示形態」と定義づけている。[4] 遺構を床下に展示する場合、遺跡博物館での覆屋の定義に合致するが、果たして覆屋の範疇に含むものか疑問が残る。これらの保存施設については、今後の議論が必要である。

（3）日本国内における覆屋架設の傾向
　今回、日本国内に所在する遺跡のなかで覆屋を持つ保存遺跡について調査を行い、成果は章末表に示したとおりである。[5] 表を参照すると、日本国内では①-Bタイプの覆屋が多く設置されていることは理解できよう。ここから見出せる傾向としては、我が国における覆屋保存の多くは、遺構の保存を第一義としながらも、当然のことであるが見学者が間近で観覧することのできる公開機能を兼ねる形を取っているということである。この点に立脚した場合、覆屋の機能は保存に専従するものではなく、遺構を資料とした展示を意図していると換

言できるのである。
　このことから、遺構を保存しそれを展示するという覆屋は、遺跡展示の先駆けであると断言できるのである。①－Ｃタイプのごとく、実際に覆屋内に出土資料等を持ち込み、展示館のような形態を有する事例も多数認められる。内部への資料持ち込みの有無は別にしても、遺跡博物館発生のきっかけとして覆屋による展示が先駆をなすものと考えられる。
　覆屋保存の対象としている遺構の種別としては、古墳時代の墳墓、なかでも装飾古墳と呼ばれる石室内部に彩色を施した遺構の施設化が多いことも一特徴である。装飾古墳石室への架設が多いことは、第一に石材のみで構築された石室等とは異なり、装飾の神秘性と珍奇性による展示性を有している結果なのである。ついでは、内部の彩色の剥落・生物被害を防ぐための手段として覆屋が用いられているとみられる。事実、装飾古墳には②－Ｂタイプに該当する覆屋が設置されていることが多い。
　それ以外にも、前方後円墳の竪穴式石室に直接ガラスを設置して覆いにする愛媛県笠置峠古墳のような方法や、後円部をそのまま覆屋として内部の石室を見学できる施設を備えている群馬県保渡田八幡塚古墳など、古墳に設置される覆屋は非常にバリエーションに富んでいる。また古墳の覆屋保存には、石室内に所在する石棺のみを納めるものも少なくない。古い事例では、群馬県宗永寺裏東塚古墳のように石棺をご神体として神社を建設するなど[6]、石室・石棺を信仰の対象として覆屋が架けられることが多かった。現代では、工事によって墳丘が消滅する際に石室だけを取り出して覆屋が架けられた大阪府長持山古墳のような例が散見できる。
　古墳に次いで窯跡などの生産遺跡、竪穴住居址などの集落跡の保存事例が多い。これらの遺構は、単体でどのような性格を有するかがわかりやすく、実物を用いることでより高い展示効果が期待できるため覆屋に保存されていると看取されるのである。
　窯業址の保存には、覆屋を用いる事例が多い。窯業址は、廃された後も周囲に焼き物の破片が散乱していることが多く、一目で瓦や陶磁器を焼いた跡ということが理解できる。このため、窯業址に公開意図を持って整備する場合、復元や遺構表示の実施に比べ臨場感の創出と容易な理解を促すことができる覆屋

が適しているのである。なかでも登り窯は、使用時においても覆屋を有していたことから、遺構の保存だけでなく当時の姿を復元できる点でも有効な保存手段であると看取される。

2. 覆屋の起源

(1)「覆屋」のはじまり

　もともと人類が最も原初的な保護意識を獲得したのは、太陽光や降雨・降雪への対抗であろう。屋根を架け、被覆するといった行為は、とりもなおさず自然環境による劣化に対応するための手段であったと考えられるところから、そこには明確な保護意識の介在が認められるのである。覆屋は人為的な保護という点において、岩陰・洞窟の利用は異にして最も基本的な方法なのである。

　我が国の歴史のなかでの覆屋は、石仏・石塔などの保護を目的とする龕や建物、建築物の保護を目的に造作されたものがその起源であろうと思われる。覆屋と名前が付けられている現存の建造物のなかで最も古いと看取される事例は、京都府宇治市に所在する宇治上神社本殿覆屋である。宇治上神社の創建は不明であるが、奈良文化財研究所などによる建築材の年輪年代測定の結果、1060年頃の木材の使用が指摘されたことを根拠としている[7]。この本殿は、小規模な社が3座横並びに配置する形式であるところから、これを一屋の覆屋で保護したものである。この覆屋は、拝殿と同じ時期の建立と考えられており、鎌倉時代前期または中期頃の築造と考えられている。

　また、古くから覆屋の所在が確認されている建造物として、中尊寺金色堂が挙げられる。中尊寺金色堂は、1124（天治元）年に藤原清衡によって建立され、室町時代建立の旧覆屋、20世紀になって建てられた現在のコンクリート製覆屋で、歴史的に覆屋保存されてきた歴史を有する。中尊寺金色堂に最初の覆屋が架けられた年代は不詳であるが、少なくとも室町時代の旧覆堂が建てられる以前より覆屋が存在していたことを示す遺構が確認されている。これにより、鎌倉時代中頃には覆屋が設営されていたであろうと推察されている[8]。当該事例より覆屋は、鎌倉時代前後には存在していたことがうかがえる。

　しかし、現存事例はないものの実際には覆屋等はさらに古くから築営されて

いたと予想できるのである。覆屋の起源はさらに遡るものと思われる。特定のものを意図的に被覆する建物の存在で言えば、奈良県東大寺の大仏殿や大阪府の国指定史跡「岩屋」といった例が奈良時代より散見できるのである。

（2）「覆屋保存」の濫觴

　発掘調査などの各種調査に基づく「覆屋保存」の濫觴として見なされるのは、長野県東御市戌立石器時代住居跡と群馬県藤岡市の本郷埴輪窯跡である。戌立石器時代住居跡は、隣接する寺ノ浦石器時代住居跡とともに1930（昭和5）年に発掘調査が実施され、敷石住居址を伴う縄文時代中期～後期の集落跡であることが確認されている。両遺跡の調査において興味深いのは、調査後に復元的な覆屋保存を行っていることである。両遺跡では周囲に簡易な保護柵をめぐらした上で、発掘した遺構主要部を厚く藁で覆い、さらにその上に竪穴住居風の熊笹葺屋根を架け、遺構の保護と「其古き生活をしのぶべき」手助けをしたことが確認されている。(9)これは、住居を模した覆屋と見なすことができ、おそらく日本で最初の意図的な遺構復元である看取されよう。1930（昭和5）年当時の住居風覆屋は、両者とも落雷で焼失しているが、復元整備を兼ねた覆屋保存の先駆けとして、遺跡保存史上非常に意義のあるものである。

　本郷埴輪窯跡は、1906（明治39）年に柴田常恵によってはじめて発掘調査が行われた埴輪生産用の窯跡で、20基以上の窯跡が河岸段丘の縁辺に広範囲に分布している。覆屋が設置されたのは、戦時中の1943（昭和18）年から始まった群馬大学の尾崎喜左雄によっての発掘調査の後である。調査終了後の1946（昭和21）年に、調査されたA窯を調査終了時の状況で覆う形で瓦葺の覆屋が建築されている。これは、発掘調査に基づく覆屋保存の初期の例であるだけでなく、設置当時の覆屋が現存し、いまだにその任を果たしている点で意義があるものである。

　また、行政などによる組織的な覆屋保存の実施例としては、静岡県の蜆塚遺跡の貝塚に架設された覆屋がその嚆矢であると看取される。蜆塚の覆屋は、1958（昭和33）年の整備事業に基づいて設置されたもので、(10)FRP張り屋根による覆屋と、貝層断面には劣化防止を目的に合成樹脂が塗布され、さらにガラスの設置により接触による損壊を防止したのであった。当該遺跡は、保存科学

図7　蜆塚遺跡覆屋

に基づく遺跡保存を行った我が国最初の事例であり、とりもなおさず保存科学に基づき覆屋を整備した先駆けであった点で重要である。

また、遺跡の保存に覆屋が援用されている例としては、福岡県日岡古墳が早い事例である。日岡古墳は、福岡県のうきは市に所在する前方後円墳で、後円部内の石室に彩色が施されているいわゆる装飾古墳である。日岡古墳の覆屋が建築されたのは1888（明治21）年である。これは、石室の天井石が崩落したことで中の彩色が発見され、その保存のために覆屋が設置されたという。現在日岡古墳に設置されている覆屋は後にかけ替えられたものであるが、遺跡の保存という明確な目的をもって覆屋を架設した例として先駆的である。また日岡古墳の付近には、近世に露出していた石室を中心に神社を建立した月岡古墳、1950（昭和25）年の土取り工事の際に発見され、装飾のある石室の一部が覆屋に入れられて保存されている珍敷塚古墳が所在し、覆屋を用いた遺跡保存を積極的に行っている地域として好例であると言える。

さらにまた、覆屋を持つ、または覆屋保存する遺跡を主体としている博物館としては、先述の静岡県に所在する蜆塚遺跡と千葉県の加曽利貝塚がその嚆矢であると看取される。蜆塚遺跡は、覆屋の完成と同年の1960（昭和35）年に蜆塚遺跡出土品収蔵庫が完成し、一般への資料公開を始めている。さらに1964（昭和39）年には、浜松市立郷土博物館の分館として蜆塚分館が設置され、覆屋保存されている遺跡を主体とした最初の遺跡博物館が完成している。その後蜆塚分館は、1979（昭和54）年に浜松市博物館となり、現在は同博物館が遺跡の管理を行っている。

加曽利貝塚は、千葉県千葉市に所在する縄文時代の貝塚で、縄文土器形式の指標遺跡にもなっている我が国有数の大型貝塚遺跡である。当該遺跡に博物館が設置されたのは、1966（昭和41）年であるが、覆屋保存施設である「貝層断面観覧施設」の設置は開館よりも後の1968（昭和43）年の設置である。

高度経済成長期以降の発掘調査の増加に比例し、覆屋架設の事例は増加していく傾向にある。現在も、化学処理や新素材を導入し、露出展示する遺構に覆屋は設置され続けており、覆屋に関する議論の場も設けられるようになってきている。(11) このことから覆屋は、プリミティブな方法の遺跡保存方法でありつつも、保存効果・展示効果の点において優れていると見なせるのである。

3. 覆屋保存の利点・効果

　覆屋技法による遺跡保存は、発掘調査を伴わない現状保存や調査後に旧状復帰を目的とした埋戻し保存に次いで、予算や遺構へのダメージが少ないという利点がある。また、本来地中に遺存する遺構を露出展示することによる臨場感の創出という点では最も優秀な方法である。遺跡の姿をフィルターなしに見ることができ、実際の遺構を見られる臨場感から、現在でも実施されている遺跡が多いことは先述したとおりである。この方法において留意すべきは、覆屋の設置は利用者の「観覧」、すなわち展示を主たる目的としていることである。
　先述の①・②は、お互いに「遺構を風雨から避ける」ことを共通目的とし、公開を意図するものが多い。考古学的な調査で検出された遺跡は、単に保存するのであれば埋め戻すほうがリスクも低くコストもかからない。しかし、あえて覆屋を設置する以上、そこには公開をする意図が介在していると言える。だが、視覚利用に特化したこれらの保存方法では、「見る」ことに関連した活用以外に有効な利用法がない。①－Ｃタイプの覆屋では、保存遺構の周囲に出土資料を展示するスペースを設けることがあるが、さまざまな体験学習などは野外や別の建物を利用して実施されていることがほとんどである。その点について、覆屋を用いる遺跡は、遺構が有する情報の伝達、すなわち遺構の展示に特化するべきであると考える。何故なら、安易な地域振興を目的とした遺跡の活用を掲げ、保存遺構を目の当たりにしながら体験学習を行うといった場合、遺構を破損・汚損の危険性がないとは言えないのである。
　そこで、遺跡に覆屋を整備するならば、徹底的に展示のための施設整備を行い、その保存場所では観覧あるいはスケッチ等の視覚を応用した遺跡の活用のみを実施する。遺跡に関する情報や、出土資料を展示し、調査研究に基づいた

教育普及活動を行うためには、隣接して博物館を設置してこれにあたることが望ましい。遺構の立体復元や集落の再現が、遺跡が所在した時代の雰囲気を表現できるのに対し、覆屋保存は、保存されている遺構からの情報伝達しかできないのである。その一技に秀でた性質を利用し、そのフォローを的確にするためにも覆屋保存の遺跡には、発掘調査の成果に基づく当該保存遺構と遺跡全体の学術情報の伝達が可能な博物館を設置することは必要であると強く主張するものである。

4. 覆屋保存の現状と展望

現在、史跡・遺跡における覆屋保存の事例は、比較的多いものと看取される。章末表からも明確であるように、多様な種別の遺跡において、さまざまな地域で導入されており、その実施例の多さ、多様さから完成された遺跡保存の一技法である断じても過言ではあるまい。また先述のとおり、覆屋保存される遺跡に博物館が併設される事例は、多見されることも事実である[12]。しかし、覆いや保存の現状に対して、下記に記す課題が指摘できよう。

（1）覆屋と博物館

我が国の覆屋保存をする遺跡では、大型遺構を保存する覆屋内で遺構の周囲に展示施設を設けた、前節分類の①－Cタイプが多く認められる。当該タイプは、露出展示遺構以外の遺物等々の展示施設としての機能を兼ねた設備を配置するところに特徴がある。しかし、ここで確認しなければならないのは、覆屋内での遺構周辺での簡素な展示は、博物館展示の代替とは決してならないということである。

なかでも佐賀県吉野ヶ里遺跡はその代表例である。特別史跡であり国営公園でもある吉野ヶ里遺跡には、現状で博物館と見なされる施設は設置されていない。出土資料の展示という意味では展示室を設け、北墳丘墓保存覆屋にも資料を展示している。また、体験学習などの教育普及活動には専用の建物を建てて実施していることから、遺跡・国営公園内で博物館の持つ機能を分担しているとも言える。

しかし、本来の覆屋の機能は、遺構の保存とその公開のための露出であり、厳密には展示意図に基づく説示型展示ではないことを忘れてはならない。吉野ヶ里遺跡のように機能分化をすることも必要であることは確かであるが、総合的な遺跡の保存および普及活動を行うためには核となる

図8　吉野ヶ里遺跡　北墳丘墓保存覆屋

施設を設ける必要がある。遺跡の核とは、とりもなおさず博物館の存在である。博物館を置くことで見学者の理解を深め、遺跡を用いた円滑な学習環境または娯楽の空間を提供できるのである。また、博物館において遺跡に関する資料や記録の統一した管理を実施できることから、その散逸を防止でき、調査研究にも容易に活用できるのである。何よりも覆屋内から遺構以外のものを排除することで、偶発的な遺構の毀損の可能性を軽減することができるといった遺構保存の面でも利点が多いのである。今後は覆屋だけでなく、博物館を含めた緊密な連携が肝要である。

（2）覆屋保存と劣化

　覆屋保存している遺跡であっても、経年変化によって設備や遺構が劣化を来している例が少なくない。覆屋は内部に保存する遺構の劣化の進捗を軽減するためのものであるが、当然のごとく覆屋自体の劣化も進み、これに従い覆屋内部の環境の悪化が認められる事例も珍しくはないのである。保存を目的とする覆屋には長い歴史があり、蜆塚遺跡や加曽利貝塚のごとく、40年を経過する施設も存在している。木造覆屋はもちろん、金属製やコンクリート製の覆屋についても、サビ、天井・壁の剥落、ひび割れ、歪み等経年劣化が心配である。また、覆屋だけでなく、整備されている遺跡全般における問題であるが、整備後の補修が行われていないのが実情であろう。覆屋本体については、その劣化の進捗が判別しづらく、劣化箇所を検出しても補修がなされないことも多い。

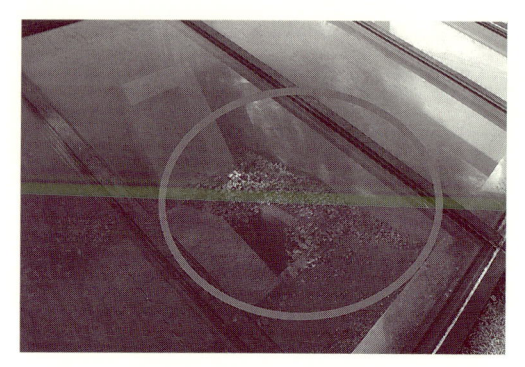

図9　生物被害の例　塚原古墳群丸山2号墳
（囲いは筆者）

遺構の保存はもちろん、観覧者や管理者の安全確保のためにも、毎年の点検と数年に一回は大規模な点検を行い、劣化の予防策を講じていく必要がある。

遺構劣化の要因としては、乾燥・地衣類・析出物・結露滴等の影響が指摘できることは前述のとおりである。

覆屋が設置される遺跡の場合、遺構の表面が露出状態となることが多く、常に水分の蒸発が見られる。土質遺構の場合は、その傾向が特に顕著であり、露出展示には適当な処理が必要である。遺構の乾燥による劣化としては、表面のひび割れや収縮による遺構の崩壊がその代表格である。また、内部環境の変化による劣化は、遺構の乾燥に起因することが多い。

発掘された現地で覆屋をかけて保存されている遺跡を見学すると、遺構の土質の部分にびっしりと苔が生えている遺跡がある。また図9のように、②－Aタイプの覆いで密閉していても、内部に植物が繁茂している遺構も確認できた。覆屋保存の場合、遺構から蒸発した水分が覆屋内に充満することで高温多湿となり、遺構表面に地衣類が繁茂する劣化を誘発する。保存遺構上または覆屋内に植物類が繁茂することは、根による遺構の損壊や温湿度環境の変化を起こすといった直接的な被害のほか、観覧者の見学の妨げになり遺構の景観を損ねるなどさまざまな欠点がある。

覆屋を見学する際に、遺構表面が白色化している事例がある。これは、地中から塩類などが析出し、遺構を棄損しているのである。析出物による遺構劣化は、遺構を露出することにより水分が蒸発し、土中に存在する塩類が表出することで発生し、土質遺構が多い我が国の遺跡には顕著に見られる劣化傾向である。

また、遺構露出展示に覆屋を用いることによる劣化として、結露による被害

が認められる。覆屋は、遺構に屋根を架設することで、外的要素による劣化を軽減している。しかし、屋根を持つことで、温度変化による結露が屋根の一部に溜まり、滴が落下することで遺構を棄損するのである。「雨垂れ石を穿つ」ではないが、同一箇所に継続して滴が垂れることで、遺構の特定部位が抉れてしまう被害がある。また、覆屋に滴が溜まる箇所は、水分によるサビ・腐りが発生しやすく、結露は覆屋本体の劣化原因ともなりうるのである。

　遺構の劣化に対処するためには、地道な保守管理作業が必須である。定期的な巡見により劣化の有無、劣化状況を確認し、適当な方法でそれを処理することで、ある程度の被害防止につなげることができる。生物被害に関しても何年かに一度は大規模な点検をし、その発生の傾向から対策を立てるべきである。また、覆屋内の環境データを収集し、覆屋内で想定される劣化を未然に防ぐ努力をしていくことが肝要である。

（3）覆屋の管理

　現状多くの覆屋は、遺跡としての管理ができていない。章末表に示している遺跡では、①-Bタイプが71件と最も多く、次いで①-Aタイプが36件存在している。このようなタイプの覆屋では、監視員が常駐していることは少なく、防犯設備を設置していない遺跡も少なくない。①-A、①-Bタイプ、特に窯業址などで灰原等に多量の破片が散乱状態で遺存している遺跡では、遺物を拝借する輩が少なからずいるのが現状である。事実、佐賀県教育委員会では、肥前古陶磁窯跡からの遺物窃盗への対策の一つとして、説明板の設置や盗掘防止啓発冊子の作成、ホームページ上での啓発事業を行っている[13]。しかし筆者は、その対策だけでは不十分であると考える。具体的に考えられる対策としては、防犯カメラ等の防犯設備の設置と人員の配置である。これらの導入は、遺物の窃盗だけでなくそもそも遺跡内への立ち入りを防ぐことを目的とするものである。防犯設備の導入はセンサーやカメラなどを意図しており、遺構や覆屋外観に違和感のないものを設置する。人員としては、可能な限り日中は詰めていられる人材が好ましい。そのため、ボランティアなどを募集し、解説員を兼ねた業務を行えるようにすることが必要であると考える。

遺跡・遺物は、古より長い年月をかけて伝えられた過去の遺産であり、国民の共有財産であるだけでなく、永世に亙って人類が残してゆかねばならぬ遺産である。

　遺跡が実在する以上、当然劣化は免れない。だが、我が国で常套化がみられた凍結保存といった保存のみに力を入れて、その存在を忘却させてもいけない。遺跡は公共性の強い存在であり、一部の人間だけでなく多くの人々に知ってもらいたいと筆者は考える。その方法としての「覆屋」は、日本国内で定着した遺構保護の基本的技法であると言える。遺跡博物館における覆屋展示は、実物の遺構・遺物を間近に感じることができる展示手法である。このことは、臨場感を持って遺跡を伝えられることに他ならないのである。覆屋は、遺構の保存と視覚による活用を両立できる遺跡整備における基本的方法として、今後も期待できると考えるものである。

註
（1）文化財保存全国協議会編　2006『新版　遺跡保存の辞典』平凡社。
（2）『広辞苑』第五版で「鞘堂」は「風雨を防ぎ、社殿・仏堂を保護するため、その外に覆いかけた建物」と記されている。
（3）奈良文化財研究所　2009『埋蔵文化財の保存・活用における遺構露出展示の成果と課題』。
（4）小島有紀子　2009「床面展示・床下展示に関する一考察―床及び床下を見る行為から博物館展示への変遷―」『國學院大學博物館學紀要』第33輯。
（5）章末表に示したのは、日本国内に所在する覆屋保存を実施している遺跡158か所について、遺跡の時代や種類、博物館の有無、分類上の位置づけ、所在地域をまとめたものである。これ以外にも覆屋をもつ遺跡はあると考察できるが、本章ではここにまとめているデータを基準に論ずる。
（6）1836（天保7）年の伴信友著『上野三碑考』に記載あり。「緑野郡落合村宗永禪寺の境内、七輿山の麓に、羊大夫の墓なりと云傳たる石棺露出て在り、銘文は見えず、上屋を作りて覆ひて、天滿大自在羊天神と稱ひて祀れり」。
（7）日本経済新聞（2004年4月3日）「故事巡歴」に記載あり。
（8）朽津信明　2010「日本における覆屋の歴史について」『保存科学』50号、東京文化財研究所。
（9）高瀬要一　1995「遺跡復原論」『文化財論叢Ⅱ』奈良文化財研究所。
（10）起工は1958（昭和33）年だが、完成は1960（昭和35）年である。
（11）第24回　国際文化財保存修復研究会はテーマが「覆屋保存を考える」であったほ

か、『月刊文化財』318号は特集が「遺跡整備と覆屋」に関することであったなど、覆屋保存に関する議論の場が増加している傾向にある。
(12) 章末表に記載している覆屋を持つ遺跡158件のうち、約1/3の59の遺跡で博物館ないし展示施設を設けている。
(13) 佐賀県ホームページ（教育委員会文化財課）。
http://www.pref.saga.lg.jp/web/kankou/bunkazai/zai_top/_71947.html

参考文献
糸魚川市教育委員会　2001『国・史跡長者ケ原遺跡　保存整備事業報告書』。
内田昭人　1990「遺構の保護手段としての建築物―覆屋」『月刊文化財』318。
加藤允彦　1990「史跡の整備と活用　史跡等活用特別事業について・遺跡整備の手法としての覆屋建設」『月刊文化財』318。
朽津信明　2010「日本における覆屋の歴史について」『保存科学』50号、東京文化財研究所。
志村哲　2001「本郷埴輪窯跡とその周辺」『シンポジウム縄文人と貝塚・関東における埴輪の生産と供給』日本考古学協会、茨城県考古学協会。
東京文化財研究所　2010『覆屋保存を考える、第24回国際文化財保存修復研究会報告書』。
中村哲也　1990「遺跡整備のあり方と遺構露出展示」『月刊文化財』318。
奈良文化財研究所　2009『埋蔵文化財の保存・活用における遺構露出展示の成果と課題』。
二宮忠司　1990「埋蔵文化財の保存活用と覆屋」『月刊文化財』318。
文化庁文化財部記念物課　2005『史跡等整備のてびき』Ⅰ・Ⅳ、同成社。

（中島金太郎）

表1 全国の主要覆屋一覧

遺跡名	都道府県	所在地	時代	保存遺構	覆屋形態	遺跡博物館名	備考
手宮洞窟	北海道	小樽市	続縄文	その他の遺跡（洞窟壁画・彫刻）	②-B	小樽市手宮洞窟保存館	
ピリカ遺跡	北海道	瀬棚郡今金町字美利河	旧石器	散布地	①-C	ピリカ旧石器文化館	
北黄金貝塚	北海道	伊達市北黄金町	縄文	その他の遺跡（水場遺構）	①-B	史跡北黄金貝塚公園（北黄金貝塚情報センター）	
フゴッペ洞窟	北海道	余市町栄町	続縄文	その他の遺跡（洞窟壁画・彫刻）	②-B		木造覆屋が腐設されていたが、1972年にコンクリート密閉型の覆い屋に更新。
三内丸山遺跡	青森県	青森市三内字丸山	縄文	集落跡	①-B	縄文時遊館・さんまるミュージアム	
垂柳遺跡	青森県	田舎館村	弥生	その他の遺跡（水田跡）	①-C	田舎館村埋蔵文化財センター	埋蔵文化財センター内に、展示室と保存遺構が所在している。
富沢遺跡	宮城県	仙台市太白区長町南	旧石器	その他の遺跡（埋没林）	①-C	仙台市富沢遺跡保存館（地底の森ミュージアム）	
多賀城跡附寺跡	宮城県	多賀城市	古代	社寺跡	①-B		
秋田城跡	秋田県	秋田市寺内焼山	古代	城館跡	①-B	秋田城出土品収蔵庫	
中田横穴	福島県	いわき市平沼ノ内	古墳	横穴墓	②-B		
清戸迫横穴	福島県	双葉郡双葉町大字新山	古墳	横穴墓	②-B		
羽山横穴	福島県	南相馬市原町区牛来字出口	古墳	横穴墓	②-B	南相馬市博物館	
武者塚古墳	茨城県	土浦市上坂田	古墳	古墳	①-B		石室のみを覆屋内に保存。

第 4 章　遺跡博物館における覆屋展示　69

上高津貝塚	茨城県	土浦市上高津	縄文	貝塚	①-B	上高津貝塚ふるさと歴史の広場（考古学資料館）
平林真子遺跡	栃木県	大田原市若草	縄文	集落跡	①-A	
乙女不動原瓦窯跡	栃木県	小山市中央町	古代	生産跡	①-A	小山市立博物館
中山敷石住居跡	群馬県	吾妻郡高山村大字中山	縄文	集落跡	①-B	住居址は民家の敷地内に所在。
金山城跡	群馬県	太田市金山町	中世	城館跡	①-B	
生品神社敷石住居跡	群馬県	太田市藪塚町	縄文	集落跡	①-A	
小室敷石住居跡	群馬県	渋川市北橘町真壁	縄文	集落跡	①-B	渋川市北橘歴史資料館
長井石器時代住居跡	群馬県	高崎市倉渕町権田	縄文	集落跡	①-B	
保渡田八幡塚古墳	群馬県	高崎市井出町	古墳	古墳	①-B	高崎市かみつけの里博物館	古墳の後円部を覆屋として利用する。
若田原遺跡群	群馬県	高崎市若田町（八幡霊園内）	縄文	集落跡	①-B	
矢瀬遺跡	群馬県	利根郡みなかみ町	縄文	集落跡	①-B	みなかみ町月夜野郷土歴史資料館
梨の木平敷石住居跡	群馬県	利根郡みなかみ町	縄文	集落跡	①-B	
水上石器時代住居跡	群馬県	利根郡みなかみ町大字大久保・坂上	縄文	集落跡	①-B	
本郷埴輪窯跡	群馬県	藤岡市本郷	古墳	生産跡	①-B	
宗永寺裏東塚古墳	群馬県	藤岡市上落合	古墳	古墳	①-A		1836（天保7）年、伴信友［上野三碑考］に記載あり。この時点ですでに覆屋が掛けられていた。
中大塚縄文時代敷石遺構	群馬県	藤岡市中大塚	縄文	集落跡	①-B	

遺跡名	都道府県	所在地	時代	保存遺構	覆屋形態	遺跡博物館名	備考
譲原石器時代住居跡	群馬県	藤岡市譲原	縄文	集落跡	①-B	藤岡市体験学習館MAG（マグ）	
岩宿遺跡	群馬県	みどり市笠懸町阿左美	旧石器	集落跡	①-B	岩宿博物館	出土した土層を展示。
阿左美縄文式文化住居跡	群馬県	みどり市笠懸町阿左美	縄文	集落跡			阿左美駅の構内に保存されている。
稲荷山古墳	埼玉県	行田市埼玉	古墳	古墳	①-A	埼玉県立さきたま史跡の博物館	1982年まで①-Aタイプの覆屋が存在していたが、劣化のため現在は埋め戻した後、レプリカを露出展示している。
将軍山古墳	埼玉県	行田市埼玉	古墳	古墳	①-C	将軍山古墳展示館	後円部に埋めた形で覆屋を設置し、さらに展示室とし機能させている。
水殿瓦窯跡	埼玉県	児玉郡美里町沼上	中世	生産跡	①-B		
大谷瓦窯跡	埼玉県	東松山市大谷	古代	生産跡	①-A		
加曽利貝塚	千葉県	千葉市若葉区桜木	縄文	貝塚・集落跡	①-B	千葉市立加曽利貝塚博物館	
北野石器時代住居跡	東京都	八王子市北野町	縄文	集落跡	①-A		北野天満宮の境内に所在。
武蔵台遺跡	東京都	府中市武蔵台	縄文	集落跡	①-A		
高ヶ坂石器時代遺跡	東京都	町田市高ヶ坂	縄文	集落跡	①-B		1966年に復元・覆屋再建。
寸沢嵐石器時代遺跡	神奈川県	相模原市緑区寸沢嵐	縄文	集落跡	①-B		
三殿台遺跡	神奈川県	横浜市磯子区岡村	弥生	集落跡	①-B	横浜市三殿台考古館	
長者ヶ原遺跡	新潟県	糸魚川市一ノ宮	縄文	その他の遺跡（土器捨て場）	②-A	糸魚川市長者ヶ原考古館	
佐渡金山遺跡	新潟県	佐渡市下相川	近世	生産跡	②-A	佐渡金山資料館	

第4章　遺跡博物館における覆屋展示　71

藤橋遺跡	新潟県	長岡市西津町	縄文	集落跡	①-B	藤橋歴史の広場（ふじはし歴史館）	土層のみを覆屋保存する。
北代遺跡	富山県	富山市北代	縄文	集落跡	①-B	北代縄文館	土壁の一部に展示施設を設けて観覧させる。
安田城跡	富山県	富山市婦中町安田	中世	城館跡	①-B	安田城跡資料館	
朝日貝塚	富山県	氷見市朝日丘	縄文	貝塚	①-B		
狐山古墳	石川県	加賀市二子塚町	古墳	古墳	①-B	埋収蔵庫が併設	
九谷磁器窯跡	石川県	加賀市山代温泉	近世	生産跡	①-B	九谷焼窯跡展示館	
信濃国分寺瓦窯跡	長野県	上田市国分	古代	生産跡	①-A	上田市立信濃国分寺資料館	
吉向焼窯跡	長野県	須坂市大字坂田	近世	生産跡	①-A		
久尻元屋敷陶器窯跡	岐阜県	土岐市泉町久尻	中世	生産跡	①-B		
丸山古窯跡	岐阜県	美濃市大矢田	古代	生産跡	①-A		
井田松江古墳群	静岡県	沼津市戸田	古墳	古墳	①-A		
蜆塚遺跡	静岡県	浜松市中区蜆塚	縄文	貝塚	①-A	浜松市博物館	
下原古窯跡群	愛知県	春日井市東山町字平橋	古代	生産跡	①-B		
吉胡貝塚	愛知県	田原市吉胡町字平橋	縄文	貝塚	①-B ②-A	吉胡貝塚資料館	
板山長根古窯	愛知県	知多郡阿久比町大字板山字長根	中世	生産跡	①-A		
篭池古窯	愛知県	常滑市久米篭池	中世	生産跡	①-A		
見晴台遺跡	愛知県	名古屋市南区見晴町	弥生	集落跡	①-C	名古屋市見晴台考古資料館	現在は内部の住居が傾いているため入館不可。
天保1号墳	三重県	松阪市嬉野下之庄町	古墳	古墳	①-A	松阪市嬉野考古館	石室のみが嬉野中学校庭に移築。

遺跡名	都道府県	所在地	時代	保存遺構	覆屋形態	遺跡博物館名	備考
樫木原窯跡	滋賀県	大津市南滋賀	古代	生産跡	①-A		
鴨稲荷山古墳	滋賀県	高島市鴨	古墳	古墳	②-B	高島歴史民俗資料館	
音如ヶ谷瓦窯跡	京都府	木津川市相楽台	古代	生産跡	①-B		
作山古墳	京都府	与謝郡与謝野町字明石	古墳	古墳	②-A	古墳公園はにわ資料館	
蛭子山古墳	京都府	与謝郡与謝野町字明石	古墳	古墳	①-B	古墳公園はにわ資料館	1929年の発掘調査の後、石棺のみ地上に引き上げられ、昭和10年代に木造の覆屋が建てられたが、現存するものは老朽化のために1984年に再建されたものである。
池上曽根遺跡	大阪府	和泉市池上町	弥生	集落跡	②-B	大阪府立弥生文化博物館	小型竪穴にガラスをつけて展示。
難波宮跡	大阪府	大阪市中央区法円坂	古代	都市遺跡	②-A	大阪歴史博物館	大阪歴史博物館の地下に遺構を露出展示できる設備を備えている。
高井田横穴墓群	大阪府	柏原市大字高井田	古墳	横穴墓	①-B		
清水谷古墳	大阪府	交野市東倉治	古墳	古墳	②-A		
鶴田池東瓦窯	大阪府	堺市西区菱木	古代	生産跡	①-B		
忍岡古墳	大阪府	四條畷市岡山	古墳	古墳	①-B		1995年の阪神淡路大震災で旧覆屋が傾き、修復が必要となったため2012年に新覆屋を設置した。
吉志部瓦窯跡	大阪府	吹田市岸部北	古代	生産跡	①-A	吹田市立博物館	
海会寺跡	大阪府	泉南市信達大苗代	古代	社寺跡	①-B	泉南市古代史博物館	

第 4 章　遺跡博物館における覆屋展示　73

新池埴輪製作所遺跡	大阪府	高槻市上土室町	古墳	生産跡	①-C	ハニワ工場館	
宮前山古墳	大阪府	富田林市南旭ヶ丘町	古墳	古墳	①-A		大阪大学のキャンパス内に移築されている。
長持山古墳	大阪府	藤井寺市沢田（藤井寺市立道明寺小学校内）	古墳	古墳	①-A	長持山古墳出土家形石棺展示施設	1946年に発掘調査が実施され、1955年までに工事により墳丘が消失した。現在は出土した2つの石棺のみを覆屋内で展示する。
緑風台窯跡	兵庫県	西脇市野村字緑風台	中世	生産跡	①-C	緑風台古窯陶芸館	
上ノ山遺跡	兵庫県	美方郡香美町小代区広井字上ノ山	縄文	集落跡	①-B		
三輪明神窯	兵庫県	三田市三輪字宮ノ越	近世	生産跡	①-A		
三井瓦窯跡	奈良県	生駒郡斑鳩町三井	古代	生産跡	①-B		
安倍寺瓦窯跡	奈良県	桜井市	古代	生産跡	①-A		
キトラ古墳	奈良県	高市郡明日香村阿部山	古墳	古墳	②-B		
高松塚古墳	奈良県	高市郡明日香村大字平田	古墳	古墳	②-B		2007年の石室解体に伴い旧覆屋を除去し、墳丘を復元整備している。
歌姫瓦窯跡	奈良県	奈良市歌姫町	古代	生産跡	①-B		
押熊瓦窯跡	奈良県	奈良市神功六丁目緑地	古代	生産跡	①-B		
平城宮跡	奈良県	奈良市二条大路南	古代	都市遺跡	①-C	独立行政法人国立文化財機構　奈良文化財研究所平城宮跡資料館・遺構展示館	
頭塔	奈良県	奈良市高畑町	古代	社寺跡	①-A		

遺跡名	都道府県	所在地	時代	保存遺構	覆屋形態	遺跡博物館名	備考
額田部瓦窯跡	奈良県	大和郡山市額田部北町	中世	生産跡	①-B		資料館建設時に資料館内に移築し保存する。
前山A36号墳	和歌山県	和歌山市岩橋	古墳	古墳	①-B	和歌山県立紀伊風土記の丘資料館	
石見国分寺瓦窯跡	島根県	浜田市国分町	古代	生産跡	①-B		
出雲王作跡	島根県	松江市玉湯町玉造	古墳	生産跡	①-B	出雲王作資料館	
富田城跡	島根県	安来市広瀬町富田	中世	城館跡	①-B	安来市立歴史資料館	通路跡の土層のみを覆屋展示。
三ッ城古墳	広島県	東広島市西条中央	古墳	古墳	②-A		後円部上の3つの埋葬施設にアクリル板をはめ込んでより見学が可能。
土井ヶ浜遺跡	山口県	下関市豊北町神田上	弥生	その他の墓	①-B	土井ヶ浜遺跡・人類学ミュージアム	※管理棟内に展示室有り
須佐唐津窯跡群	山口県	萩市須佐唐津	近世	生産跡	①-B		
末原窯跡群	山口県	美祢市美東町赤	古代	生産跡	①-A		
陶陶窯跡	山口県	山口市陶字向田	古墳	生産跡	①-A		
吉金窯跡	香川県	さぬき市大川町富田西	近世	生産跡	①-A		
讃岐国分寺跡	香川県	高松市国分寺町国分	古代	社寺跡	①-C	讃岐国分寺跡資料館	
妙見山古墳	愛媛県	今治市大西町宮脇乙	古墳	古墳	②-A	今治市大西藤山歴史資料館	
笠置峠古墳	愛媛県	西予市宇和町卯之町岩木	古墳	古墳	②-A		
湯築城	愛媛県	松山市道後公園	中世	城館跡	①-C	湯築城資料館	土塁の一部に展示施設を設けて観覧させる。
日岡古墳	福岡県	うきは市吉井町	古墳	古墳	①-B		
梅頭窯跡	福岡県	大野城市大字上大利	古墳	生産跡	①-B		

第4章 遺跡博物館における覆屋展示　75

倉永古墳	福岡県	大牟田市大字倉永字甘木山	古墳	古墳	①-B		石室のみ覆屋に保存。
須玖岡本遺跡	福岡県	春日市岡本	弥生	その他の墓	①-B	春日市奴国の丘歴史資料館	
ウトグチ瓦窯跡	福岡県	春日市白水ヶ丘	古墳	生産跡	①-B	春日市ウトグチ瓦窯展示館	
福岡藩磁器御用窯跡	福岡県	糟屋郡須恵町	近世	生産跡	①-A		
王塚古墳	福岡県	嘉穂郡桂川町寿命	古墳	古墳	②-B	王塚装飾古墳館	
山野の石像群	福岡県	嘉麻市山野	中世	その他の遺跡（石像類）	①-B		
菜園場窯跡	福岡県	北九州市小倉北区菜園場	近世	生産跡	①-B		
浦山古墳	福岡県	久留米市上津町1386	古墳	古墳	①-B		
日輪寺古墳	福岡県	久留米市京町	古墳	古墳	①-B		
大宰府跡	福岡県	太宰府市観世音寺	古代	都市遺跡	①-C	大宰府展示館	
船沼窯跡	福岡県	築上郡築上町大字船沼	古代	生産跡	①-B	船沼窯跡公園・体験学習館	
鴻臚館跡	福岡県	福岡市中央区城内	古代	城館跡	①-C	鴻臚館跡展示館	覆屋内の一部に復元建物が有り、また野外には建物跡の遺構表示が所在する。
野方遺跡	福岡県	福岡市西区野方	弥生	集落跡	①-C	野方遺跡住居跡展示館	
能古焼古窯跡	福岡県	福岡市西区能古	近世	生産跡	①-A	能古博物館	
金隈遺跡	福岡県	福岡市博多区金の隈	弥生	その他の墓	①-C	金隈遺跡甕棺展示館	
石神山古墳	福岡県	みやま市高田町上楠田	古墳	古墳	①-B		
石人山古墳	福岡県	八女郡広川町一条	古墳	古墳	①-B		石人と石棺の2つの覆屋が所在する。
岸嶽古窯群	佐賀県	唐津市	中世	生産跡	不明		

遺跡名	都道府県	所在地	時代	保存遺構	覆屋形態	遺跡博物館名	備考
吉野ヶ里遺跡	佐賀県	神埼郡吉野ヶ里町田手	弥生	その他の墓	①-C	国営吉野ヶ里歴史公園・西墳丘墓覆屋、展示棟	
三子遺跡	佐賀県	神埼市神埼町城原	弥生	その他の墓	①-B		
市ノ瀬窯跡	長崎県	北松浦郡佐々町	近世	生産跡	①-B		
サント・ドミンゴ教会跡	長崎県	長崎市勝山町	近世	その他の遺跡（宗教遺跡）	①-C	サント・ドミンゴ教会跡資料館	
肥前波佐見陶磁器窯跡	長崎県	東彼杵郡波佐見町	近世	生産跡	①-A		
畑ノ原窯跡	長崎県	東彼杵郡波佐見町村木郷	近世	生産跡	①-A		
年の神古墳	熊本県	宇城市小川町北小野	古墳	古墳	①-A		
桂原一号墳	熊本県	宇城市不知火町長崎	古墳	古墳	②-B		
宇賀岳古墳	熊本県	宇城市松橋町松山	古墳	古墳	①-B		
網田焼窯跡	熊本県	宇土市上網田町	近世	生産跡	①-A	網田焼の里資料館	
長砂連古墳	熊本県	上天草市大矢野町中	古墳	古墳	②-B		
大戸鼻北古墳	熊本県	上天草市松島町阿村	古墳	古墳	②-B		
大戸鼻南古墳	熊本県	上天草市松島町阿村	古墳	古墳	①-B		
御霊塚古墳	熊本県	鹿本郡鹿本町津袋広江	古墳	古墳	②-B		
裂姿尾高塚古墳	熊本県	菊池市	古墳	古墳	②-B		
稲荷山古墳	熊本県	熊本市	古墳	古墳	不明		
千金乙号墳	熊本県	熊本市西区小島下町	古墳	古墳	①-B		
塚原古墳群	熊本県	熊本市南区城南町塚原	古墳	古墳	②-A	熊本市塚原歴史民俗資料館	

第 4 章　遺跡博物館における覆屋展示　77

小岱焼窯跡群	熊本県	玉名郡南関町	近世	生産跡	①－A	
長力1号横穴	熊本県	玉名市菊水町瀬川長力	古墳	横穴墓	不明	
永安寺東古墳	熊本県	玉名市玉名町瀬川長力	古墳	古墳	②－B	
大坊古墳	熊本県	玉名市玉名	古墳	古墳	②－B	
竜北高塚古墳	熊本県	八代郡氷川町高塚西新城	古墳	古墳	①－A	
門前古墳	熊本県	八代市岡町谷川	古墳	古墳	①－A	
田川内1号墳	熊本県	八代市日奈久新田町	古墳	古墳	②－B	
桜の上古墳	熊本県	山鹿市鹿央町岩原大野原	古墳	古墳	②－B	
チブサン古墳	熊本県	山鹿市鍋田	古墳	古墳	②－B	山鹿市立博物館
弁慶ヶ穴古墳	熊本県	山鹿市熊入町	古墳	古墳	①－B	
鍋田横穴	熊本県	山鹿市鍋田	古墳	横穴墓	①－B	
穴観音古墳	大分県	日田市内河野	古墳	古墳	①－A	
西都原古墳群	宮崎県	西都市大字三宅字西都原	古墳	古墳・横穴墓	①－B	宮崎県立西都原考古博物館
宇宿貝塚	鹿児島県	奄美市	縄文	貝塚	①－B	
橋牟礼川遺跡	鹿児島県	指宿市指宿十二町	縄文	貝塚	①－B	指宿市考古博物館時遊館（COCCOはしむれ）
堂平窯跡	鹿児島県	日置市東市来町美山	近世	生産跡	①－A	

凡例
都道府県を北から、各県内は市郡の五十音順に記す。

第5章

中国西安における遺跡の保存と博物館

　中国西安は、首都北京の西北約 1,200 km に位置する。中華文明の発祥地であり、周、秦、漢、隋、唐、など 13 もの王朝が都を置き、古くは長安と呼称された都城である。シルクロードの中国内陸の始点でもあり、特に隋、唐時代は国際的な文化が開花した世界で最大の都市であった。

　日本からは遣隋使、遣唐使を迎え入れた地でもあり、真言宗を日本へ持ち帰った空海（弘法大師）が恵果法師から教えを乞うた青龍寺がある。そして、日本に帰ることなく西安で一生を終えた阿倍仲麻呂の記念碑（興慶宮公園）があり、そこには日本と中国との交流が深く刻まれている。

　世界遺産に登録された秦始皇帝陵博物院や、玄蔵（三蔵法師）がシルクロードを通りインドから持ち帰った経典を保存した大雁等、玄宗皇帝と楊貴妃のロマンスの舞台となった華清池、約 6,000 年前の母系氏族社会の遺跡である半坡博物館など、悠久の都である西安には歴史の足跡を実際に目にし、感じることのできる場所が市街地や近郊に現在も多く残っている。まさに、天然の歴史博物館なのである。

1. 遺跡博物館の建設史

　中国国内で遺跡を保護し、さらに活用を目的とした整備を実施した博物館は西安に最も集中している。西安の遺跡の保護と整備・活用の歴史は、大きく3段階に区分されよう。

　第1段階は、旧ロシアによる考古学と旧ロシア考古学を見本とした初歩的な遺跡調査期である。具体的には、西安での遺跡博物館の濫觴は、1958年4月

開館の半坡遺跡博物館であると同時に、それはまた中国最初の新石器時代遺跡博物館でもあった。

　次いで第2段階は、自主的発展期で、代表されるのは秦の始皇帝陵博物院が挙げられる。1974年から4,000万人もの来館者を迎えた、秦の始皇帝陵博物院（秦の始皇帝陵と兵馬俑博物館）の遺址は、毎年発掘が継続され、その面積は現在およそ2 km^{2}に達し、世界遺産に登録されている。

　第3段階は、国際的な学術型復元発掘期で、唐の都長安の大明宮の整備復元が挙げられる。世界各国の宮殿のなかで、北京故宮の規模は雄大で右に出るものはないが、長安大明宮は中国歴史上北京故宮に次ぐ宮殿である。1990年代にユネスコが中心となって、日本をはじめとして世界中から専門家が集まり、大明宮含元殿の修復整備が進められ、大明宮遺址博物館・大明宮遺址展覧館・丹鳳門遺址博物館・大明宮考古探索センターの4館が大明宮遺跡内に建設されるに至った。

2. 遺跡の時代と遺跡の種類

　新石器時代の遺跡としては、上述の半坡遺跡が挙げられる。6,000年前の農耕文化を有する母系氏族の集落遺跡で、世界的にも著名な遺跡である。

　西周時代の遺跡としては、豊鎬遺跡があり、中国歴史文化の基礎として礼儀作法の初歩段階をうかがい知ることができる遺跡である。

　秦の時代は、その代表的遺跡として秦の始皇帝陵が挙げられる。後世、千古の帝王と称された秦の始皇帝は、六国を滅亡させ中国初の統一王朝を築き、以後の中国歴代王朝に多大な影響を及ぼしている。

　唐代では、史上最大に栄えた市場遺跡である、東市・西市の遺跡が遺存している。東市は、主に貴族や高官のための市であり、一方西市は市民や各国商人が利用する市であった。対外貿易の中心として知られ、中国とシルクロード沿線各国との経済、文化交流を代表する国際的な貿易センターとしての遺跡であり、中国唯一の民営遺跡博物館で、その名は大唐西市博物館である。

3. 遺跡博物館の展望

　西安の遺跡博物館は、最初は自主的で単純な保護から始まり、その後考古学・博物館学分野の関係者の援助を得ながら発掘・整備を進め、今日では国家文物総局の企画を基礎にして、地方政府は国際援助を利用し、さらには大手不動産企業と施行プランを立て施行を進めている。現在では、遺跡博物館の領域内で民営所有制が参与できることは、社会的に文化が大きく進歩したことをあらわしていると言えるであろう。
　しかし、楽観的に考えていいわけではなく、中国西安は、重要な遺跡が多数存在すると同時に、近代建物も多く遺存する。都市の急速で過度な開発と文化財保護との間には矛盾が依然として存在しているのである。互いに発展すべきだが、現実社会では、残念ながら文化と経済は相乗関係にはないのである。裏付けられたデータによると、文化は目先の経済より大きいと考えられる。毎年、博物館系列のなかで遺跡博物館の収入は5億元以上であり、さらに今年は世界10大人気博物館にランクインしたため、秦の始皇帝兵馬俑博物館をはじめ、大明宮遺跡博物館への意識が市民達の間でも高くなっているのである。
　近年、これら独特な文化資源は、日本、アメリカなど40か国の地域で200回以上、文化財展示会にて展示され外交の使者としての役割を果たし、西安の対外交流を広く促進し、中華文明を精力的に伝えているのである。
　以上のように西安域に所在する遺跡博物館について、本章では、以下西安市の14遺跡博物館を取り上げ、より詳細に述べることとする。

（1）西安半坡博物館
　渭河の両岸に位置する関中地域には、数千か所の新石器時代末期の集落遺跡の所在が確認されている。これらの先史集落遺跡のなかで、最も著名な遺跡は今から6,000年の半坡遺跡である。本遺跡は、中国新石器時代の最も典型的な集落遺跡の一つであり、半坡村に近いため、「半坡遺跡」と命名され今日に至っている。
　半坡遺跡は、1953年の春に発見され、1954年の秋から1957年の夏にかけ

図1　西安半坡博物館玄関

て、大規模な発掘調査が実施された。調査がなされた総面積は、約 10,000 m^2 で、遺跡は居住区・陶磁器の製造区・墓域等から成り立っている。

1970 年と 2002～05 年の間にさらなる調査が実施され、半坡遺跡は今から 6300～6800 年前の新石器時代の仰韶文化集落遺跡であることが証明された。また、半坡遺跡から検出された栗類により、農業を有した文化であることも確認され、その歴史的意義はきわめて大きいものであることも確認された。

本遺跡の保護と整備・博物館建設の契機は、1955 年に半坡遺跡発掘作業が終了した時、幸いに周恩来総理および国家関連部門の関心と支持を得ることができたことに由来する。1956 年 3 月に、文物に対する知識を有する陳毅元帥が西安経由でチベットへ行く途中、発掘現場を視察した折に、随行した文化部副部長の鄭振鐸は遺跡の保護と展示博物館建設を進言したのであった。陳毅はすぐに同意して、翌日に国務院に電報を打ち、建設費として特別支出金の 30 万元を支給することを国務院が承認し、半坡博物館は建設されることとなったのである。

かくして、1958 年 4 月 1 日、中国最初の新石器時代遺跡博物館である西安半坡博物館は、正式にオープンしたのであった。その面積は、4,470 m^2 で、そのなかの 2,000 m^2 が遺跡の本体である。

（2）豊镐遺跡車馬坑遺跡陳列館

周文王は、都を関中西部の周原から関中中部の洸水流域に遷移し、洸水流域の西岸に洸京という都を築き上げた。周武王は帝王を継承してから、洸水の東岸に镐京を築き上げ、西岸の镐京と向かい合うため、洸水流域は賑やかになった。その時から、「洸」と「镐」二つの都は、300 年の歴史を持つ西周王朝の都として、歴史上西安地域で築き上げられた最初の都である。

1956～58年までの3年間にわたり、考古学調査により10か所を数える車馬坑が調査確認された。すべての車馬坑のなかで、最も保存が良好な第2号の坑を、西安市の文物管理協会は保存し、「泮西車馬坑」と命名している。したがって、現在の「泮西車馬坑」は通常第2号坑のことである。

図2　豊鎬遺跡東馬坑陳列館常時展示

　「泮西車馬坑」は、西安市長安区の張家村の東に位置し、矩形を呈する坑は南北に5.6 mで、東西に3.6 mを計測する。車馬坑内には、二台の馬車と六頭の馬が埋められ、その内の南側の一台は四頭立ての戦車で、北側は二頭の馬の戦車である。被葬者は、成王と康王の時代の卿大夫相当の貴族と考えられている。

　遺跡の上に建てられた豊鎬遺跡車馬坑遺跡陳列館は、西周の車馬坑を集中的に展示している。陳列館の総面積は9,598 m^{2}で、陳列展覧面積が300 m^{2}である。車馬坑関係の知識を一層深く理解させるため、車馬坑の廊下の両側に、車馬坑、馬車、戦車、駕御技術、礼儀などをテーマとし、画像などの展示方法で異なる角度から関係内容を分解し説明している。これら以外に館内の補助陳列は、主に「先周史、西周史、豊鎬遺跡、保護展示」四つのテーマをめぐって、文字と写真により、「周部落の形成・発展・壮大・衰退の過程」と「豊鎬遺跡の出土状況」および「国が豊鎬遺跡の保護と展示に注いだ力」などを明示している。

（3）秦始皇帝陵博物院
　秦の始皇帝陵は、古典的な古代帝王陵墓の遺跡で、現在陝西省唯一の世界文化遺産である。
　秦始皇帝陵博物院は、秦始皇帝兵馬俑博物館と秦始皇帝陵遺跡公園から構成され、陝西省の秦文化展示の重要な区域である。

図3　秦始皇帝陵博物院秦陵1号銅車馬

兵馬俑坑は、1974年に西安の東側の臨潼県（今は西安市臨潼区）の農民の井戸掘りにより偶然発見されたものである。

兵馬俑坑は三坑あり、40,000 m^{2}の土地に分布している。三つの坑の実際の面積は、20,000 m^{2}を計る。陶俑と馬は、当時実際に実在した兵と馬を模し製造されたもので、兵の体長は1.8 mで、馬の体長は1.5 mの実寸である。既存の考古資料から見ると、秦の時代前後にはこのような実寸代の陶俑は類例がなく、中国の古代陶塑の歴史上で空前絶後の歴史資料とも言えるのである。

2010年10月オープンした秦陵遺跡公園は、国レベルの「陝西省十一五」重点建設項目に含まれている。秦陵遺跡の中心区域を基礎とし、移転と環境美化を通じて、遺跡の原始風貌を保持しながら、全体的に遺跡保護と景区建設を実現した遺跡の保護・整備史の上でも記念となる。

秦陵遺跡公園には、陵墓の墓を塞いだ盛土以外に、2011年10月オープンした秦の始皇帝陵と副葬坑の展示ホールも建築されている。また、秦陵墓から出土した青銅兵器を代表とする他の文物も全面的に、秦の時代の各技術面での最高のレベルの文物を展示している。

（4）秦二世陵遺跡博物館

紀元前221（秦始皇帝26）年、秦王の嬴政は六国統一の大業をなし、中国歴史上での最初の中央集権の封建王朝である「秦王朝」を確立した。その時、嬴政は39歳であったという。彼は、秦王朝が永遠に存在することを期待し、始皇帝と自称した。

紀元前210（秦始皇帝37）年、50歳の始皇帝は巡行途中に砂丘で死亡した。もともと相続権を持っていない始皇帝の末子の胡亥（紀元前230～207年）は、中車府令趙高と丞相李斯の協力の下で政変を起こし、帝位を受け継ぎ、二

世皇帝を自称したのであった。

　秦二世陵遺跡博物館は、秦の時代の歴史文化の展示をはじめとし、曲江で出土した文物の展示を補助する区内唯一の秦文化博物館である。博物館は、西安曲江新区の曲江池遺跡公園の南側の秦二世陵遺跡公園内に所在する。

　秦殤展示館は2階建てで、「秦人の起源」、「秦国の進出」、「砂丘矯詔」、「二世の即位」、「二世の政事」、「帝国の終結」、「文明の災難」、「文明の反省」からなる8テーマに区分されている。陳列は主に秦二世が経歴した歴史事件をはじめとし、秦の時代の文明の輝きと衰退を背景とし、「大量の歴史文献と文字の説明；模型での復元；実体陳列；画像展示；マルチメディアシステムなど」の形式で、知識性、科学性を結合し、秦の時代の文明を展示している。

　曲江新区の出土文物展示館は、「2003年から2010年までの間に曲江新区を建設中に発掘された文物」を主体とし、曲江の歴史文化を全体的に展示している。当該展示館は遺跡展示、陶器展示、青銅・玉器展示、壁画復元展示という四つの部分に分けられ、150件ほどの文物が展示されている。陳列以外に、「文字、模型、実体、画像、映像およびマルチメディア」などの形式を採用し、知識性と娯楽性を融合し、最大限度の文物の研究と展示機能を発揮している。

（5）漢陽陵博物館

　漢陽陵博物館は、漢陽陵の豊富な出土文物の保存と公開を目的に1999年に建設され、歴史と生態環境との調和統一を基本理念とした整備が特徴である。咸陽の地は、長安城の北方に位置し、距離も適するところから祭祀と陵墓造営場所に選定されたと看取される。陝西省関中の前漢の帝王の陵墓は11基あり、東南郊外の漢の文帝の霸陵と宣帝の杜陵以外に、高祖の長陵、恵帝の陽陵、武帝の茂陵、昭帝の平陵、元帝の渭陵、成帝の延陵、哀帝の義陵、平帝の康陵、合わせて9基の皇帝の陵墓は、すべてこの咸陽に設営されている。

　漢陽陵は、漢の景帝劉啓と皇后の王娡の陵墓であり、周辺環境に調和するように博物館が建設され、遺跡そのものを保存しながら床下展示を行っている。

　漢陽陵の帝陵の外蔵坑は、帝陵の墓を塞いだ盛土に隣接し建てられた副葬坑で、全部で81個ある。1998年以来、考古学者はそのうちの10個を対象に発掘調査を行い、出土した夥しい貴重な文物は漢の時代の「死を生と見なす」と

いう葬儀理念を十分に表している。

　陝西省文物保護考古学者は、中国および国際的な古代遺跡の保護基準と理念に応じ、遺跡の保護と展示方法を積極的に検討し、漢陽陵では多種類の保護と展示方法を採用している。具体的には、①保護を目的とする建築と構築物を建てる方法、②保護展示する方法、③植生や他の材料で遺跡に対し地面標識標示を行う方法、④発掘された遺跡を保護し埋める方法、⑤原址に並行して、地表に移し復元展示する方法、などが実施されている。特に2006年建てられた帝陵外蔵坑遺址保護展示ホールは「全部埋蔵式の地下建築方式」と「特殊ガラスで全部密閉の保護展示方法」を採用したものである。

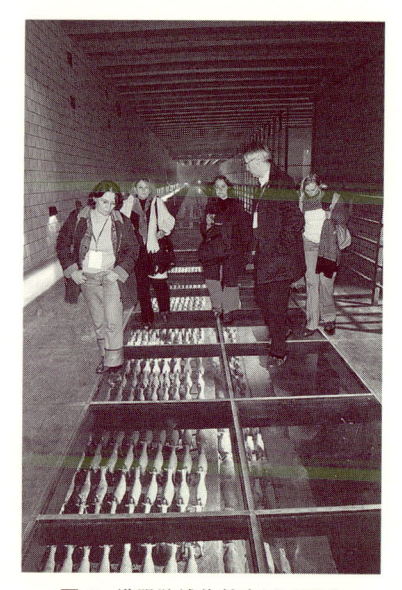

図4　漢陽陵博物館床展示通路

（6）漢の長安城の長楽宮四、五号の建築遺跡陳列館
　長楽宮は、漢の長安城の南東に位置し、以前は秦時代の興楽宮と言われた行宮であった。紀元前202（漢高祖5）年に、丞相であった蕭何が改築し、今の長楽宮と改名された。紀元前200（漢高祖7）年長楽宮は落成し、高祖が都を櫟陽から長安まで移転させ、前漢初期の朝廷の政務を施す宮殿として利用された。前漢の歴史上で有名な呂皇后と竇皇太后もここに住んでいた。長楽宮は漢の都である長安城に建てられた最も古い宮殿である。
　長楽宮の四、五号建築遺跡は、漢の長安城の南東方向に位置している。2003・2004年の2年にわたり、中国社会科学院の考古研究所に属する漢の長安城研究チームによる発掘調査がなされた。検出された漢時代の建築遺構としては、庭の塀・宮殿胴突きの土台・庭園・付属建築および上下水施設などがある。遺跡の現状から推測すると、長楽宮四号建築遺跡は前漢時代の高規格の皇家宮殿で、五号建築遺跡は皇家に服務するための凌室（氷室）であろうと推定

されている。

2005年、国家文物局の承認で長楽宮四、五号建築遺跡原址の上に保護棚を建て展示に供することとなった。2007年12月に竣工した展示ホールは、建築総面積2,276 m^2 を計る大規模な施設であった。漢の長安城の長楽宮の四・五号遺跡の陳列ホールの梁の構造は、軽型鋼板で作られ、梁の

図5　長楽宮四号遺跡陳列館

幅が広い三角アーチの構造形で、屋根を作る材料は、解体可能のプレス製造の軽型鋼板で作られた。漢の長安城遺跡の歴史文化区に合わせて、調和を一致させた建築スタイルである。

（7）漢の長安城遺跡陳列館

長安城は、紀元前202年から建築が開始され、漢の武帝の時代まで、約百年をかけて完成した。長安城は、周囲が25 kmで、面積が36 km^{2}で、160条の道路と9個の商業区から構成されている。城内には、幅が45 m以上の道路が八条あり、一番長い安門道路は5,500 mを計測する。長安城は高い城壁に囲まれ、地面からの比高は4～6 mを計り、中国歴史上最大の都であるだけではなく、当時世界でも第一の都であった。人口は約50万人で、全盛期においては、さらにこの数字を超えていたとも伝えられている。長安城は、漢王朝の200年ほどの政治、経済、文化の中心だけでなく、新莽、後漢の献帝、西晋の愍帝、漢趙、前秦、後秦、西魏、北周、隋、唐の時代の都でもあった。総計すると長安城は約800年以上の歴史があり、多くの王朝の都であり、悠久な歴史都市である。

長安城の宮殿では、長楽宮、未央宮、明光宮が代表的な建造物で、これらの宮殿は架橋でつながり、行き来が便利であったと同時にそのさまは壮観であったと伝えられている。

紀元583（隋文帝開皇3）年に、都を新しく造成し大興城に移転し、漢の長

図6　漢長安城遺跡陳列館

安城は皇室の禁苑となった。その後、唐の滅亡につれて、政治の中心は東に移り、漢の長安城は段々廃墟となっていった。

漢の長安城遺跡は、考古発掘により、今の中国では、規模が一番大きく、遺跡・遺物が豊富で、完璧に保存されている都城遺跡であることが解明されている。1961年、国務院による全国重点文物保護単位の一つとなった。1994年、西安市人民政府は西安市漢長安城遺跡保管所を設立し、遺跡の保護管理を担当している。2005年には、漢の長安城遺跡は、「全国百箇所の重点保護遺跡リスト」に登録され、同年に国家文物局から漢の長安城遺跡陳列館を建設する許可も得ている。2014年には遺跡の一部が世界遺産にもなっている。

（8）西安の唐の皇城城壁の含光門遺跡博物館

皇城城壁（唐の時代の城の城壁）の含光門遺跡博物館は、全国重要文物保護部門である明清時代の西安の城壁の内側に位置し、唐の皇城城壁である、含光門遺跡を保護するための博物館である。

2006年11月から建設が開始され、2008年9月に開館した。博物館は城壁をモチーフにしており、建築面積は約 4,000 m^2 を計る。

博物館は、主に隋唐の含光門「門の穴」遺跡、城壁断面遺跡、隋唐の長安城皇城地下水暗渠（地下水を流す通路）遺跡が展示されている。（隋唐、唐の末期から宋、元、明、清および現代と五つの時代の城壁の遺跡が含まれる）また「中国城壁の発展史」のテーマ展示、「唐の長安城」のテーマ展示および「西安城壁の明清古代建築部材」三つの展示が設けられている。博物館の2階はマルチメディア放映ホールで、「古今転変含光門」というビデオが放送され、含光門の歴史および考古発掘の過程などが説明されている。

博物館の東側の展示ホールには、隋唐の含光門「門の穴」遺跡が展示されている。ここでは当時の含光門の雄姿が想像できる。含光門は隋唐の皇城城壁の

南側の城壁の三基の城門の西寄りの一基であり、最初は紀元582（開皇2）年に建てられ、側門ではあるが、鴻臚寺、太社、西市と隣接しているため、地理的位置は非常に重要であった。

元の時代、含光門は全部閉鎖された。明、清二つの時代に何度も西安の城壁を修築したため、含光

図7　西安唐皇城城壁含光門遺跡博物館通路遺跡

門は城壁内に隠れ、明、清の時代の西安城壁の土台となった。

1980年代に西安の城壁を修復した際に、唐代の含光門遺跡が発見された。1986年と2004年に、含光門遺跡の考古発掘を行い、含光門遺跡が再び姿を現したのであった。

（9）隋唐の皇城城壁の地下水暗渠（地下水を流す通路）遺跡

2004年に、露出した西安南城壁断面を対象とした考古学調査により、城壁の底部に隋唐時代の暗渠が一条発見された。

暗渠の軸線は、城壁と直行する形で、城壁の基底をなす突き固められた土の下に設営されていた。当該暗渠の側壁の高さは1.5mで、初歩的な修復作業により、暗渠の上部が単アーチ状を呈し、径間が約0.6m、高さ約1.2m、暗渠の全高は約3mであろうと復元から推定されている。アーチの南側に、水平に花崗岩で埋められて、その左右、煉瓦壁まで築かれている。暗渠の屋上の石の下部と暗渠の底の石の上部には三つの四角の穴が並んで開けられ、穴には鉄柵が挿され、鉄柵の辺長が10cmぐらいの太く四角い鉄柱で作られ、その隙間は非常に狭く、児童でも侵入が不可能な設えとなっている。含光門内側の区域は、国家の重要な機構所在地であり、太社、太廟と百官の役所、禁、穀物倉などの重要施設はここに集中して設けられていた。そのため、警備は厳重であり、魚符（唐代の役人が使っていた魚の形の割符）がなければ通行できない。そして、皇城の城壁は特に鉄柵付きの水門も設けられていた。そのため、含光門西側の水柵は水を流すだけではなく、外敵が暗渠から城内に入ることを防御

していた。

　含光門の地下水暗渠は、当時の先進的な煉瓦構造を採用し、築く時の振動と城壁の長期的な圧力が保証され、暗渠の破壊を防ぐ。そうした古代祖先の設計は非常に科学的だとわかった。

　西安の唐の皇城壁の含光門遺跡博物館は二つのテーマ陳列と一つの臨時展覧を含み、隋唐の長安城、城壁、付属建築を中心に展示されている。

　①隋唐の長安城テーマ陳列

　雄壮な隋唐の長安城は、中国古代都市設計の模範と言える。その構造が整然としていて上品で、芸術処理がうまく、都会的な配置が合理的であり、中国の都市発展の歴史上では重要な地位を占める。隋唐の長安城は一つの詩画のような都市でもある。独特な文化内包と豊富な経済実力は中国の古代では独特である。都市設計でも、文化芸術でも、後世に巨大な影響を与えている。

　当該の展覧は文字と画像を通じ、全面的に隋唐の長安城の建造の歴史、皇城の外郭城（住民区の商業区）、裏坊（古代都市の住民区）の配置、寺と庭園、商業貿易および対外交流などの情況を紹介し、隋唐の政治、経済、文化の中心および国際化大都市である長安城の全貌を展示している。

　②城壁発展の歴史テーマ陳列

　中国の城壁は原始社会の後期が起源とされている。仰韶文化は城壁の萌芽期であり、龍山文化から夏の早期までは城壁の雛形期で、夏、商、周から隋唐までは発展期で、宋元、明清時代は成熟期である。中国の古代では、城壁の建設は治水の次に大型の工程で、巨大な財力と人力が必要であった。世界中で万里の長城は有名で、世間に注目されるが、数千年来、中国の土地で建造された都、王城、府城、県などの城壁を全部つなぎ合わせ計算すると、万里の長城どころの話ではない。そして、中国古代の城壁は戦略的な防御体系だけではなく、封建・保守・防御といった中国の農耕民族の性格を反映していた。そして、古代の科学技術、都市企画など多くの領域にも関わっていた。当該の展覧は各時代の城壁の典型的な代表を展示することにより、城壁の発展の歴史の一部を述べている。

　③西安城壁の明清古代建築部材の展覧

　西安城壁の明清古代建築部材の展覧は臨時展覧で、博物館の２階のホールを

利用して展示されている。ホールの周囲の壁に古代建築部材関連の図版が掛けられている。ホールには古代建築の特色がある代表的な文物、例えば、瓦当、文字レンガ、吻獣などの城壁と城門に関係する部材が展示されている。それは西安城壁および含光門遺跡の文化特質と協調し、観光客に中国伝統的な文化の奥深さを存分に味わせる。

(10) 大明宮遺跡博物館

唐の長安城は、「規画が揃い、規模が大きい」ことで有名であるが、さらに「数量が多く、雄大で壮麗な大型宮殿群」としても後世に名を残している。多くの宮殿の中で一番有名なのは大明宮である。その東西に 1.5 km、南北に 2.5 km、楔の形であり、周長が 7.6 km、11 基の城門がある。総面積は 3.3 m^2 で、今日の北京故宮の 3.2 倍に相当する。大明宮は長安城の北の禁苑、龍首原の先端に位置している。全体の宮殿は南の丹鳳門から、含元殿、宣政殿、紫宸殿、含涼殿、玄武殿、太液池、蓬莱山まで、「南北に対称した中軸線」となっている。本堂の両側には、麟徳殿、三清殿、清思殿、大福殿、大角観、軒轅廟があり、東西を横断し左右が対称となっている。外朝、中朝、内朝の三つの区域に分けられ、縦横の道路が交わり延伸している。

現在、大明宮遺址の上に「保護、展示、娯楽を一体にする」大明宮国家考古遺址公園が建築されている。

大明宮遺跡博物館は大明宮国家遺址公園の主題博物館である。遺址保護の原則に基づき、地下式に建てられ、外観も全体の遺址区と調和統一されている。博物館の建築面積は 9,989 m^2 で、陳列面積は 3,600 m^2 である。内装は全密閉式で、エアコンが装置され、人工的な採光の施設などは先端技術とよく融合されている。博物館には唐の時代の宮廷関連の各種類の逸品文物が展示されてある。

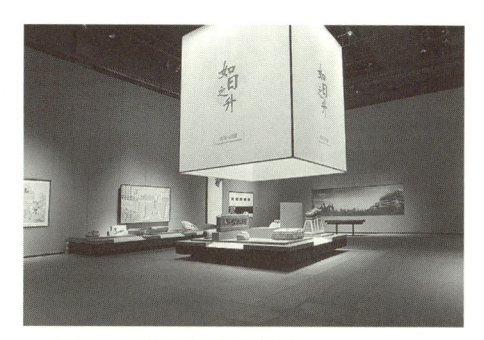

図 8　大明宮遺跡博物館第二展示ホール

図9　丹鳳門遺跡博物館外観

(11) 丹鳳門遺跡博物館

丹鳳門は、唐の時代の門闕建築（タワーの形の建築で、古代には宮殿、壇の廟、関所、官庁や陵墓などの入口に置くシンボルマークである）の代表で、唐の紀元662（龍朔2）年に建設され、唐の末期に戦乱で破壊された。丹鳳門遺址は、比較的良好に保存されていて、構造もはっきりと見え、歴史の情報も非常に豊富で、重要な考古価値を有し、唐代の歴史と古代の建築史研究に貴重な実物資料である。

丹鳳門遺址博物館は、遺址の保護展示を主体とし、補助陳列と多機能区域展示を融合し、教育、科学研究、観光、レジャーなどと共存し、現代設計、科学技術、建築、芸術などを融合する遺址類博物館である。

丹鳳門遺址博物館は、2010年10月1日に大明宮遺址公園と一緒に開館したものである。丹鳳門遺址の復元工事は本来風化しつづける遺跡本体を展示し保護するためであった。

(12) 大唐西市博物館

西市は、唐の長安城皇城外の西南方向に位置し、長安城内最大の商業の中心で、当時世界中で最も大きな市場であった。考古調査によると、西市は南北10,317 m、東西927 mで、敷地面積が約1 km^{2}と伝えられている。具体的には今日の西安市蓮湖区付近で、現在の労南市場の辺りに相当する。

西市は、唐の長安城のシルクロードの起点である開遠門に近く、周りには多数の胡商が住み、西市は国際的な貿易市場となっていた。ここには中央アジア、南アジア、東南アジア、高麗、百済、新羅、日本等の各国からの商人が集い、特に中央アジアとハルシア（今のイラン）、大食（今のアラビア半島）の「胡商」が最も多かった。隆盛時期は、約数万人の外国人商人が西市に常に居住していたという。

紀元835（太和9）年の6月、西市は火災で焼失し、歴史から消え去った。

2006年に中国社会科学院考古研究所は、西市遺跡を再び発掘し、遺存状態の良好な「十字街遺跡」を発見した。検出遺構には、街、路面、轍、橋の下の暗渠、溝などが含まれている。陝西省佳鑫集団会社は4.5億元を出資し、

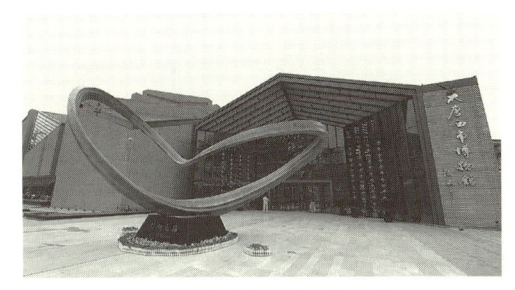

図10　大唐西市博物館玄関

考古発掘を支持し、遺跡の上に「大唐西市博物館」を建て、現地で唐代の西市の壮大と繁華を再現したのである。

2007年4月7日に落成した大唐西市博物館は、中国第一の私立民間遺跡博物館で、今日の世界中でも唯一の全盛期の商業文化、シルクロード文化および西市歴史文化を反映させたテーマ博物館である。

(13) 唐の華清宮御湯博物館

華清池は、西安市の東約30 km離れた臨潼区に位置し、南側に驪山、北側に渭河、臨河と潼河二つの川に東西を囲まれている。華清地は四季折々の景色に恵まれ、自然資源が独特である。貴妃という浴槽の展示室は四角の尖式屋根(宝形造)で、陳列面積が134.6 m^{2}である。

第二展示室は「蓮の花湯」である。蓮の花湯は紀元723（開元11）年に建てられ、御湯九龍殿とも称されている。唐の玄宗の李隆基の専用浴槽で、形が蓮の花のようであるため、「蓮の花湯」と名付けられている。

第三展示室は星の湯である。浴槽の平面は「北斗七星」の造形で、斗池と魁池の二つの部分からなる。星の湯は紀元644（貞観18）年に建てられ、太宗の李世民の専用浴槽である。華清地にある浴槽の遺跡では歴史が一番悠久な浴槽である。星の湯の由来は3000年前の西周時代に遡り、その時の人が自然に形成された汤湖のなかで入浴したことにちなむ。普通、夜に空の星を見上げながら入浴するため、「星の湯」と称された。

(14) 鐘鼓楼博物館

鐘とドラムは本来、中国の最も古い打楽器である。3000年以上の歴史がある。古代の中国都市は軍事要地の役割もあるため、城の中心で指揮中枢とする鐘楼と鼓楼を修築したのが常である。平日は、晨鐘暮鼓（朝は鐘、夜はドラムを叩くこと）として時間を知らせ、時間どおりにつり橋を開閉する。緊急の場合には、警報装置となり厳戒体制防御を指揮する。このような都市防御システムは、明の時代の最盛期まで受け継がれた。

明の洪武年間に建てられた鐘楼と鼓楼は、西安の中心に位置し、600年ほどの歴史があり、国内で現存する同類の建物のなかでは最大で、完全に保存されている。西安のランドマークとしての役割を果たす建造物であり、1996年に国務院から全国重点保護対象とされている。

鐘楼は、1384（洪武17）年に建てられた、釘を1本も使用せず、木製工法でつくられた楼閣式建築である。建築本体は、レンガと石灰の基座に建てられ、高さ36mの非常に雄大で壮観な建築物である。

鼓楼は北院門の南街に位置し、鐘楼と向かい合い、紀元1380（洪武13）年に建設されたものである。上下2階に分けられ、1階は腰のひさしと平座の設置で、2階は重檐歇山式の屋上で、灰瓦を覆い、緑の瑠璃瓦の端である。屋根の外と平座は緑青の彩色の組み合わせで飾られ、建物全体のレイアウトを際立たせており、華やかで美しい。

西安市鐘鼓楼博物館の前身は1953年に成立された西安鼓楼陳列館である。それに基づき、1957年、西安市鐘鼓楼保管所を成立し、2008年に西安市鐘鼓楼博物館と命名された。博物館の総面積は6,113 m^2 で、書画、陶磁器、明清時代の家具、七宝焼、漆器など多種類の所蔵品450件ほど所蔵されている。鐘鼓楼博物館の基本的な陳列品は中国のドラム文化の展覧と清式家具逸品の展覧に分けられる。

図11　西安市鐘鼓楼博物館鐘楼風景

（于　大方）

第6章

香港における遺跡博物館

　香港は中国の東南沿海に位置し、現在までに検出された大量の考古資料は香港が悠久の歴史と伝統的な文化を持っていたことを示し、古来よりの南中国海における対外交流の解明に対して重要な役割を担っている。2012年11月まで、古物古跡事務処の全港の遺跡分布調査により、香港地区全体には、遺跡は1万か所を超えると推定されるに至った。なかでも、208か所の遺跡が重要考古遺跡として告示されている。近年の環東中国海域の先史時代の研究成果により、華東地域の考古調査の関心が高まっているため、香港における遺跡の調査と整備も注目されてきている。

　本章では、香港における遺跡を中心にして、1930年代以降香港地区におけるさまざまな遺跡発掘調査を概観する上で、遺跡保存の現況を究明し、博物館としての遺跡整備について考察することを目的とする。

1. 遺跡の概要

　香港の考古資料としての遺跡のなかで、香港各地域の遺跡数の割合は、ランタウ島では35％、ランマ島の14％で、これら両島により総数の過半数近く占めるのに対し、香港島や九龍半島では5％にすぎないのである。しかし、鄧聰はこれはもともとの遺跡数を表すのではなく、香港島や九龍半島ではすでに相当数の遺跡が破壊されていることを指摘している。つまり、現在、香港における遺跡は、海上に点在する島々にしか残っていないのが現状である。

　遺跡の年代は、新石器時代より清代にまでわたり、植民地時代までの遺跡も含まれている。これらの遺跡は、香港の歴史研究のなかでも、特に先史時代の

研究に対し、重要な考古資料であると考えられる。2011年12月まで、古跡および古跡条例により、4か所の考古遺跡と5か所の戦争遺跡が香港の法定遺跡として指定されている。

　こうした遺跡の調査研究について、香港考古学の一つの到達点として、香港の先史文化を時間軸のなかで捉えることができるようになったことが挙げられる。先史時代の編年は、香港を含めた珠江三角州地域の時期区分として、7期に区分し、北江流域との相対年代も踏まえて、新石器時代中期（前石峡文化）1と2期、新石器時代後期（石峡文化～石峡中層への移行期）3期とし、それ以降を先越系文化期と暫定的に設定しているのである。(3)

2. 遺跡の発掘と調査

　香港地区の遺跡調査は、1930年代に始まった。1928年に中国の地質学者である袁復礼らが発表した香港の新石器時代の石斧に関する論文が香港考古学の発端であった。(4) そして、地質学者であるJ.G. アンダーソン博士が参加した1937年のランタウ島石壁遺跡の調査は、学術的調査という意味での嚆矢と看取される。(5) また、香港における全体地区の遺跡については、1938年に中国の考古学者である陳公哲が広く調査し、成果として『香港考古発掘』を刊行した。1955年に発見された李鄭屋古墓遺跡は、香港考古学の重大な発見であると認められている。当該遺跡の博物館としての整備の概況については後述することとする。終戦以降の1958～59年にかけて、香港大学によってランタウ島の萬角咀遺跡が発掘された。

　1967年には、考古学に興味を持つ人たちの間で、「香港考古学会」と命名された組織が結成された。会員のS. バードやW. ミッチャムらは、1971年以後積極的に考古学的調査を進める同時に、ランマ島深湾遺跡の発掘を行った。(6) 香港地区におけるはじめての考古研究組織として、香港考古学会は香港の遺跡調査に多大な貢献を果たしているのである。学会の成立目的と活動目的の要旨は以下のとおりである。

　I.　香港における考古調査に関心がある人々を集める。
　II.　公立博物館、政府機関、大学、他の学会と香港の史跡を保護する。

III. 遺跡発掘と考古調査を行う。
　IV. 見学と講演会を行う。
　V. 公立博物館の文物庫の成立を協力する。(7)

　2013年現在の会員数は、約350人を数える学術団体に成長している。香港考古学会は、毎年政府からの補助と寄付金で運営されている。しかしながら、学会による調査では、保護について責任をもった行政措置がとれないことと、学会の組織維持のために、発掘調査をせざるをえないことなどで、政府の行政機関以外の考古活動と遺跡保存は多くの問題があると考えられる。

　そして、1976年になって、香港政府は「古物及古跡条例」を施行し、政府内部に行政的な運営機関である古物古跡事務処と古物諮詢委員会を設立した。考古学者B.A.V.ピーコックは、1982年に全香港の遺跡調査を依頼され、調査結果として『香港考古資源報告書』を発表している。(8)また、1984〜86年の間に香港歴史博物館の初任館長の ピーコックは古物古跡事務処に任命された。

　1978年に、香港中文大学付設中国文化研究所内に中国考古芸術研究センターが創設された。そして、日本に留学した鄧聰がセンターに着任して以来、新しい香港考古学の研究が始まったと言えるであろう。1987〜89年にかけて、鄧聰をはじめとした調査団によりランタウ島東湾遺跡の発掘が行われた。600 m^2 の調査対象面積を科学的に調査し、厚さ3mの文化層中から唐代、六朝時代、戦国時代、新石器時代にかけての五時期の文化層が層位的に明らかにされた。このような層位的な成果は、香港においてははじめてのことであった(9)。また、香港中文大学は鄧聰の指導のもとで、1989年から古物古跡事務処と共同で、九龍半島西岸の屯門龍鼓灘遺跡を発掘し、中山大学と共同してランマ島大湾遺跡の調査を行い、10基の先秦時代の墓を明らかにした。

　1990年代に入ると、香港ではランタウ島北部に新しい空港の建設および港湾の建設工事が始まるとともに、空港へのアクセスとして、ランタウ島から、馬湾・青衣を経て、九龍半島を結ぶ橋梁・高速鉄道の建設が始まった。これらを中心としての開発工事に伴う破壊が予測される遺跡に対して、1990から1994年にかけて32件の緊急調査が実施されている。(10)だが、すべての遺跡の発掘調査を支える研究経費の欠乏で、工事に伴って消滅した最低限の記録も残っていない遺跡は少なくないと言える。

また、香港古物古跡事務処は、香港全域を11地区に区分し、中国の研究組織に委託して、1997年より第2回遺跡の全港分布調査を行った。こうした中国の研究者・研究組織との関係は、研究調査における交流を促進すると考えられるが、現実問題として、香港政府の行政機関において埋蔵文化財の担当者が少ないということも要因の一つであろう。[11]近年、香港と中国国内の研究組織との合同調査が進展するなか、分布調査によって遺跡の確認がなされ、共同発掘が行われているところもある。
　現在、香港の主な遺跡調査は、古物古跡事務処と大学の研究センターと香港考古学会によって実施されている。上述したごとく遺跡の発掘と調査は、基本的に大学あるいは私人組織に主導される。こうした調査団体は言うまでもなく香港の考古学に重大な貢献を果たしているが、香港政府の行政機関以外の研究機構として、遺跡の保存政策について政府に建言のみに留まり、遺跡の保存と活用に対して決定的な影響力はあまりないのが現状であると看取される。

3. 遺跡の保存

　香港島中環における第三代の郵便局総局の取り壊しを契機に、香港政府は1976年に文化財保護を目的とした「古物及古跡条例」を制定した。制定当初の条例は、文化財保護の行政組織に関する部分と保護の行政に関する部分によって構成されている。文化財保護行政を既存の行政組織に担当させるのではなく、文化に関する識見をもつ政治的に中立の新しい文化財の指定を決定する組織として「古物諮詢委員会」を設けた。文化財の保護は、重要で保護すべきものを、暫定、法定等の行政行為によって指定し、それらに条例による諸制度を適用して保存の措置がとられたのである。
　香港の文化財保護制度は、古物および古跡条例を中心に展開され、遺跡保存の場合は、遺跡の指定とその発掘に関するさまざまな規制とに二分される。遺跡に対する任意の発掘による破壊を防止するために、遺跡の発掘の規制関係は古物及び古跡条例の第11条から16条までと第22条に規定されている。
　現行法は、遺跡の「発掘」を二つの意味で用いている。一つは、第11条の「突発的な遺跡の発見に対処する発掘」であり、もう一つは第22条の「研究調

査のための発掘」である。前者は、開発工事などで偶然に発見される遺跡について香港発展局に報告が必要と規定されているものの、土地所有権によって遺跡を破壊する行為を止める権限が規定されていないのが実情である。だが、遺跡保護の対応としては、第13条の発掘に関する必要な事項の規定によって、遺跡の保存措置や破壊行為を前提として、考古学の専門知識をもつ人員による発掘調査を要求している。しかし、実際に保存措置がとられることはあまりなく、残念ながら緊急調査により遺跡の最低限の記録を残すに留まっているのが現状である。

　遺跡指定は、古物古跡事務処から古物諮詢委員会に諮問する形式を取る。答申の結果が官報に告示され、所有者に通知されてから初めて法律効力を持つこととなる。指定前において緊急を必要とする場合には、「古物及古跡条例」の第2A条による仮指定を行うことができ、この効力は香港発展局による指定と同じであるが、一年以内に正式指定がない場合は法的効力を失うこととなる。遺跡のすべてをそのままの形で保存することはできないので、より良好な状態で保存するために、遺跡に対して法的保護を加えるためには、多くの遺跡のなかから法的保護の対象とすべきものを特定する必要がある。遺跡の指定基準としては、遺跡の分類、重要性の基準判定、保護の緊急性と可能性などから検討される。また、現在の遺跡保存に関する条例の枠組みは、個別的な遺跡の保護には一定の有効性を持っているが、遺跡をその周囲の歴史的環境と一体のものとして守るためにはまだ不十分であると考えられる。

　しかしながら、遺跡指定は土地の私有権と直接抵触することがある場合は、「古物及古跡条例」では所有者の同意を義務づけてはいないが、同意なしに指定を急いだために審議会の答申後、告示できない遺跡もある。そのため、都市開発計画地に遺跡があることが明らかになった場合、計画の変更で現地保存を図るのが望ましいが、現実的には困難である場合が多いことが通常である。その場合は発掘調査が実施された結果により、重要な遺構・遺物が見つかった場合は、開発計画を変更したり、現状のまま遺跡を保存する行政指導が行われるが、調査の後に破壊される遺跡は決して少なくないのが現状である。

　暫定遺跡として仮指定されても、私有権に対する制約が強いため、財産権の尊重と公共利益との調整などに問題が多く、最終的には有効な保護対策として

は土地を買収するしか方法がないのである。しかし、香港政府の遺跡保護のための買収予算が不足しており、さらに土地価格の高騰の影響を受け、積極的な指定による保存が困難になっていることもまた現状である。また、遺跡指定後の管理と整備には、香港政府からの補助制度があるが、遺跡の管理と整備は永久的な事業であるところからこれに伴う人的措置・予算などの体制維持のための負担はきわめて大きいのである。

経済的開発で破壊の危機が迫っている考古遺跡をどのように保存し、開発以前に科学的な調査を行い、いかに十分な記録を留めるかが重要な課題であると指摘されている。[13] しかしながら、発掘調査は考古学の専門知識と調査技術を持つ専門員が担当する必要があることは確認するまでもないところからも、遺跡調査に対応しうる調査研究団体と十分な人員を確保するのは欠かせない条件である。しかし、現実は大規模な開発では複数の調査員を必要とするので、調査員の不足は遺跡の緊急調査には深刻な問題となっている。

4. 遺跡博物館

先に述べた遺跡は、言うまでもなく華東地区の考古研究には重要な考古資料であり、遺跡に対する発掘調査と研究を通じて、より香港の先史時代を理解できる資料である。そのため、遺跡は学術上で必要がない限り、なるべく現状保存することが第一義であり、将来の研究と市民の歴史学習のために保存し、整備・活用することが重要なのである。こうした遺跡を活用し、効果的に臨場感あふれる体験が可能となる遺跡博物館と遺跡公園は最も有効的な整備の到達点であると考えられるが、遺跡公園として整備できる条件が整う例は少ないのが実状である。実際に遺跡公園の形で整備されている例もあるが、標柱や簡単な説明板が立てられている程度で、雑草の生い茂るままになっていることも少なくないのである。まだまだ遺跡の整備は、初歩的段階であると断じることができよう。

以下、遺跡の活用に注目し、とくに博物館として現地で整備された李鄭屋古墓博物館と香港海防博物館と、香港の考古遺跡から検出された文物を展示する「文物探知館」の概況について考察していきたい。

（1）李鄭屋古墓博物館

　李鄭屋古墓遺跡は、香港での重大な考古学上の発見の一つとされている。遺跡は、1955年に香港政府による九龍半島西北の長沙湾の李鄭屋村における公営住宅地造営工事中に発見された。遺跡の年代は、東漢時期の古墓と推断されるが、墓主の身分や詳細に関しては未確定である。遺跡の発掘調査は、香港大学の林仰山の指導のもとで、文学部中国文学科と香港政府の工務局の合同で行われた。

　李鄭屋古墓は、北主室、中室、通路および東側と西側の側室から構成されている。墓室は、磚を用いた磚郭形式で、特記すべきは主室の天井が二重構造になっている点である。また、中室はドーム状の天井を有し、主室の奥に小龕が設えられている。磚郭墓を築営する一部の磚には、「大吉番禺」、「番禺大治歴」、「薛師」などの銘が模印されている。遺跡から出土した遺物は、陶器、陶製模型、銅鏡などで総数60点を数える。李鄭屋古墓遺跡の調査成果は、東漢時代の香港はすでに中原文化の受容地域であったことを実証することとなった。

　博物館として整備された李鄭屋古墓博物館（図1）は、香港における早期の公共博物館の一つである。遺跡は、1957年に公衆に公開され、また1988年に法定古跡として指定されたため、永久的な現地保存が決定された。現在、香港歴史博物館の分館として運営されている。遺跡保護のために、発掘調査直後に林仰山の建言によって簡易整備保存が行われた。遺跡の調査成果として、公衆に観覧できるために、古墓は部分的に覆屋による保存となったが、遺跡の周りに保護設備を設けたり、墓室内に湿度維持装置を設置したりするのは1990年代に入ってからのことであった。また、2005年に李鄭屋古墓遺跡の発見五十周年の記念のため、康楽と文化事務署による一連の修復工事が行われ

図1　李鄭屋古墓博物館の外見

た。その時は、風雨の影響による崩壊を防止し、現状をできるだけ保存し公開する現状保存のために、古墓の全体にテントをかけた。

　館内の展示は、古墓の見学と常設展示で構成される。見学者は古墓に入れないが、ガラスの壁を通して墓室内の状況を見ることができる。常設展示は、出土遺物の展示、写真展示と古墓の歴史紹介の三つに分かれる。上に述べた出土遺物はすべて館内に展示されている。写真展示は、李鄭屋古墓の発掘過程に関する写真を中心にして、見学者に遺跡の調査現場の様子を伝達している。また、歴史紹介の部分には、李鄭屋古墓の資料と華南における漢代の建築様式についての説明がなされている。

（2）香港海防博物館

　鯉魚門地区は、外来船舶が必ず通らなければならない航路であったビクトリアハーバーの港口の東に位置する要衝の地であったところから、イギリス軍部は1880年から堡塁の建設をはじめ、その後60年にわたって兵舎、砲台等を主とした軍事施設を建設してきた。この後、こうした鯉魚門地区におけるイギリス海陸軍の兵営を中心とした一連施設は、「鯉魚門兵営」と呼ばれている。香港島東区の筲箕湾鯉魚門と西湾山に位置している鯉魚門兵営は、中央兵営区域・低地砲台の鯉魚門砲台・高地砲台の西湾砲台という3か所に分かれていた。なかでも、鯉魚門砲台は、堡塁・兵舎・火薬庫・大砲用の弾薬庫等の関連施設を併設して要塞化された。

　第二次世界大戦後、鯉魚門地区は戦略上の拠点の重要性を失い、1985年に兵舎廃止後の土地使用権が香港政府に返還された。低地砲台の鯉魚門砲台遺跡は、堡塁部分が修復されると、展示場所には適合すると考えられ、1993年に旧市政局は遺跡の修復と周辺環境の整備を行い、海防に関する博物館とすることを決定したのであった。

　香港海防博物館は、鯉魚門砲台遺跡の保存と活用のために、香港歴史博物館の分館として2000年に開館した（図2）。海上交通の要衝である香港にとっては地方史の重要な一部である海防史を一般市民に伝えるために、香港の海防歴史に関する資料を中心に展示を構成した。海防博物館の主な見学施設は、応接間・堡塁・古跡散策路の三区域に分かれている。博物館における展示は、堡塁

内の下層の常設展示と上層の企画展示と敷地内の古跡散策路の野外展示の三つのエリアから成り立っている。館内には、約400点の海防に関する資料を展示している。

堡塁下層における主な展示のテーマは、「香港海防六百年」である。元堡塁のトンネルと地下室の間取りを利用し、11の展示室に分かれている。展示スペースは、明代・清代・英国統治時代・日本占領時代・戦後英国統治時代・中国に返還後を時間軸で並べている。14世紀明朝の南中国海の防衛政策から展示が開始され、香港の海防史が時系列でわかるように解説パネルと展示品が配置されている。

図2　香港海防博物館の外見

さらに、年に1～3回程度の企画展示を開催している。開館以来、計22回の企画展が行われた。なかでも、香港における他の博物館との共同開催の企画展だけではなく、香港地区以外の博物館との共同企画展等も少なくないのである。例えば、2011年に南京太平天国歴史博物館とともに、「天国春秋―太平天国文物展」と称する展覧会が開催された。

敷地内の散策路には、高射砲や戦車等の第二次世界大戦に実際に使用されていた武器の展示がある。また、道沿いに海岸まで降りると、魚雷発射基地跡だけではなく、散策路上にある壕、弾薬庫、貯水池、オイルタンク跡、発電機室跡等の遺構も見学できる。さらに、散策路の終焉部にあたる火薬庫跡は、現在昔の大砲と駐留した兵士のモニュメントを展示している。

（3）文物探知館

香港の考古研究調査の成果として、1940年2月に中国文化協会が香港大学の平山図書館で行った「広東文物展覧会」は、香港における初めての出土遺物の展覧会であった。そして、1991年11月～1992年4月の間に香港中文大学考

図3 文物探知館の展示

古組と区域市政局の三棟屋博物館の合同で、「香港考古の旅」という展覧会が開催された。会期中の観客数は約15万人となっている。[17]こうした展覧会を通じて、市民に香港考古学の研究と遺跡の現況について伝えるのは遺跡保存の意義を広げる第一歩と考えられるが、現実には適当な展示場所があまりないので、定期的な挙行ができていない。

そのため、現地整備の不可能な遺跡から出土した文物を保管し、学術価値の高い資料を展示するために、文物探知館と命名された香港の考古学資料館が2005年に開館した（図3）。現在、本館としての建物は、1910年に建築された英軍の威菲路兵営のS61とS62兵舎である。元威菲路兵営は、1967年に使用廃止後公園として整備され、1970年に一般市民に公開されている。そして、残されていた4か所の兵舎は、1983～98年の間香港歴史博物館の臨時本館として利用されていた。こうした兵舎は、2009年に一級歴史建築物として指定されるに至っている。戦争遺跡として、威菲路兵営の遺構には現在でも視認可能な戦争の痕跡が残される。また、兵営の地下にある防空壕、地下室、地下道などは残されているが、いまだ整備がされないままの放置状態である。

古物古跡事務所は、遺跡の発掘調査を行い、その成果に基づいて保護し、一般市民の活用に供することで、遺跡から出土した遺物を明確に区分し、なかでも「特に将来にわたり保存・活用を図る必要性と可能性がある」資料を文物探知館に保管・展示している。探知館は2層建築で、主要な部分の常設展室と主題展室以外、誰でも利用できる参考図書室と教育活動を行うための考古活動室と講義室および古物古跡事務処の事務室が設けられている。

主な展示は、常設展示と主題展示に大別される。常設展示は、「文物探索の旅」をテーマとして、現在までの香港における考古遺跡の発掘調査を中心に、各遺跡を年代順でパネル、写真と出土遺物などによって紹介している。殊に、歴年の重要な考古発見については、例えば前述の馬湾遺跡は特設コーナーにお

いて調査研究の成果と考古学上の重要意義について詳細に説明される。また、常設展での「考古文物の特選」という展示室には、中央収蔵庫から選ばれる約1600点の考古資料が展示されているのである。

　主題展は、歴史的建築物を中心にして、清代の中国建築より植民地時代の西洋建築はもちろんのこと、現代までをも含む香港の代表的な歴史的建築物の歴史と現況について紹介しているのである。展示の目的は、市民に地元の歴史的建築物の歴史と性格、また香港政府による歴史建築物の保護政策と活用計画についての理解と啓蒙を目的としている。具体的に展示は、中国建築と西洋建築に二分される。各展示は、現存の代表的な建物に関する地理、建築方法、特徴などを紹介するなかで、殊に建築物の文字説明と各部写真以外、大量の復元模型によって建築の形式を説明する。さらに、主な展示以外歴史的建築物の修復についての特設の展示コーナーがある。なかでも、近年保存と活用問題で注目される景賢里の詳細な修復記録が展示されている。[18]

　本章は、香港における遺跡の概況および遺跡博物館について記してきた。香港の文化財をより保護するために制定された「古物及古跡条例」は、1970年代以来社会の変遷とともに何度も改正されたが、香港の歴史研究に対しては重要な学術価値がある遺跡を、都市発展をもたらした破壊から完全に保存することが十分できたとは言い難い。遺跡は、その場所に存在する理由が必ずあることから、遺跡を現地で保存し整備・活用することが望ましい。だが、遺跡保護の意義の不理解から、社会において遺跡に対しては恒常的な無関心という現実があり、積極的に遺跡を保存と活用していくことがまだまだ困難な状況にある。

　また、香港の各大学においては、いまだ考古学に関する学科が少なく、専門知識を持つ人材の育成は不十分であり、専門家不足という問題は香港の遺跡に対する調査研究だけでなく、整備と活用にも大きく影響しているのである。

　今後、より一層遺跡を保護するために、専門的な遺跡保護と活用に関する知識を有する人材の育成を急がねばならない時点に来ている。その上で、遺跡の整備と活用を通して、香港における遺跡の現況を市民に伝達することで、大衆の遺跡に対する関心を喚起し、啓蒙することは香港人のアイデンティティの確

立の上でも重要課題であると考えるものである。

註
（1）安志敏　1997「香港考古的回顧与展望」『考古』第 6 期。
（2）近藤雅彦　1999「香港考古学の近況」『琉球大学考古学研究集録』<http://www.lib.u-ryukyu.ac.jp/kiyou/kouko/arti-5.html>（参照 2013 年 11 月 22 日）。
（3）註 2 に同じ。
（4）鄧聰　1994「考古学与香港古代史重建」『当代香港史学研究』三聯書店。
（5）Schofield, W. 1975　*An Archaeological Site at Shek Pik.* Hong Kong Archaeological Society.
（6）Meacham, W. 1978　*Sham Wan.* Hong Kong Archaeological Society.
（7）呉偉鴻ほか　1997「香港考古学発展史簡論（1921～1996）（上）」『考古と文物』第 2 期。
（8）呉偉鴻ほか　1997「香港考古学発展史簡論（1921～1996）（下）」『考古と文物』第 3 期。
（9）加藤晋平　1996「台湾・長濱石器文化の系譜について―香港考古学事情―」『國學院雑誌』第 96 期、第 7 号。
（10）招紹　1995「香港近五年考古搶救工作的成果」『東南亜考古論文集』香港大学美術博物館。
（11）古物古跡事務処の職員名簿の考古組は、館長 1 名、考古保存 3 名、考古収蔵 1 名、他の考古 1 名になっている。< http://www.amo.gov.hk/b5/about3.php>（参照 2013 年 11 月 22 日）。
（12）暫定遺跡とは、香港において発見された遺跡が正式指定される前に、遺跡を保護するために「古物及古跡条例」の第 2A 条による仮指定を行う措置に基づいたものである。
（13）註 9 に同じ。
（14）註 7 に同じ。
（15）註 7 に同じ。
（16）康楽と文化事務署（Leisure and Cultural Services Department）は、香港におけるレジャー・文化関連の施設と事業全般の企画・運営を行う政府の行政機構である。
（17）註 4 に同じ。
（18）1930 年代に建てられた景賢里は、香港における代表的な中国建築物の一つである。2007 年に景賢里の取り壊しをきっかけに、2008 年に法定遺跡として指定される。

（鄒　海寧）

第7章

遺跡の保存整備と遺跡博物館の歴史

I 北海道地域

1. 北海道における遺跡保護と史跡指定の歩み

2015年現在、北海道に所在する国指定および道指定の史跡は、特別史跡1件、国指定史跡50件、道指定史跡26件である。指定の歴史からみると、これらのうちの11件が文化財保護法の成立した1950（昭和25）年より以前から国の指定を受けている。その内訳は、五稜郭、福山城跡など中世〜近代の政治軍事的な史跡が5件で、先史文化や考古学上のアイヌ文化に関する史跡は、手宮洞窟、桂ヶ岡砦跡、最寄貝塚、モシリヤ砦跡、春採台地竪穴群、鶴ケ岱チャランケ砦跡の6件であった。なかでも手宮洞窟は、1919（大正8）年に制定された史蹟名勝天然紀念物保存法に基づく道内の史跡指定第1号であり、1921（大正10）年に指定されている。

道内での文化財保護の歩みについては、幕末から現在までの流れを竹田輝雄がまとめている（竹田 2011）。上記の史跡に関しては、手宮洞窟については1918（大正7）年には地元有志が保存会を結成して保存整備の措置をとるなど、早くから保護の取り組みが始まっている（菅谷 1995）。モシリヤ砦跡など上記3件の史跡を含む釧路の遺跡に対しては、1931（昭和6）年に組織された釧路考古学研究会によって早くから積極的な保護活動が行われていた（松田 2009）。最寄貝塚については太平洋戦争のさなか、軍事施設の建設による破壊を最小限に止めて遺跡を守った米村喜男衛のエピソード（米村 1969）が有名

である。以上の事例を含めて遺跡保護の取り組みは史跡指定の遥か以前から始まっていたのだが、太平洋戦争中から戦後の混乱期、さらに大規模開発などに伴って発掘調査が急増する以前の昭和40年代までの間からすでに、開発によって多数の遺跡が破壊されるという危機的な状況が北海道にも到来していた。この頃の実態の一部は、1974（昭和49）年に北海道考古学会によって行われた問題提起などによって知ることができる[1]。

　北海道行政の対応としては、1973（昭和48）年に北海道教育委員会に文化課が置かれ（山本 1993）、1979（昭和54）年に財団法人北海道埋蔵文化財センターが発足するなど、昭和50年代から体制の整備がはかられた。その前後からの発掘調査件数の動向をみると（越田 2011）、戦後、道内で発掘調査が急増するのは昭和50年代からで、1976（昭和51）年以降は毎年100件近い数で推移し、1993（平成5）年から1998（平成10）年にかけて毎年100件を超えるピークを迎え、2004（平成16）年以降は件数が徐々に減少している。

　史跡指定に関しては、フゴッペ洞窟、忍路や音江の環状列石といった特徴的な遺跡が昭和30年代までに史跡に指定されたほか、昭和40年代〜50年代にかけてはウサクマイ遺跡群、常呂遺跡、北斗遺跡、伊茶仁カリカリウス遺跡、西月ヶ岡遺跡などの大規模竪穴群遺跡の広域指定が行われ、昭和60年代には北黄金貝塚、入江貝塚といった噴火湾岸の縄文貝塚が史跡指定されるなど、既知の包蔵地に対して徐々に指定が進んだ。さらに昭和50年代末からは遺跡の保護に対する意識が市民の間でも徐々に高まり、関係者の努力のもと、開発に伴う調査の段階で工事が変更され、遺跡の保存と史跡指定がなされる例も実現した。そのような経緯で指定された史跡としてはピリカ遺跡、白滝遺跡群、鷲ノ木遺跡などがある（畑 2007）。

2. 史跡整備と活用の本格化

　史跡の活用に関する初期の事例の一つに、1965（昭和40）年度・1966（昭和41）年度に実施された最寄貝塚の整備事業がある。この事業では史跡の保護に加えて緑地化や園路の整備が行われているが、これは国庫補助による史跡の環境整備事業としては全国的にみても先駆的な事例であった。またこれと同

時に、最寄貝塚では 1965（昭和 40）年にモヨロ貝塚館が網走市立郷土博物館の分館として開設されている。これ以降も 1972（昭和 47）年度にはフゴッペ洞窟に日本初のカプセル方式の保存施設が整備され、また 1979（昭和 54）年度からは標津遺跡群の整備が開始されて翌年には「ポー川史跡自然公園」として開園するなど、整備と活用の取り組みがなされてきたが、史跡の活用がより積極的にはかられるようになったのはやはり、1989（平成元）年度に国庫補助事業として創設された「史跡等活用特別事業（通称「ふるさと歴史の広場事業」）」が開始されてからであろう。この事業から始まった一連の国庫補助事業によって、北斗遺跡、常呂遺跡、入江・高砂貝塚、北黄金貝塚、ピリカ遺跡、大船遺跡などが史跡公園として整備されるなど、道内の史跡整備と活用は本格化し、現在に至っている。

　また、最近では文化財保護法以外の枠組みによる審査や認証を受けて、遺跡の保護や活用を活性化させようとする試みも始まっている。2006（平成 18）年度から 2007 年度にかけて、文化庁は世界遺産暫定一覧表への追加記載が適当と考えられる文化遺産について、地方公共団体から提案を公募したが、北海道からは「北海道・北東北の縄文遺跡群」と「北海道東部の窪みで残る大規模竪穴住居跡群」の 2 件が提案され、前者については 2008 年に世界遺産暫定一覧表への追加記載が決定している。また、大地の遺産を保全し、教育や観光に活用するジオパークネットワーク(2)に関しては、「洞爺湖有珠山ジオパーク」が 2009（平成 21）年に世界ジオパークネットワークに、2010（平成 22）年には「白滝ジオパーク」が日本ジオパークネットワークにそれぞれ加盟認定されているが、史跡では北黄金貝塚や入江・高砂貝塚、白滝遺跡群がそれぞれのパークの「ジオサイト」に位置づけられて活動の一翼を担っている。ほかにも、北海道の歴史・文化・生活・産業等の遺産を道民主導で育み活用してゆくことを目的として選定された「北海道遺産」(3)に関しては、2001（平成 13）年に「内浦湾沿岸の縄文遺跡群」が、2004（平成 16）年に「オホーツク沿岸の古代遺跡群」が選定されているが、この 2 件ともその中核をなしているのはやはり国や道指定の史跡である。

3. 北海道の史跡の特徴

　史跡の整備と活用について論じる前に、北海道の史跡の持つ特徴や特有の価値について、筆者の考えを示しておきたい。

　日本列島の人類史における北海道の特徴としては、以下の2点が挙げられる。第1点は本州に農耕社会が成立した後も狩猟採集を基盤とする社会が続くことであり、縄文文化の後には、続縄文文化、擦文文化、アイヌ文化という地域固有の文化が本州とは異なる気候や生態環境のなかで展開する。第2点は宗谷海峡以北の、サハリンやロシア極東との交流が認められることであり、特に旧石器文化やオホーツク文化では、そのような北回りの交流が顕著に認められる。この2点は、北海道の先史文化の史跡全般に関わる特徴として重要であろう。

　縄文文化に関する史跡については、上記2点の特徴は相対的に希薄であるかもしれない。しかしその一方で、道南部を中心とした縄文文化の史跡群が「北海道・北東北の縄文遺跡群」として世界遺産候補に位置づけられたように、北海道の史跡には内容の豊かさや規模の大きさ、そこに反映された高い精神性などの点で縄文文化を代表するような特質を有するものも多く、近年、その価値が世界的にも大きく注目されている。

　また、史跡の規模や保存状態、景観や周辺環境に関する特色も挙げておきたい。標津遺跡群や常呂遺跡に代表される大規模竪穴住居跡群遺跡では、竪穴住居跡の窪みが地表に点々と残されており、国内ではほぼ北海道でしかみられない、独特の景観を目にすることができる。標津遺跡群や常呂遺跡では一つの地域に2,000軒以上もの窪みが残されているが、これは全国最大規模の竪穴群遺跡であるとともに、縄文時代早期からアイヌ文化期に至る継続的な居住を示す遺跡としても重要である。さらにこれらの大規模竪穴群遺跡では周囲の自然環境が良好な状態で残されているものも多い。特に常呂遺跡（網走国定公園）、標津遺跡群（国指定天然記念物標津湿原）、北斗遺跡（釧路湿原国立公園）は国の自然環境保護地域内もしくは隣接地点にあり、周囲の景観が史跡と一体となって保存されるという恵まれた環境が維持されている。

　近年の史跡公園整備の事例においては、次節の具体例にみられるとおり、こ

れらの特徴が意識され、表現されているとみることが可能であろう。

4. 史跡の内容と公園整備

前述のとおり、道内に所在する国指定史跡（特別史跡含む）の件数は51件である。このうち、本節では旧石器文化〜擦文文化までの先史文化の史跡、計24件について遺跡の主な帰属時期別に列挙するとともに、史跡公園としての整備やガイダンス施設等の設置がなされている例については、道指定史跡の事例を含めて概要を簡単に紹介したい。

（1）旧石器文化の史跡

ピリカ遺跡と白滝遺跡群の2件である。ピリカ遺跡は国の重要文化財163点を含む約19万点の石器が出土した遺跡で、石器製作跡や焚火跡などが確認されている。史跡内には出土した石器ブロックを「剝ぎ取り複製」によって覆屋内に露出展示した展示施設である「石器製作跡」が設置され、さらにガイダンス施設の「ピリカ旧石器文化館」が併設されている（寺崎 2004）。

白滝遺跡群は国内最大級の黒耀石原産地と、1,858点の国の重要文化財を含む700万点以上の石器が出土した遺跡群からなる史跡である（松村 2008）。現在、史跡の位置からはやや離れているが、遠軽町の町内中心部にジオパークの拠点施設として「白滝ジオパーク交流センター」が設置され、2階の遠軽町埋蔵文化財センターでは出土遺物の展示などが行われている。

（2）縄文文化の史跡

遺跡の主な性格別に紹介する。貝塚を含む史跡については、縄文早期〜アイヌ文化期に至る重層遺跡で貝塚は縄文前期が主体となる東釧路貝塚、縄文前期の貝塚や墓、前期〜中期の

図1　遠軽町埋蔵文化財センター　2階展示室

竪穴住居跡、水場遺構などからなる北黄金貝塚、縄文後期初頭の大谷地貝塚、縄文前期～後期の貝塚や竪穴住居跡（入江貝塚）および縄文後期～晩期の貝塚と墓（高砂貝塚）などからなる入江・高砂貝塚の4件がある。北黄金貝塚については「景観に配慮した史跡公園づくり」のコンセプトのもと、貝塚や水場遺構、竪穴住居が屋外に復元展示されるとともに、ガイダンス施設「北黄金貝塚情報センター」や模擬体験発掘もできる体験学習場などが併設されるなど、充実した整備と活動が行われている（大島 2004）。

入江・高砂貝塚では入江貝塚公園の整備が実施され、屋外に竪穴住居の復元展示がなされるとともに、ガラス越しに貝層を見学できる半地下式の貝塚露出展示施設も設置されている。さらにガイダンス施設の「入江・高砂貝塚館」が併設されている。

垣ノ島遺跡と大船遺跡は、竪穴住居跡や盛土遺構などを特徴とする集落遺跡である。垣ノ島遺跡では縄文時代早期～後期にかけての竪穴住居跡、早期の墓、中期～後期の大規模な盛土遺構などが確認されている。史跡に隣接して道の駅の機能を併せ持つ「函館市縄文文化交流センター」が設置され、遺物展示や体験学習などが行われている。大船遺跡は縄文中期を中心とする大規模な集落遺跡で、大型住居を含む100軒以上の竪穴住居跡や盛土遺構などが確認されている。公園整備が行われて竪穴住居と盛土遺構の屋外復元展示や体験学習広場が整備されるとともに、ガイダンス施設の「大船遺跡埋蔵文化財展示館」が併設されている。

環状列石などの「巨大記念物」（小杉 2001）や大規模土木工事に関連する史跡は5件である。静川遺跡は長さ約140mに及ぶ縄文後期初頭の環濠を特徴とする遺跡である。鷲ノ木遺跡、忍路環状列石、音江環状列石はいずれも縄文後期とみられる環状列石ないしそれを含む遺跡である。キウス周堤墓群は縄文後期の周堤墓群で、最大のものは直径が75mにも及ぶ。

カリンバ遺跡は縄文時代早期～アイヌ文化期に至る遺跡で、漆製品や玉類を多数副葬した縄文時代後期末～晩期初頭の合葬墓が注目された。

（3）続縄文文化の史跡

手宮洞窟、フゴッペ洞窟の2件で、いずれも岩壁彫刻が残された洞窟遺跡と

して著名な遺跡である。双方ともに彫刻を覆うカプセル方式の保存施設（「手宮洞窟保存館」「フゴッペ洞窟保存施設」）が建設され、冬期を除いて一般公開されている。

（4）オホーツク文化の史跡

最寄貝塚と標津遺跡群（三本木遺跡）がこの文化の史跡である。最寄貝塚はオホーツク文化

図2　網走市郷土博物館分館モヨロ貝塚館　1階墓域展示室

を代表する史跡で、集落や貝塚、130基を超える墓が確認されている。史跡内では竪穴住居跡と墓の屋外展示がなされており、ガイダンス施設「モヨロ貝塚館」が併設されている。三本木遺跡は道東部ではやや珍しいオホーツク文化刻文期の集落遺跡である。なお、オホーツク文化の集落はこの2件のほかに後述の常呂遺跡やオムサロ台地竪穴群でも確認されている。

（5）擦文文化に関する史跡および窪みで残る大規模竪穴群を含む史跡

江別古墳群は8〜9世紀のいわゆる「北海道式古墳」として著名な史跡で、18基の古墳が保存されている。

擦文文化の竪穴を含む、窪みで残る大規模竪穴群を中心とする史跡としては、ウサクマイ遺跡群、常呂遺跡、春採台地竪穴群、北斗遺跡、西月ヶ岡遺跡、標津遺跡群（伊茶仁カリカリウス遺跡・古道遺跡）の6件がある。これらの史跡は遺跡の形成時期、内容、規模がそれぞれ大きく異なっているが、いずれも擦文文化のものとみられる方形の竪穴の窪みが数多く残されている点（ただしその規模は数十〜千軒以上とばらつきがある）では共通している。

常呂遺跡は2,500軒を超える窪みが残された遺跡で、縄文早期からアイヌ文化期に至る時期の遺構や遺物が確認されている。栄浦地区の一部が「ところ遺跡の森」として公園整備され、縄文・続縄文・擦文の各竪穴住居が屋外で復元展示されている。ガイダンス施設として「ところ遺跡の館」が併設されている

図3　北見市ところ遺跡の館

ほか、隣接するところ埋蔵文化財センターと東京大学常呂資料陳列館でも出土遺物の展示等がなされている（武田 2006）。北斗遺跡は史跡指定地外を含めた一帯に334軒の竪穴の窪みが確認されている遺跡で、旧石器時代からアイヌ文化期に至る時期の遺構や遺物が確認されている。釧路湿原国立公園内に所在することから湿原の保全を最優先した整備がなされ、「北斗遺跡ふるさと歴史の広場」として整備された公園内には擦文文化の竪穴住居が屋外復元展示されているほか、釧路市湿原展望台遊歩道まで接続する木道と展望台が設置され、ガイダンス施設として「史跡北斗遺跡展示館」が併設されている（松田 2009）。

伊茶仁カリカリウス遺跡も2,500軒を超える窪みが残された遺跡で、やはり縄文早期〜アイヌ文化期に至る遺構や遺物が確認されている。史跡整備においては隣接する天然記念物標津湿原と一体となった保存整備が図られ、史跡・湿原・ガイダンス施設の三つのエリアからなる「ポー川史跡自然公園」が整備されている（椙田 1989）。公園入口のガイダンス施設のエリアには「歴史民俗資料館」と明治から昭和の復元建物群などからなる「開拓の村」が設置され、ここから湿原のエリアに整備された木道を通って自然景観を体感しながら史跡に入る動線が整備されている。史跡内にはオホーツク文化と擦文文化が融合した文化である「トビニタイ文化」の竪穴住居が屋外に復元展示されている。

以上は国指定史跡の例である。ほかに史跡公園として整備された例として、道指定史跡のオムサロ台地竪穴群を紹介しておきたい。オムサロ台地竪穴群は208軒の竪穴の窪みが残された大規模竪穴群遺跡で、擦文文化の竪穴を主体として縄文早期・続縄文文化・オホーツク文化の竪穴や、アイヌ文化期のチャシ跡などが確認されている。史跡は「オムサロ遺跡公園」として整備され、擦文文化の竪穴住居やアイヌ文化の高床式倉庫が屋外復元展示されるとともに、展示施設「オムサロの村資料館」が併設されている（佐藤 2004）。

5. 遺跡博物館としての課題

　以上の史跡のなかでも特に、公園整備がなされ、ガイダンス施設等の展示施設が設置されている遺跡では、展示に加えて体験学習等の教育普及活動が活発に行われるなど、博物館としての活動がすでに実践されているといってよい。しかし運営の組織体制にはいまだ脆弱な点も多く、「遺跡博物館」という名称から受けるイメージに実態がまだ追いついていない部分も多い、と言わざるを得ないのが現状であろう。北海道では維持管理などの理由から12～3月の冬期間は閉館するガイダンス施設も多く、これは地域の拠点としての存在感という点ではどうしても不利になるし、学芸員に相当する職員の配置も1～2名という館が多く、職員は少ない人数で博物館活動と埋蔵文化財保護を含むその他の業務との両立に奔走している。

　少子高齢化と人口減少が加速し、過疎化に直面する地方では、史跡に対して観光資源や地域活性化の起爆剤としての役割を期待する声も大きい。この声に応えるためには、魅力的で集客力の高い展示を行い、実物や実体験を通して地域の価値を再認識できるような学習の場を提供する必要がある。展示に関しては復元する遺構の選択や遺構の展示効果を高める工夫（青木　2006）が特に重要となるが、北海道の遺跡では竪穴の数や遺跡の規模が大きくとも内容的には一部の例外を除いて竪穴住居や土坑墓、貝塚といった遺構が一般的であり、立体的な展示が難しい面がある。特に続縄文文化や擦文文化の遺跡ではその傾向が顕著であり、展示に対するより一層の研究が課題となる。展示効果を高める手段としては他に、環境復元や非日常的な空間の創出（青木同上）があるが、この点では北海道の史跡は好適な条件下にあるものも多い。ただし、単に自然を体感させるだけではなく、先史時代人の環境適応や環境の変遷史など、入園者の知的関心を喚起させるような機会をつくるためには、考古学に加えて動植物学や環境学などの専門知識を有するスタッフを配置することが必要となろう。地方財政の歳出削減が推し進められるなかで体制を充実させることはきわめて難しいが、世界遺産への登録推進など、史跡の活用を求める声は決して小さくはない。筆者の立場としては、大学と地域の連携などを通じてこれらの課

題に取り組んでいきたいと考えている。

註
（1）『北海道考古学』第 10 輯（1974 年）に「特輯・北海道の埋蔵文化財の危機」として掲載されている。
（2）ジオパークネットワークに関しては以下の website を参照した。Global Network Of National Geoparks（http://www.globalgeopark.org）、日本ジオパークネットワーク（http://www.geopark.jp）。
（3）北海道遺産は、北海道の提唱によって 2001（平成 13）年度に設立された「北海道遺産構想推進協議会」（現在は NPO 法人北海道遺産協議会）が選定する遺産であり、2015 年現在、52 件が選定されている。北海道遺産の公式 website は以下括弧内のとおりである（http://www.hokkaidoisan.org）。
（4）考古学上のアイヌ文化に関する史跡や中世以降の史跡については本書の編集方針により省略している。

参考文献
青木　豊　2006「地域博物館・野外博物館としての史跡整備」『史跡整備と博物館』雄山閣。
大島直行　2004「史跡北黄金貝塚の保存と活用」『北海道考古学会 40 周年記念大会「遺跡とともに―研究と活用―」資料集』北海道考古学会。
越田賢一郎　2011「埋蔵文化財」『北海道文化財保護協会創立五十周年記念誌　北海道文化財保護の歩み』北海道文化財保護協会。
小杉　康　2001「巨大記念物の謎を探る」『新北海道の古代 1　旧石器・縄文文化』北海道新聞社。
佐藤和利　2004「オムサロ遺跡の整備と活用」『北海道考古学会 40 周年記念大会「遺跡とともに―研究と活用―」資料集』北海道考古学会。
菅谷英孝　1995「手宮洞窟の歴史的環境」『国指定史跡手宮洞窟保存修理事業報告書』小樽市。
椙田光明　1989「ポー川史跡自然公園における史跡及び天然記念物の保存と活用」『北海道考古学』25。
武田　修　2006『日本の遺跡 13　常呂遺跡群』同成社。
竹田輝雄　2011「北海道の文化財保護の潮流」『北海道文化財保護協会創立五十周年記念誌　北海道文化財保護の歩み』北海道文化財保護協会。
寺崎康史　2004「ピリカ遺跡における調査研究と保存活用」『北海道考古学会 40 周年記念大会「遺跡とともに―研究と活用―」資料集』北海道考古学会。
畑　宏明　2007「私の文化財保護」『北海道考古学』43、北海道考古学会。

松田　猛　2009『日本の遺跡 34　北斗遺跡』同成社。
松村愉文　2008「「史跡白滝遺跡群」の整備と活用」『國學院大學考古学資料館紀要』24。
山本慎一　1993『北海道文化財保護あれこれ』著者刊。
米村喜男衛　1969『モヨロ貝塚』講談社。

(熊木俊朗)

II　東北地域

1. 史跡指定と保存

(1) 史跡指定の始まり

　史蹟名勝天然紀念物保存法 (1919 (大正 8) 年) とそれを引き継ぐ、文化財保護法 (1950 (昭和 25) 年) のもと、重要な遺跡が国により史跡に指定され、保護されてきた。また、県、市町村においても地域にとって価値の高い遺跡を史跡に指定し、保護、保存のための努力が行われてきた。

　東北地域では、史蹟名勝天然紀念物保存法の制定から間もない 1922 (大正 11) 年に「毛越寺境内　附　鎮守社跡」「多賀城跡　附寺跡」が、1923 (大正 12) 年に「甲塚古墳」が国史跡に指定された。これらが東北地方の国指定史跡としては最も古い例であろう。一方、県、市町村では、昭和初期から史跡指定が始まり、文化財保護法が制定された 1950 (昭和 25) 年以降、史跡指定が活発化した。

(2) 史跡の保存

　重要遺跡を史跡に指定するとなれば、当然史跡を破壊から防ぎ、後世に伝えるための努力が必要となる。史跡に指定するためには、遺跡内に土地を所有する人々に、新たな家などの建築により、地下に残された遺構を壊す恐れがある行為を控えていただくことを前提に史跡指定の同意を得なければならない。指定後は保存管理計画を策定し、恒常的に保存への努力が求められる。また、必要に応じて公共団体により史跡指定地の買い上げも行われている。

東北地域の多くの史跡はこのように土地所有者の文化財への理解と関係の人々の努力により、保護されてきた。この点は大いに評価されるべきだろう。

しかし、一方で、史跡が現状のまま、あるいは調査終了後埋め戻された状態で保存され、史跡の歴史的な価値が社会に共有されにくい状況が生まれた。史跡は残されたものの、地域の人々にその価値を十分理解されない場合が生じたのである。その結果史跡は保存はされたものの、人々が訪れないというケースが散見されている。

（3）史跡整備

東北地域で史跡の歴史的な価値を社会で共有することをめざし、史跡整備が試みられはじめたのは昭和40年代のことである。代表的な例は特別史跡多賀城跡である。

1966（昭和41）年に多賀城跡が「多賀城跡 附寺跡」として特別史跡に昇格。その後、宮城県多賀城跡調査研究所が設立され、継続的な学術調査が実施された。調査成果を受けて順次政庁地区、南門等の整備が行われている。

多賀城跡の史跡整備は発掘調査で検出された遺構をソフトアスファルト等で覆い、遺構を保護する一方で遺跡の状況を再現する形で行われ、その後の東北地方の史跡整備のさきがけとなった。

なお、史跡整備が進んだ1974（昭和49）年に、多賀城跡東外郭線のすぐ外側に多賀城跡調査研究所を含む東北歴史資料館（現、東北歴史博物館の前身）が設立された。東北歴史資料館は、東北の歴史をテーマとするが、多賀城跡に関する展示を多く実施し、宮城県多賀城跡調査研究所とともに多賀城跡の研究、教育普及活動を実施して大きな成果を挙げている。広い意味で、多賀城跡に関わる遺跡博物館として理解することも可能であろう。

図1　整備された多賀城政庁跡

2. 遺跡博物館

(1) 史跡整備の現状

1950年に文化財保護法が施行され、これまでにもまして、多くの遺跡が史跡に指定された。これらの史跡ではいずれも管理保存計画が策定され、保存環境が実現されている。しかし、史跡整備にいたるには史跡指定地の公有化が必要である。地権者の同意を得ることや財源の手当てが困難な場合も多く、公有化に至らず、史跡整備が未着手である場合も多い。また、公有化を実現し、整備された史跡でも、無人の史跡となるか、本来の意味が忘れ去られ、普通の公園としての意味しか読み取れなくなってしまう場合がある。

図2は福島県指定史跡杵ガ森古墳と周囲の稲荷塚遺跡を含めた史跡公園の2013（平成25）年現在の姿である。

杵ガ森古墳は、福島県会津坂下町西方に所在する前方後円墳である。区画整理予定地内にあり、1990（平成2）年に発掘調査され、東北地方で最古段階の前方後円墳であることが判明した。周囲には前方後方形周溝墓が群在し、会津盆地の古墳時代初期の姿を考える上で貴重な古墳である。調査終了後にその価値が評価され、1998（平成8）年に福島県史跡に指定され、公園として整備されて現在に至っている。

図2の2本の樹木の前には杵ガ森古墳後円部が見えている。草が生え放題で古墳の範囲も定かではなく、考古学の専門家でも前方後円墳の後円部であることに気づくのには少し時間がかかる。標柱、看板、説明板はあるが、色あせてしまっている。公園にいるのは遊具で遊ぶ子ども数人だけで、史跡公園としての役割を果たしているとは思えない現状である。

このような状況は杵ガ森古墳だ

図2 福島県会津坂下町杵ガ森古墳稲荷塚遺跡史跡公園

けではない。史跡指定されていても、価値を説明する案内板すら用意できていない史跡もある。このようななかにあって、史跡に博物館や資料館、ガイダンス施設を設置し、史跡の価値をお伝えし、活用する試みが各地で展開されつつある。それが遺跡博物館と総称される施設群である。

（2）遺跡の活用と博物館

　史跡の保存とあわせて、史跡の価値を共有し、社会に位置付けるために史跡に博物館を設け、その価値を周知する試みが昭和60年代頃から平成にかけて顕著にみられるようになった。東北地域では、宮城県大木囲貝塚に隣接して設置された七ヶ浜町歴史資料館。里浜貝塚に隣接する奥松島縄文村歴史資料館などがその古い例といえよう。

①七ヶ浜町歴史資料館

　七ヶ浜町歴史資料館は、1986（昭和61）年の開館以来、東北地方縄文土器編年の基準資料となった大木囲貝塚出土資料を展示公開するとともに、貝塚の保存管理に大きな力を発揮してきた。整備された貝塚の現状は、七ヶ浜町と七ヶ浜町教育委員会の努力が実った結果といえるだろう。

②さとはま縄文の里史跡公園

　東松島市奥松島縄文村歴史資料館は、里浜貝塚の保存活用に取り組んでいる。松本彦七郎博士が型式学的な研究法と層位的な所見を総合して土器編年を考える画期的な方法を考案する際の舞台となったことで、大変著名である。

　奥松島縄文村歴史資料館は、1992（平成4）年に開館し、展示運営、体験学習などを展開してきた。開館後の貝塚範囲確認調査を踏まえて2002（平成14）年から史跡整備を開始、「さとはま縄文の里史跡公園」は2008（平成20）年に開園して現在に至っている。「さとはま縄文の里史跡公園」は縄文時代の自然景観を残し、一部に貝層観察施設を設け、体験型野外博物館を構成している。施設としての縄文村歴史資料館と体験型野外博物館を合わせて、展示による情報と体験を総合的に学べる体系が整えられている。遺跡博物館としてあるべき姿の一つが実現されているといえよう。

　一方、近年発掘調査で発見された遺構から、建物などの姿を復元する試みが各地で行われており、史跡のある時期の姿を環境、建物等を復元する形で史跡

図3 さとはま縄文の里史跡公園鳥瞰図（さとはま縄文の里史跡公園提供）

整備を行い、合わせて博物館施設、ガイダンス施設を設置する遺跡博物館が登場している。著名な特別史跡青森県三内丸山遺跡と縄文時遊館はその代表例である。

また、岩手県御所野縄文公園と御所野縄文博物館、秋田県大湯環状列石と大湯ストーンサークル館、山形県西沼田遺跡とガイダンス施設、福島県郡山市大安場古墳とガイダンス施設などが、史跡復元と博物館施設を合わせた遺跡博物館の代表例である。

③青森県三内丸山遺跡と縄文時遊館

特別史跡三内丸山遺跡では、有名な6本柱の構築物（建物構造を持つか否かは論議がある）をはじめとして大型竪穴住居、竪穴住居、高床建物などが復元されるとともに、盛土遺構の断面、6本柱構築物の柱痕跡などが現地保存、公開されている。遺跡には多数のボランティアが常駐し、解説にあたっている。

三内丸山遺跡調査区域に隣接する縄文時遊館は図4にしめすように、縄文シアター、体験工房、観光プラザ、売店、レストランと合わせて、調査成果を伝

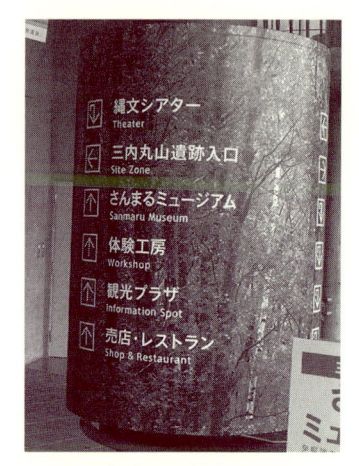

図4 縄文時遊館内案内表示

えるさんまるミュージアムを設置する複合施設である。

　三内丸山遺跡の調査成果は広く知られており、遺跡を訪れる人も多い。多くの人々がボランティアの解説を聞き、縄文時遊館内の多様な施設を利用する。遺跡見学と体験学習、観光などの多様なニーズに応える努力が継続されている。2010（平成22）年にさんまるミュージアムがオープンし、最新の展示手法を通じて調査成果がより多角的に伝えられるようになった。また、図4の表示にはないものの、三内丸山遺跡保存活用推進室による研究、広報活動等も含めて特別史跡を中心に多様な活動を展開する遺跡博物館の一つのモデルケースと見ることができよう。

④御所野縄文公園、縄文博物館

　岩手県御所野遺跡では、縄文時代中期に焦点をあてた整備復元を中心とした公園が整備され、合わせて御所野縄文博物館を設置し、展示と体験学習、史跡公園一体となった活動が展開されている。

　御所野遺跡の整備復元の特徴は、史跡を中心とし、景観保護を目的にその周辺までも土地を取得し、御所野遺跡周辺の環境をも対象とした点にある。土地取得にあたっては、対象地内にある樹木の悉皆調査を実施するとともに、ボランティア団体「御所野遺跡を支える会」も徹底した植生の調査をしている。御所野遺跡の環境整備は、このような調査成果をもとに忠実に実現されており、「縄文里山」が再現され、体験学習の場として大いに活用されている（高田2010）。縄文公園、縄文博物館へのアプローチには整備された環境を損なわないように、史跡周囲の環境の外側、谷をへだてた丘陵上から橋が用いられている。

　御所野遺跡では、史跡周囲の環境を里山、縄文人の活動の場として位置付け、景観も含めた総合的な保存活用を目指した整備、復元、活用が実現されている。これからの遺跡博物館を考える上で重要な意味を持つ方向性であろう。

⑤西沼田遺跡公園、ガイダンス施設

山形県西沼田遺跡は、古墳時代に低湿地に営まれた集落である。低湿地であるため、大量の木製品が出土するとともに、平地住居と水田、水路等から構成される古墳時代集落の様相が明瞭に把握された。長期にわたる発掘調査の成果を踏まえ、2002（平成14）年から史跡整備が開始され、2008（平成20）年に史跡整備、平地住居、倉庫群の復元を終え、ガイダンス施設を設置して西沼田遺跡公園としてオープンした。

図5　御所野縄文公園、縄文博物館の入り口に設けられた橋

西沼田遺跡公園では、ガイダンス施設での展示、屋内、屋外での体験学習など多彩な事業が積極的に展開されている。これらの事業を運営するのは天童市から指定管理者として委託されたNPO法人西沼田サポーターズ・ネットワークである。NPO法人西沼田サポーターズ・ネットワークでは、3人の学芸員と事務職員が勤務し、職員と「西サポ」と呼ばれるサポーターがともに事業運営を担っている。西沼田遺跡公園の体験学習には、平地住居の宿泊体験、遺跡内に復元された水田での田植え、草取り、稲刈り、遺跡内の自然環境学習など多様である。いずれも模擬的な経験ではなく、古墳時代集落における生活の追体験的な要素が大きく、遺跡整備を生かした説得力のあるものになっている。このような体験学習の実現には多くの人々の協力が必要であり、西沼田遺跡公園では、学芸員、職員の努力に加えて地域社会に生活するサポーターの存在が活動を支えている。地域社会の人々とともに運営する西沼田遺跡公園、ガイダンス施設の運営形態はこれからの遺跡博物

図6　西沼田遺跡公園復元平地住居、倉庫

図7　大安場史跡公園ガイダンス施設内　埋葬施設復元

館のあり方の一つを示唆するものだろう。

⑥大安場史跡公園、ガイダンス施設

大安場古墳は、1991（平成3）年に発見された全長70mを超える東北地方最大規模の前方後方墳である。福島大学、郡山市教育委員会により発掘調査が継続的に実施され、2000（平成12）年に国史跡に指定された。

大安場古墳は後世に改変をうけており、特に後方部は上部を棺すれすれまで大きく削られている。古墳を本来の姿に復元すべきかどうかをめぐって議論があった。結局、墳丘上に埋葬施設の位置を示すにとどめ、埋葬施設の姿はガイダンス施設で復元的に示すこととなった。2009（平成21）年に古墳整備を終え、冒険広場、発見の丘、野焼体験場、ガイダンス施設とともに大安場史跡公園としてオープンした。現在は多くのボランティアとともに展示解説、多様な体験学習等の活動を行っている。

一般に古墳の埋葬施設をどのように保存し、公開するかは難しい問題であることが多い。大安場古墳では、最終的に墳丘を現状で保存し、補完的に埋葬施設の復元的展示を行って古墳の姿を総合的に示す方法を選択した。同様の方法は奈良県黒塚古墳でも採用されており、今後の方向の一つとなるだろう。大安場史跡公園ではガイダンス施設の復元に加えて総合的な展示施設を設置し、公園の多様な施設を合わせて市民が集まる遺跡博物館として活動する点に特色がある。

3. 史跡整備と遺跡博物館の今後

国、都道府県、市町村それぞれの段階で現在も史跡指定が継続的に行われている。国指定の場合は土地所有者の同意のもとに指定され、その後、保存管理

計画の策定と実行、可能であれば土地の公有化、史跡整備にむけて計画が進められることが多い。ただし、実際には地域の人々の十分な理解が得られず、保存管理、土地の公有化に際して困難に直面することが多いのが現実である。史跡の地域社会における価値をどのように説明し、理解を求めるのか、史跡指定、整備に関わる者の大きな課題である。

史跡整備にあたって、近年多くの建造物が復元されている。三内丸山遺跡の6本柱の構造物や吉野ヶ里遺跡の望楼、平城宮大極殿などが代表的なものだが、胆沢城跡、多賀城跡などでも計画されている。建造物復元は視覚的に遺跡の状況を伝える上で、もっとも有効な手段の一つである。それだけに復元する根拠となる学術的な裏付けは必須のものである。また、復元された建造物をどのように説明するのかが重要な課題となる。吉野ヶ里遺跡では多くの建造物が復元され、一応の断りはあるものの、学問的な根拠が必ずしも明らかでないストーリーが説明されている。これは吉野ヶ里遺跡の価値を高めるものにはなり得ない。史跡の整備、復元には慎重な配慮が必要となろう。

近年設置される遺跡博物館では、多くのボランティアと共に体験学習等、地域の人々を対象とした事業を展開することが多い。地域社会の人々が史跡を訪れ、史跡の価値を共有するための重要な役割を果たしていると言えるだろう。

ただ、体験学習では、勾玉作りなど、多くの遺跡博物館に共通し、独自性が感じられないメニューも多い。遺跡博物館の体験学習には、一定のエンターテインメント性も必要であるのは十分に理解できるが、それだけでは一過性の楽しみとなってしまい、リピーターの獲得は望みにくいのではないか。体験学習の背後にはその遺跡における研究成果があって、学習体験からさらに追究できる課題が見つかるような継続的な学びの体系を用意する必要があるのではないかと考える。最終的には、参加者のなかから史跡や遺跡博物館を支えるサポーターが誕生し、学芸員とともに史跡の価値を探求する形が理想なのだろう。現在活動している遺跡博物館のさらなる活躍を期待したい。

参考文献
高田和徳　2010「御所野遺跡の縄文里山づくり」『遺跡学研究』第7号、日本遺跡学会。

（辻　秀人）

Ⅲ　北関東地域

1．北関東における遺跡保護・整備の歴史

　北関東における遺跡保護と整備の歴史は、古くから行われており、青木豊が指摘するように1692（元禄5）年にまで遡ることができる（青木 2006）。水戸光圀の命を受けた大金重貞は、那須郡に所在する上侍塚古墳と下侍塚古墳の発掘調査を実施し、出土遺物を石室に埋め戻して保存した。また史跡整備ではないが、1879（明治12）年、茨城県の陸平貝塚において日本人の手による最初の発掘調査が行われ、1886（明治19）年の坪井正五郎などによる足利古墳の発掘調査は、我が国初の近代的な古墳の発掘調査とされるなど、近代的な遺跡の発掘調査も北関東では古くから実施されている。その後、明治から昭和40年代頃までは、北関東の各地で学術調査を中心とする重要な遺跡の発掘があり、多くの遺跡が国指定史跡に指定された。その後、文化財保護法施行後、昭和40年代から緊急調査の増加のなかで史跡整備が文化庁の補助事業として本格化し、北関東においても史跡整備事業がはじまった（文化庁文化財部記念物課 2005ほか）。

　北関東3県における史跡の整備事業は、まず古墳を中心に展開した。茨城県における遺跡博物館と関わる史跡整備は、1973（昭和48）年と翌年に調査された虎塚古墳にはじまる。調査の結果彩色壁画が発見され、1974（昭和49）年に国指定史跡となり、墳丘の保全や公園整備とともに彩色壁画の永久保存がはかられた。群馬県では、1976（昭和51）年に高崎市観音塚古墳の整備がはじまり、1980（昭和55）年に終了し、本古墳の整備が横穴式石室をもつ大型の前方後円墳の復元整備の先駆的な例となった。同年、上野国分寺の整備委員会が設置されている。北関東3県では、1970年代以降にこうした動向と合わせるかのように博物館・資料館の建設が相次いだ（栃木県文化振興事業団 1985など）。

　1966（昭和41）年にはじまった「風土記の丘」整備事業の流れをくむ取り

組みとして、例えば栃木県において、複数の史跡とそれを立地させた風土を一体として保存・活用する目的で、1986（昭和 61）年にしもつけ風土記の丘となす風土記の丘が建設された。1989（平成元）年には、「史跡等活用特別事業（ふるさと歴史の広場事業）」が推進されることになり、最初に選定された全国 8 か所のうちの第 1 号として栃木県宇都宮市根古谷台遺跡が選ばれ、整備された（宇都宮市教育委員会 1992）。本事業では、露出展示施設やガイダンス施設の建設などが補助対象となっており、これまでに交付された文化庁の文化財関係補助金と各県の補助金などで、北関東 3 県における登録博物館以外のガイダンス施設的機能を有する遺跡博物館の多くが建設された。

以上のような北関東 3 県の指定史跡は、古墳・城跡・館跡などが多く、集落遺跡が少ない傾向にある。これは、地下に埋没する集落遺跡に対して、現状でその形状や規模を推定しやすい史跡の差にあるのは間違いない（栃木県文化振興事業団 1985 など）。

2. 北関東における遺跡博物館設立の歴史と現状

(1) 群馬県

群馬県における中世以前の遺跡博物館は、1980 年代以降に設置がはじまる。1988（昭和 63）年に高崎市観音塚考古資料館が開館し、本古墳のような前方後円墳の整備は、展示と解説の機能をもつ施設の付設例として、この種の遺跡博物館の見本となった。

1990 年代には、遺跡博物館の例数が増加傾向にあり、みどり市の岩宿博物館（1990 年開館）、榛東村耳飾り館（1993 年開館）、高崎市の史跡上野国分寺跡ガイダンス施設（1994 年開館）・多胡碑記念館（1996 年開館）・かみつけの里博物館（1998 年開館）がある。多胡碑記念館は、解説のみの機能をもつ無人展示施設が付設された例で、上野国分寺跡ガイダンス施設もほぼ同様な機能の例で史跡地内にある。岩宿博物館と、榛東村耳飾り館はいずれも集落遺跡の指定範囲外に設置していることもあり、遺跡からは 300〜500 m 離れた位置にある。古墳のように指定範囲を明確にしやすい場合は、かみつけの里博物館のように古墳群に近接した位置に施設を付設している。なお、岩宿博物館は岩宿

図1　かみつけの里博物館遠景

図2　保渡田八幡塚古墳の石棺展示

の里、かみつけの里博物館は上毛野はにわの里公園として、それぞれ公園などの整備がなされ、そのなかでの中核的な施設となっている（みどり市教育委員会 2010 など）。この両施設では、市民参加のイベントや講座などが充実し、本県での遺跡博物館の普及事業等での活用の手本としての中心的な位置にある（土生田編 2009、若狭 2011 など）。

2000 年代以降は、藤岡歴史館（2004 年開館）、みなかみ町月夜野郷土歴史資料館（2005 年開館）がある。藤岡歴史館は、白石古墳群を中心とした遺跡博物館であるが、藤岡市の埋蔵文化財収蔵庫も兼ねており、機能的には当該遺跡以外も解説展示している。現在、毛野国白石丘陵公園としての整備が進んでいるところである。月夜野郷土歴史資料館は、本来、遺跡博物館ではなかったが、博物館建設以降、縄文時代後晩期の著名な矢瀬遺跡が近接地で発見され、その後、遺跡博物館的機能をもつにいたった。現在は、矢瀬親水公園としても整備されている。

　これらの遺跡博物館が設立される元になった遺跡は、岩宿遺跡のように学史的に著名な遺跡の例のほか、明確な遺構がわからない旧石器の例を除き、茅野遺跡や矢瀬遺跡といった重要な遺物や遺構の発見された遺跡、そして古墳群のように、ある程度立体的な構築物を具体的に見ることができるものや景観を想定できるものに限られ、青木豊が指摘する展示性のある遺構・史跡の選択（青木 2006）は限定的である。

（2）栃木県

栃木県では、日光男体山頂遺跡が 1959（昭和 34）年の調査を経て国の指定史跡になったことを受け、1962（昭和 37）年に日光二荒山神社宝物館が開館した。本館は、男体山麓に位置し、男体山頂遺跡出土遺物以外にも二荒山神社の宝物を展示しているが、遺跡の所在する男体山に近接して存在する点と歴史的な経緯から遺跡博物館に含めた。1974 年には、大平町（現、栃木市）において七廻り鏡塚資料館が開館した［1986（昭和 61）年に大平町歴史民俗資料館、2012（平成 24）年におおひら歴史民俗資料館に改称］。本館は、遺跡自体が消失し、また遺跡からはやや離れているが、七廻り鏡塚古墳出土遺物の展示と保管に特化している点から遺跡博物館に含めた（栃木県教育委員会 2011）。

その後、栃木県では、1965（昭和 40）年に下野国分寺跡と下野国分尼寺跡のほかに大型古墳が集中するところから、当地の国分寺町（現、下野市）にしもつけ風土記の丘資料館が開館した。その後、下野国分寺跡が下野市により整備された。本来であれば、遺跡と博物館の運営が同一であるのが好ましいが、現在、史跡整備事業は下野市が実施し、その解説的機能を有する博物館はしもつけ風土記の丘資料館が担っており、指定管理者として公益財団法人とちぎ未来づくり財団埋蔵文化財センターが管理・運営している。

1990 年代になると、栃木県における遺跡博物館は増加する。1991（平成 3）年に宇都宮市の根古谷台遺跡にうつのみや遺跡の広場資料館が開館、1992（平成 4）年に大田原市の上・下侍塚古墳、那須国造碑の近傍に栃木県立なす風土記の丘資料館・湯津上館が開館し、那珂川町の那須官衙遺跡群に近接して栃木県立なす風土記の丘資料館・小川館が開館した（足利市教育委員会 1992 ほか）。この後、2012（平成 24）年に、栃木県立なす風土記の丘資料館は栃木県から大田原市に移管され大田原市なす風土記の丘湯津上資料館に、小川館はそれまで那珂川町が指定管理者を務めていたが、公益財団法人とちぎ未来づくり財団埋蔵文化財センターが管理主体となり、栃木県立なす風土記の丘資料館に名称を変更している。

なお、2015（平成 27）年に栃木県立なす風土記の丘資料館は東日本大震災での被災を経て、那珂川町に移管され、那珂川町なす風土記の丘資料館となった。

図3　那珂川町なす風土記の丘資料館（同館提供）

1996（平成8）年には、栃木市の下野国庁跡に下野国庁跡資料館が開館、1998（平成10）年には小山市の乙女不動原瓦窯跡に隣接して小山市立博物館が開館、1999（平成11）年に栃木市星野遺跡に星野遺跡地層たんけん館が開館した。2000年代以降は、さらに増加傾向にある。2002（平成14）年に下野市の下野薬師寺跡に下野薬師寺歴史館が開館、2004（平成16）年に小山市寺野東遺跡に寺野遺跡ガイダンス施設が開館、2005（平成17）年には宇都宮市飛山城跡にとびやま歴史体験館が開館した（宇都宮市教育委員会文化課 2006、小山市教育委員会 2007 ほか）。本県では、現在も史跡整備と遺跡博物館の設置構想がいくつかの市町村において進行している。

上記の他に、宇都宮市大谷寺洞窟遺跡は大谷観音に隣接しており、本院の宝物館に出土品などを展示する施設がある。本例も遺跡に隣接する遺跡博物館に含めることができる。

栃木県における遺跡博物館の種類は、風土記の丘関係の3館はいずれも登録博物館であり、その他はほとんどが博物館類似施設である。

(3) 茨城県

茨城県における遺跡博物館は、勝田市史編纂事業として1973（昭和48）年と翌年に調査された虎塚古墳にはじまる（勝田市教育委員会 1981 など）。調査の結果彩色壁画が発見され、1974（昭和49）年に国指定史跡となり、敷地の公有化がなされた。同時に、壁画の保存対策が施され、墳丘の保全や公園整備とともに彩色壁画の永久保存と公開のための公開保存施設を1980（昭和55）年に設置した。本施設の公開は、通年開館ではなく季節的に限定的である。この虎塚古墳については、その後、出土遺物の展示施設として、古墳に近接した位置にひたちなか市埋蔵文化財調査センターが1992（平成4）年に開館

し、当センターが遺跡博物館としての性格をもつに至っている。

1980年代後半から1990年代にかけて、本県における遺跡博物館は急増する。まず1990（平成2）年に、古河市古河城出城跡に隣接し古河歴史博物館が開館し、また同年に石岡市鹿の子遺跡が常陸風土記の丘、鹿の子史跡公園として整備され、遺跡に隣接して展示研修施設が設置された。本遺跡博物館では、多数の体験的イベントが用意されており、指定管理者である財団法人石岡市産業文化事業団の運営となっている。1995（平成7）年には、土浦市上高津貝塚ふるさと歴史の広場（考古学資料館）が開館した。考古学資料館は遺跡に隣接し、遺跡内部には、貝層断面展示施設が設置されている。貝塚広場には、中央の芝生広場の周囲に竪穴住居、掘立柱建物、墓、大型炉などの当時の縄文ムラの様子を発掘調査の成果に基づいて復元し、縄文時代の植生の復元も再現している。土浦市による直営で、体験講座、夏休みファミリーミュージアム関連親子体験講座、考古学学習講座などを開催している（土浦市教育委員会 1996）。

1991（平成3）年には、大串貝塚ふれあい公園が開園し、復元住居のほか、ガイダンス施設である縄文くらしの四季館が併設された。また、公園内には、やや離れた地点に貝塚の様子を見ることができる貝層断面観覧施設が設置されている。その後、2010（平成22）年に縄文くらしの四季館は、水戸市埋蔵文化財センターとなり、歴史講座や史跡・博物館めぐり等の生涯学習講座を実施している。運営は、水戸市の直営である。2003（平成15）年、つくば市平沢官衙遺跡歴史ひろばが開園し、園内に高床倉庫が3棟復元され、この内部に無人・解説のみの平沢官衙遺跡歴史ひろば案内所が設置された。運営は、つくば市の直営である。2005（平成17）年に、陸平貝塚公園に住民ボランティア活動などの拠点として美浦村文化財センター（陸平研究所）が開館した。陸平貝塚は、1879（明治12）年に日本人の手による最初の発掘

図4　上高津貝塚ふるさと歴史の広場　貝層断面展示

調査が行われた遺跡であるが、国の史跡指定となったのは1998（平成10）年である。運営は、美浦村の直営である。

3. 北関東における遺跡博物館の諸問題

以上の北関東3県における遺跡博物館について、時代性・展示性・立地・活用・運営の諸側面について整理しておきたい。[2]

（1）時代性と展示性

まず、最初に北関東3県において、国の史跡のうち遺跡博物館が設立された割合をみることによって、時代性と展示性について検討する。群馬県における遺跡博物館は、総数10件で、中世以降も含めて時代別にみると旧石器1件、縄文2件、弥生0件、古墳3件、古代2件、中世1件、近世1件である。群馬県内に所在する考古遺跡の史跡名勝記念物（史跡・特別史跡）の登録件数は約41件であり、全体の約24％について遺跡博物館が設置されている。そして、遺跡博物館が設置された遺跡は、群馬県指定の鎌原観音堂石段遺跡以外は、国の史跡ないし特別史跡に指定されている。

次に栃木県における遺跡博物館は、総数14件で、時代別にみると旧石器0件、縄文3件、弥生0件、古墳4件（うち3件は古代とセット）、古代8件（うち3件は古墳とセット）、中世1件、近世1件である。栃木県内に所在する考古遺跡の史跡名勝記念物（史跡・特別史跡）の登録件数は約29件であり、全体の約48％について遺跡博物館が設置されている。

そして茨城県における遺跡博物館は、総数10件で、時代別にみると旧石器0件・縄文3件、弥生0件、古墳2件、古代2件、中世2件、近世1件である。茨城県内に所在する考古遺跡の史跡名勝記念物（史跡・特別史跡）の登録件数は約24件であり、全体の約42％について遺跡博物館が設置されている。

以上のように、北関東3県では、時代ごとにみた場合に縄文時代、古墳時代、そして古代を中心とした歴史時代が中心であり、同じような傾向にある。こうした遺跡博物館の時代性にみる傾向は、実数からいえば最も多いはずの集落遺跡がきわめて少ない点とも符合し、それぞれの県に存在する遺跡の特徴を

必ずしも生かしたものとはいえない。

　この点について、群馬県の場合、全国的に見ても古墳が多い地域であるが、決して古墳に関わる遺跡博物館が多いというわけではない。また、弥生時代の場合は、群馬県では水田遺構などが発見され、日高遺跡などのように史跡指定がなされている場合は、将来、遺跡博物館の設置の可能性もあるが、もともと、栃木県と茨城県では水田遺構が発見されておらず、博物館の展示でも弥生時代のコーナーは小スペースであり、モノによって展示解説するという展示性にはやや欠ける。弥生時代と同様に、旧石器時代の場合も住居遺構などの復元が難しく、立体的な構築物による展示が難しい。したがって、学史的に著名な岩宿遺跡のようなケースを除き、旧石器時代の遺跡博物館の設置は厳しいものとなる。このような理由は、明らかに展示性のある遺構・史跡の選択（青木2006）がなされているからである。栃木県を例に見れば、古墳をはじめ城の土塁や環状盛土のように地上に何らかの構築物の痕跡を観察できるものや、瓦窯や大型住居などの特異な遺構のように、展示性のある遺構・史跡を選択していることは明らかである。

　こうしたなか、文化庁の補助事業の積極的な推進もあり、近年の北関東3県における遺跡博物館の方向性は、展示性のある公開法と公開度とその完成度からみて、今まで以上に遺構・史跡の選択をより生かす方向にあり、特に、貝塚を有する海岸部の縄文遺跡では茨城県土浦市上高津貝塚ふるさと歴史の広場（考古学資料館）、古墳群では群馬県高崎市のかみつけの里博物館と上毛野はにわの里公園、古代では宇都宮市飛山城跡ととびやま歴史体験館、以上がそれぞれ代表的な存在となっている。

　こうした遺跡博物館は、先に見たように、史跡名勝天然記念物に指定された考古遺跡の数からみれば、約24％から約42％の比率で設置されている。しかし、遺跡博物館は、本来は史跡指定の有無に関係なく設置することが望ましいので、その設置は当該都道府県および市町村の判断により、遺跡の重要性を加味した活用を独自にはかるべきであろう。

(2) 博物館の種類と立地

　遺跡博物館は、情報伝達としての博物館の機能が第一であるとすれば、好ま

しいのは実際の遺跡との距離が近いことである。しかし、史跡内に博物館を設置することには制約があるので、登録博物館がすぐ近くに設置されるケースはきわめて少なく、ほとんどはガイダンス的な機能をもつ博物館類似施設となる。しかし、ガイダンス施設とはいっても、小規模な自治体の博物館や博物館相当施設よりも内容の充実した施設も多くあり、実際には施設の種類としてはきわめて曖昧である。

　一方、遺跡博物館の立地であるが、青木豊は、①史跡内もしくは至近距離に博物館を設置、②史跡とは距離を置きながらも博物館を設置、③ガイダンス施設を設置、という3分類案を提示した（青木 2006）。ここでは、ガイダンス施設かどうかの区別はせずに北関東3県の場合の遺跡からの物理的な距離を見ると、100m単位でばらつきがあるが、おおよそ次のように分類できる。①史跡・遺跡内に立地、②近接地に立地（50m未満）、③やや離れて立地（200～500m）、④離れて立地（500m以上）。以上のうち、①と②で大半を占め、遺跡・史跡とは距離を置きながらも博物館を設置する例では、③のように200～500mと比較的近い距離に設置された例が少数ある。④のように遺跡・史跡と500m以上の距離を置く例は、たとえば栃木県のなす風土記の丘資料館（現、那珂川町なす風土記の丘資料館）のように、周辺に存在する複数の遺跡を包括して考えている場合などがある。また、ガイダンス的施設については、①解説員などの人的配置のあるもの、②無人のもの、という2つのケースがあり、さらに②の無人のガイダンス施設の場合は、史跡公園の開園時は常時解放されているものが大半であるが、開館日などを定期、あるいは不定期に設定して開館する場合がある（茨城県虎塚古墳公開保存観察施設など）。こうした施設の運営の上で問題であるのは、登録博物館ではないこともあり、専任の学芸員を適正配置せず、ほとんどの運営を非正規雇用の職員やボランティアに依存していることである。遺跡博物館が、機能上において登録博物館と区別できない状態にあるとすれば、まずは行政側が適切に対応努力すべきであろう。

（3）活用と運営

　遺跡博物館が設置される最も重要な目的は、遺跡が活用されることであることはいうまでもない。北関東3県における遺跡博物館の多くで、遺跡を活用し

た体験教室や講座が実施されている。特に遺跡博物館に関連して多く見られるのが、当該市町村を挙げての「まつり」と称するイベント的企画であり、史跡公園において実施されるケースが多い。茨城県美浦村の陸平貝塚を舞台とした縄文の森コンサートや、栃木県小山市の寺野東遺跡縄文まつりはその典型例であろう。史跡公園化の過程で形成された自然景観を利用したイベントも多く、栃木県宇都宮市のうつのみや遺跡の広場でのキスゲ祭りはその典型例である。

しかし、以上のようなお祭り的イベントは、遺跡博物館の周知や集客に一定の役割を果たすとしても遺跡の理解を念頭においた遺跡博物館自体が有効活用されたとは言えない。本来は、通常の博物館で推進されるような普及活用事業が充実しなければならず、おそらくこうした側面を充実するためには、学芸員を配置した登録博物館のような対応が必要であろう。群馬県を例に見れば、岩宿博物館とかみつけの里博物館が登録博物館であるほかは、すべてが博物館類似施設である。こうした差は、それぞれの博物館の普及活用事業にも反映しており、岩宿博物館とかみつけの里博物館でみられるような市民参画型の普及活用事業の充実もこの差にある。そうした意味で、北関東3県で見られる埋蔵文化財センターを遺跡博物館として利用する例は、こうした市民参画型の普及活用事業を実施する上での人的資源の供給先として重要な役割を担うであろう。

また、遺跡博物館の多くで、ボランティアの養成と活動が行われ、また住民ボランティア活動などの拠点として機能しているケースがあり、人的資源の集中性の高さは、市民参画型の普及活用事業への対応法として重要なものとなっている。これは、日本におけるパブリック・アーケオロジーの典型的実践例として評価されるべきであろう（松田 2013）。

次に、以上の活用とも深く関わる北関東3県における遺跡博物館の管理・運営体制についてみておこう。まず群馬県では、管理・運営は、すべて当該市町村による直営であり、指定管理者による運営は行われておらず、行政主導の管理体制が中心である。次に栃木県では、風土記の丘関係の3館は指定管理者による運営で県の外郭団体である公益財団法人とちぎ未来づくり財団埋蔵文化財センターが管理主体となった時期があり、実質的にあるいは間接的に栃木県教育委員会の管理体制にあったが、その後すべての館を市町に移管した。市町村では、栃木市において七廻り鏡塚資料館（現、おおひら歴史民俗資料館）が指

定管理者の運営となっており、考古学関係ではない業種による管理体制が続いている。茨城県では、常陸風土記の丘・鹿の子史跡公園などは指定管理者による運営で市の外郭団体がそれぞれ管理主体となっており、実質的にあるいは間接的にそれぞれの市の管理体制にあるといってよいであろう。以上の管理運営主体において、考古学関係以外の業種による指定管理者の運営が行われているところでは、第三者による定期的なチェック機能が果たして機能しているかが問題となっている。

　また、管理体制については、組織的な対応方法も重要である。特に、通常の自治体による運営が直営であるとしても、実際の運営にあたる部門がどのような位置づけにあるかが重要となる。中世の事例ではあるが、栃木県足利市による足利学校跡では、足利学校事務所課を設置し課長級の所長をおき管理運営にあたっている（大澤 2005）。こうすることで、各種事業の実務や予算面などでの意思決定の円滑さがはかられ、組織的対応法としての有効性が高く、市民参画型の各種事業も組織的に円滑に行われている。これは、先に問題としたガイダンス施設を中心とする遺跡博物館の運営としては有効な組織的対応の好例であろう。

　最後に、市町村の広域合併がもたらす問題についても指摘しておこう。近年は、北関東3県においても広域合併が進み、合併以前に設置された遺跡博物館の管理運営にも、その影響が及んでいる。特に問題となるのが、人的配置であり、広域合併による学芸担当者の実質的な削減は深刻である。また、広域合併によって、旧市町村で培われた遺跡博物館の運営などのノウハウなどがスムーズに引き継がれず、特に当該旧市町村についての事情に精通しない人員の配置転換が行われるケースが多いようである。遺跡博物館では、当該市町村のお祭り的イベントや市民参画型の普及活用事業への対応、そしてボランティアの養成と指導など学芸員の実務の範囲は相当に重くなっている。こうした状況を改善するためには、遺跡博物館の多くが登録博物館ではない以上、基本的には専任の学芸員である担当者を適正に配置することがまず必要である。そして、広域合併の場合は担当者の数が減少しないように努力し、足利学校跡の運営のケースのように組織的対応の改善努力が必要である。

註
（1） 本節で用いる「遺跡博物館」とは、いずれもその性格が異なるものばかりであり一括りにはできない。したがって、その性格の一端を知るために、「遺跡博物館」を「特定の遺跡に関わる博物館」という程度に範疇を緩めて考える。なお、ここでいうところの「博物館」とは、博物館法に定められた博物館や博物館相当施設、博物館類似施設など、施設の大小を問わず展示および解説の機能を有するものすべてを含んでいることを最初に断っておきたい。
（2） ここでの検討にあたり、以下の諸氏から御教示を受けた。感謝申し上げる。群馬県：若狭徹・小林正、栃木県：大澤伸啓・武川夏樹・今平利幸、茨城県：川口武彦（以上、敬称略）。

参考文献
青木豊編　2006『史跡整備と博物館』雄山閣。
足利市教育委員会　1992『史跡足利学校跡保存整備報告書』。
足利市教育委員会　2013『史跡足利学校年報　平成23年度』。
宇都宮市教育委員会　1992『よみがえる太古　うつのみや遺跡の広場―史跡根古谷台遺跡保存整備事業報告書』。
宇都宮市教育委員会文化課　2006『史跡飛山城跡保存整備報告書』。
大澤伸啓　2010『平成21年度遺跡整備・活用研究集会（第4回）報告書』奈良文化財研究所。
小山市教育委員会　2007『史跡寺野東遺跡保存整備事業基本計画報告書』。
勝田市教育委員会　1981『史跡虎塚古墳保存整備報告書』。
上高津貝塚ふるさと歴史の広場　2011『上高津貝塚ふるさと歴史の広場年報』第4号。
群馬県教育委員会　1993『史跡上野国分寺跡保存整備事業報告書：史跡等活用特別事業』。
群馬町教育委員会編　2000『保渡田八幡塚古墳・史跡保渡田古墳群・八幡塚古墳保存整備事業報告書』。
土浦市教育委員会　1996『国指定史跡上高津貝塚―上高津貝塚ふるさと歴史の広場整備事業報告書―』。
栃木県教育委員会　2011『とちぎの国指定史跡』。
栃木県文化振興事業団　1985『創立5周年記念　栃木県文化振興事業団のあゆみ』。
栃木県立博物館・栃木県文化振興事業団　1998『発掘された日本列島98―とちぎをひらく・開発と文化財』。
土生田純之編　2009『文化遺産と現代』同成社。
文化庁文化財部記念物課監修　2005『史跡整備のてびき―保存と活用のために―』1-4冊、同成社。
前澤輝政　2000『栃木の文化財―ともに歩んだ50年―』随想舎。

松田　陽　2013「パブリック・アーケオロジーの観点から見た考古学文化財、文化遺産」『考古学研究』第60巻第2号。
みどり市教育委員会　2010『史跡岩宿遺跡保存整備報告書』。
若狭　徹　2009「群馬県高崎市保渡田古墳群」『文化遺産と現代』同成社。
若狭真澄　2011「地域に愛される史跡と博物館を目指して—群馬県保渡田古墳群とかみつけの里博物館」『考古学研究』第58巻第2号。

（小林青樹）

Ⅳ　南関東地域

1．埼玉県内の遺跡の保護と博物館

（1）埼玉県遺跡整備の概要

　埼玉県には、国指定18件、県指定104件、旧跡80件の史跡がある。1919（大正8）年「史蹟名勝天然紀念物保存法」の制定により、1923（大正12）年に埼玉県で初めて指定されたのが吉見百穴である。関東地域で見ると、埼玉県の国指定史跡の動きは他県に比べ遅れ、大部分は戦後になって指定された。一方で、県指定は1922（大正11）年に指定された綾瀬貝塚と伊奈忠次墓をはじめ約半数が戦前に指定されているが、戦後に県指定から国指定へと格上げされた遺跡がある。埼玉県は、縄文時代から近世まで幅広い時代の史跡が残され、それに付随する遺跡博物館も多く設置されている。

（2）事例紹介

①水子貝塚

　富士見市は、西半分が武蔵野台地、東半分が荒川低地上に広がっている。縄文時代には、海進により奥東京湾に海の幸を求めて集った人々が、台地の上に多くの貝塚を遺した。最も大規模なものが、水子貝塚である。1937（昭和12）年の発見以来、数回の発掘調査で縄文時代前期（約6000～5500年前）に竪穴住居の後側に捨てられた貝塚が小貝塚を形成し、環状する集落跡であることが明らかになった。その成果から1969（昭和44）年に国指定史跡となり、

発掘現場は水子貝塚公園となっている。公園内には、白いエリアが散在し、その下に貝塚があることを示している。他にも竪穴住居を復元し、住居内には縄文時代の人々の暮らしの様子や住居の骨組み表示を再現している。また、水子貝塚に関するガイダンス施設として、資料館と展示館の2館がある。資料館は、水子貝塚のみならず、富士見市の遺跡を網羅し、郷土資料館の役割の一部を担っている。一方、展示館は、水子貝塚から発見された人骨や土器類の展示や発掘現場のジオラマを使った復元展示をしている。地域住民に根差した公園で、資料館・展示館は郷土の歴史を学ぶ学習施設としての機能を有している。

図1 水子貝塚

②吉見百穴

　吉見百穴は、古墳時代の後期～末期（6世紀末～7世紀末）に造られた横穴墓で、丘陵や台地の斜面を掘削して墓としたものである。近世には「不思議な穴」として人々から興味をもたれていた。1887（明治20）年、東京帝国大学（現東京大学）の大学院生だった坪井正五郎が発掘調査を行い、玉類・金属器・土器類など多数の遺物が出土した。坪井は、百穴を先住民族（コロボックル人）の住居跡と位置づけたが、その後の日本各地での調査成果から古墳時代の横穴墓であることが判明した。1923（大正12）年には、埼玉県で最初の国指定史跡となった。しかし、太平洋戦争中、吉見百穴とその周辺の丘陵地帯に大規模な地下軍需工場が造られ、現在でも通行可能な直径3メートル程の開口部として、その爪跡が遺されている。史跡構内には、吉見百穴に関するガイダンス施設として資料展示館と埋蔵文化財センターの2館がある。資料展示館には、吉見町の観光案内や吉見百穴に関してパネル展示がされており、館内放送による百穴に関するガイドもあり、目と耳で情報を取り入れることができる。一方、隣接する埋蔵文化センターは、吉見町の埋蔵文化財を収蔵・展示し、埴輪や勾玉づくりの体験を行っているが、吉見百穴に関する展示はごく一部にと

図2 埼玉古墳群　将軍山古墳展示館入口

どまっている。両館とも、吉見百穴に関する展示は不十分であり、吉見百穴を核とした展示が望まれる。

③埼玉古墳群

埼玉古墳群は、県名発祥の地である行田市大字埼玉にあり、5世紀後半から7世紀初頭までにつくられた9基の大型古墳が群集している。特に国宝の金錯銘鉄剣や帯金具が発見された稲荷山古墳、日本最大の円墳である丸墓山古墳や1894（明治27）年に地元の人々により発掘された将軍山古墳が著名である。1938（昭和13）年には、我が国有数の古墳群であることから国指定史跡となった。昭和40年代後半から発掘調査が始まり、近年はその整備の修正が進んでいる。1967（昭和42）年には、「風土記の丘」構想[1]により埼玉県立さきたま資料館が設置され、さらに2006（平成18）年の県立博物館施設再編整備計画[2]により、さきたま史跡の博物館に改編された。古墳そのものが資料であるが、それだけでは得られない情報を資料館で補完しており、相互関係が明確となっている。また、将軍山古墳では、周囲の堀や墳丘の復原が進められ、墳丘には埴輪（複製）が並び、当時の様子が再現されている。さらに同古墳には、古墳の内部に入り、複製の石室や遺物を展示している将軍山古墳展示館が設営されており、横穴式石室を建物の内部で見学することできる。

（3）課題と展望

埼玉県はさまざまな時代の史跡があるなかで、残念ながら特別史跡はない。埼玉古墳群には、稲荷山古墳から出土し、国宝に指定された金錯銘鉄剣があり、重要度は高いが、古墳群の調査研究や整備が不十分とされている。そこで、埼玉県教育委員会では、埼玉古墳群を特別史跡とするため、2006（平成18）年度に2期10年間の整備目標を明らかにした『史跡埼玉古墳群保存整備基本計画』を策定した。恒久的な保存を前提とした史跡整備とともに、周辺地

域と共通の目的での活用や具体的な調査研究を目指している。

　このような積極的な整備や活用の必要性は、他の遺跡でも課題である。中世の遺跡のため、事例として挙げなかった河越館跡史跡公園はその例である。河越館跡史跡公園は、次世代に伝えるべき貴重な国指定史跡である河越館跡の保存を図るとともに、郷土学習の場、市民の憩いの場として活用されている。公園近くの川越市立上戸小学校の教室の一部で、発掘現場から出土した遺物を展示しているが、展示室は毎週日曜日のみの開室であり、展示スペースも狭いため、十分な展示ができていない。中世武家政権を支えた武士の実態を解明する重要な遺跡でありながら、ガイダンス施設としての機能が十分に果たされていないことは問題点として指摘できよう。埼玉県内を概観すると、史跡保存と展示の関連が不十分であり、遺跡博物館としての機能を果たしているとは言いがたく、今後の発展に期待したい。

　また、地域との連携も必要不可欠である。事例紹介で挙げた水子貝塚のある富士見市では、市民学芸員というボランティアを採用している。2000（平成12）年度に、生涯学習の推進と市民参画による開かれた資料館運営を目的として導入された。埼玉県の遺跡は、中心地から外れたところにあり、史跡保存のためには恵まれた立地であるが、観光地としては適さないため、地域の歴史を特徴づける文化的施設という形が望ましい。自治体同士が連携して生涯学習や市民参画を積極的に推進することが、今後の方向性の一つであろう。

註
（1）「風土記の丘」構想は、史跡・遺跡を含む自然環境を広域で保存し、整備活用することを目指した史跡整備事業である。「風土記の丘」の名称を冠する博物館は19例確認されている。この事業は、2004（平成6）年に終了している（山本哲也　2006「風土記の丘と博物館」『史跡整備と博物館』雄山閣）。
（2）2006（平成18）年当時、8館あった県立博物館を4館に統廃合し、専門分野を明確化し、特色を活かした機能分担を目的とした事業である。

参考文献
青木豊編　2006『史跡整備と博物館』雄山閣。
落合知子　2009『野外博物館の研究』雄山閣。
川越市立博物館編　2000『第16回企画展図録　河越氏と河越館』川越市立博物館。

富士見市立水子貝塚資料館編　2004『平成16年度企画展図録 開園10周年記念水子貝塚の6000＋10年』富士見市立水子貝塚資料館.

(杉山哲司)

2. 千葉県内の遺跡の保護と博物館

(1) 県内遺跡の特色

　千葉県は、三方を海に囲まれていることもあり、縄文時代の貝塚が数多く分布する。その数は約700か所にもおよび、全国の約3割を占めている。千葉県は全国一の貝塚密集地域である。もし、仮に第三者から千葉県に特徴的な遺跡を尋ねられたとしたら、第一に挙げられるのは、縄文時代の貝塚である。そして、第二に挙げられるのは古墳時代の墳丘墓や横穴墓、つまり古墳である。千葉県には13,000基以上の古墳があり、日本有数の古墳密集地域となっている。特に前方後円墳の数は700基以上と全国一であることが知られている。また、奈良・平安時代に上総・下総・安房3か国の国府や国分寺が置かれていたことも第三の特色に挙げておきたい。[1]

(2) 遺跡の調査史と保存史

　千葉県内では、明治時代から貝塚や古墳などが数多く発掘されてきたが、ここでは紙数の制限もあることから、本項に関係する遺跡を中心に取り上げ、その調査史と保存史を紹介するに留めておきたい。

　1881(明治14)年、道路工事に利用されていた貝殻が手がかりとなり、千葉市緑区にある主理台(長谷部)貝塚などが発見された。その後、明治時代の後半から大正時代にかけて、銚子市の余山貝塚、香取市の阿玉台貝塚、市川市の堀之内貝塚・姥山貝塚、千葉市の園生貝塚・加曽利貝塚・犢橋貝塚などの貝塚が注目される一方、古墳時代の墳丘墓や横穴墓として、木更津市の祇園大塚山古墳、富津市の内裏塚古墳群、成田市の大須賀横穴墓群などが注目を集めた。

　1920年代には、東京帝国大学が市川市の姥山貝塚を大規模に発掘したり、大山史前学研究所が香取市の阿玉台貝塚や良文貝塚などを発掘するなど、組織

的な学術発掘が目立つようになった。姥山貝塚の発掘では、竪穴住居跡がはじめて完全な形で発見されたり、1軒の竪穴住居跡から5体の人骨が発見され、その死因や相互の関係をめぐって議論が巻き起こるなど、学界に大きな影響を与えたが、国史跡への指定は、1967（昭和42）年になってからであった。1929（昭和4）年、大山史前学研究所は良文貝塚を再発掘しているが、これは地域住民からの依頼によるものであった。発掘後に地域住民が史蹟保存会を発足させ、貝層観察施設を設置したり、出土遺物を保管していることは、地域住民による文化財保護という観点で特記される。1930（昭和5）年、良文貝塚は国史跡に指定されたが、縄文時代の貝塚としては、県内ではじめての事例であった。

　1930年代になると、市川市の鬼高遺跡や木更津市の菅生遺跡などで、弥生時代から古墳時代にかけての遺構や遺物が低地で発見され、市川市にある下総国分僧寺跡や尼寺跡の位置が確定し、君津市の九十九坊廃寺や栄町の龍角寺の塔跡などが確認されている。特に鬼高遺跡では木杭・鹿角製刀装具・動物遺体・木の実、菅生遺跡では建築材・木製農具・植物遺体などが出土し、台地上の遺跡と異なる出土遺物が注目を集めた。龍角寺の塔跡は、1933（昭和8）年に国史跡に指定されたが、下総国分僧寺跡や尼寺跡の国史跡への指定は、1967（昭和42）年になってからである。1938（昭和13）年には船橋市の飛ノ台貝塚が発掘され、縄文時代早期の炉穴がはじめて確認された。市史跡への指定は1997（平成9）年になってからであり、2000（平成12）年、隣接地に飛ノ台史跡公園博物館が開館している。

　1940年代は、アジア・太平洋戦争とその後の混乱のため発掘も低調であったが、1946（昭和21）年に市川市に日本考古学研究所が設立され、市内の姥山貝塚や堀之内貝塚の発掘で出土した遺物を展示し、一般にも公開していたことは注目される。現在、それらの遺物の大半は、愛知県名古屋市にある南山大学人類学博物館に移管され、同館で収蔵・展示されている。1947（昭和22）年には、千葉市の検見川泥炭層（落合）遺跡が発見され、その翌年と1951（昭和26）年に丸木舟や櫂、「大賀ハス」の実などが出土し、注目を集めた。1948（昭和23）年、慶応義塾大学が南房総市の加茂遺跡を発掘したところ、丸木舟・櫂・弓などの珍しい遺物が出土したことから、1967（昭和42）年に県の

史跡に指定されている。発掘後、地域住民の努力で私設の展示館が付近に建設されている。1948（昭和23）年には、千葉県が早稲田大学の協力を得た形で、上総国分寺付近の遺跡を学術発掘しているが、1940年代の後半から1960年代にかけては、東京大学・早稲田大学・慶応義塾大学・明治大学・國學院大學・立正大学などが県内で学術発掘し、県や市町村の学術発掘に協力することがあった。

　1950（昭和25）年、文化財保護法が制定されると、埋蔵文化財も保護の対象となった。同年、木更津市の金鈴塚（二子塚）古墳の石室が発掘され、装飾太刀・金銅製透彫金具・金鈴などが出土し、同年県の史跡に指定されている。1956（昭和31）年には、それらの遺物を展示する市立の金鈴塚遺物保存館が開館したが、木更津市郷土博物館金のすずの開館に伴って閉館している。1956（昭和31）年、千葉県と早稲田大学が芝山古墳群の殿塚・姫塚の二基の古墳を学術発掘し、形象埴輪列をほぼ完全な形で確認している。1958（昭和33）年、この殿塚・姫塚の発掘成果が契機となって、芝山古墳群は国史跡に指定されている。この時に出土した埴輪は、発掘の翌年から芝山観音教寺の境内にある芝山はにわ博物館（現、歴史の里　芝山ミューゼアム）に展示され、今日に至っている。

　1950年代半ばから1970年代前半は、日本の高度経済成長期にあたるため、開発事業に伴う発掘件数が急増している。1963（昭和38）年、千葉市の加曽利貝塚が開発の波に晒され、全国規模の保存運動が巻き起こった。その結果、1971（昭和46）年に北貝塚、1977（昭和52）年に南貝塚が国史跡に指定され、保存されることになり、1966（昭和41）年、それに先行した形で隣接地に千葉市立加曽利貝塚博物館が開館している。1974（昭和49）年には、新東京国際空港・成田ニュータウン・千葉ニュータウン建設などの国・県・公社・公団による大規模開発事業が契機となり、（財）千葉県文化財センター（現（公財）千葉県教育振興財団文化財センター）が設立された。この頃、各市町村でも文化財保護法に基づいた発掘が実施されていたが、土地区画整理事業やゴルフ場建設などの大規模な開発事業が問題となり、1982（昭和57）年には郡市単位の地区文化財センターが設立されるに至った。現在は開発事業が一段落したこともあり、地区文化財センターの多くは解散している。

（3）県内遺跡保存の実態

　2013（平成25）年3月現在、県内の54市町村には30件の国指定史跡、81件の県指定史跡、359件の市町村指定史跡がある。すべてが発掘された遺跡ではないが、それらを概観した上で、遺跡保存の実態について紹介してみたい。

　国指定史跡の内訳は、縄文時代の貝塚11件と盛土遺構1件、古墳時代の墳丘墓と横穴墓6件、奈良・平安時代の上総国分寺や下総国分寺などの寺院跡5件、鎌倉時代から江戸時代初頭の城館跡4件、江戸時代の邸宅跡や牧場跡などが3件となっている。30件の史跡のうち、3件は2市町村に跨るために、実際の指定件数は27件である。縄文時代の貝塚が全体の3割強を占めていることは、千葉県の地域的な特色を反映しているし、加曽利貝塚や姥山貝塚などのように、歴史の教科書にも登場する貝塚が含まれている。古墳時代の墳丘墓としては、龍角寺古墳群とその一角にある岩屋古墳・芝山古墳群・弁天山古墳・内裏塚古墳、横穴墓としては長柄横穴墓群などが含まれている。岩屋古墳を含む龍角寺古墳群は、県立房総のむらとその周辺に分布しており、敷地内には78基の古墳が保存されている。特に第101号古墳は、築造直後の様子が屋外で復元展示されており、象徴的な展示物になっている。

　県指定史跡の内訳は、縄文時代の貝塚や洞穴など12件、弥生時代から平安時代の集落や生産遺跡など6件、古墳時代の墳丘墓や横穴墓22件、奈良・平安時代の郡衙跡1件と安房国分寺などの寺院跡3件、鎌倉時代から江戸時代までの城館跡4件、江戸時代から明治時代にかけての生産遺跡・生誕地・墓地・診療所跡などが27件、明治時代の県庁跡・天皇行在所各1件、その他1件となっている。時代と内容を見ると、江戸時代の生誕地・墓地、古墳時代の墳丘墓や横穴墓、縄文時代の貝塚などが目立つ。県指定史跡の場合、全体の3割弱が古墳時代の墳丘墓や横穴墓で占められており、その比率は縄文時代の貝塚を大きく上回っている。千葉県の南部には、沿岸部を中心に洞穴遺跡が分布しており、神奈川県の東南部にある三浦半島と共通した遺跡のあり方を示しているが、史跡に指定されているのは、鉈切洞穴と安房神社洞窟遺跡のみである

　市町村指定史跡の内訳は、旧石器時代の遺跡1件、縄文時代の貝塚16件、縄文時代から古墳時代の集落跡9件、古墳時代の洞穴遺跡1件・墳丘墓46件・横穴墓3件、奈良・平安時代の寺院跡が10件、鎌倉時代から江戸時代にか

けての城館跡が39件、その他234件となっている。その他の内訳は多種多様であり、ここでは詳細を省略することにするが、江戸時代を中心とした生誕地・墓地が99件を占めており、全体の3割弱にもなる点が注目される。富里市の東内野遺跡は、旧石器時代に属する市指定史跡であるが、県内には同時代に属する国・県の指定史跡がないことから、国・県・市を通じて唯一の指定史跡になっている。

（4）指定史跡活用の実態
①博物館の設置

　国指定史跡関係では、加曽利貝塚に隣接する千葉市立加曽利貝塚博物館、堀之内貝塚に隣接する市立市川考古博物館、芝山古墳群に近い芝山町立芝山古墳・はにわ博物館と歴史の里 芝山ミューゼアム、龍角寺古墳群の一角にある県立房総のむら風土記の丘資料館がある。加曽利貝塚博物館は、縄文時代の遺跡博物館としては先駆的な存在であり、竪穴住居跡や貝層断面などの野外展示に特色があり、縄文土器づくりなどの体験学習にも実績がある。歴史の教科書やガイドブックに遺跡や遺物が紹介されていることもあり、県外や国外からの来訪者も多く、千葉県を代表する遺跡博物館の一つである。市川考古博物館は、加曽利貝塚博物館にやや遅れて開館し、土器づくりなどの体験学習のノウハウを受け継いでいる。近年では、小学生向けに堀之内貝塚の見学も含めた半日単位の体験学習プログラムで、火おこし体験や複製の縄文土器による食体験などを実施している。歴史の里 芝山ミューゼアムは、芝山古墳群の一角にある殿塚・姫塚古墳出土の埴輪を展示・収蔵している。芝山町立芝山古墳・はにわ博物館は、県内の古墳や埴輪などを展示する古墳時代の専門館であり、毎年11月

図1　市立市川考古博物館の体験学習（市立市川考古博物館提供）

に町を挙げて開催される「はにわ祭」を支援している。県立房総のむらにある風土記の丘資料館には、県内各地の古墳から出土した埴輪などの遺物や龍角寺から出土した古代瓦などが展示されており、土器づくり・火おこし・勾玉づくり・土偶や埴輪づくりなどの体験学習プログラムが充実している。

市指定史跡関係では、縄文時代早期の飛ノ台貝塚に隣接する船橋市飛ノ台史跡公園博物館があり、常設展示に飛ノ台貝塚の貝層・炉穴・竪穴住居を復元し、土器・石器・動物遺体などの遺物が展示されている。常設展示には、船橋市内から出土した遺物も展示されており、ワークショップなども体験できる。

②ガイダンス施設

国指定史跡関係では、史跡上総国分尼寺跡展示館を一例に挙げることができる。この施設は、史跡の見学に先立って映像や展示で史跡の概要が理解できるような仕組みになっており、仏教の伝来ルートや国分寺建立の時代背景などが解説され、史跡の内容がわかりやすく紹介されている。上総国分尼寺跡は、国分寺関係では県内で最も整備が進んでいる史跡であり、尼寺跡の復元模型を組み込んだ展示では、模型と野外の中門・回廊復元建物を直接比較できる工夫がなされている。

（5）将来展望

千葉県内には、国・県・市町村の指定史跡が467件あるが、隣接地を中心に遺跡博物館が設置されている事例は少なく、先に紹介した博物館も含めて9館が挙げられるくらいである。博物館建設が全国的に低調であることからすると、この数字は今後とも大きく変化することはないであろう。

遺跡博物館は、歴史的分野あるいは考古学的分野の専門館ではあるが、実際には遺跡に関心がある来館者だけが訪れるわけではないことから、閉鎖的な思考に陥ることなく柔軟な発想で、その存在と重要性を内外にアピールする必要がある。そのための仕掛けとして、遺跡博物館とその周辺で地域の自治会などの団体を巻き込んだ「地域まつり」を開催し、遺跡や博物館に関心が低い地域住民に目を向けてもらうことも一案である。地域のメディアに情報提供すれば、定期的に幅広い情報発信ができる。芝山町が町を挙げて開催する「はにわ祭」や市川考古博物館が実行委員会の事務局となって開催する「縄文体験フェ

図2 縄文体験フェスティバル in 堀之内貝塚
（市立市川考古博物館提供）

スティバル in 堀之内貝塚」は、その具体的な事例である。

地域社会や教育現場との連携、体験学習の充実、ボランティアの育成と受け入れなど、今日の地域博物館が抱える課題は実に多様である。遺跡博物館の学芸員は、それらの課題とリンクさせながら、①整備された遺跡、②博物館に収蔵・展示されている遺物、③博物館を取り巻く人材（ボランティアや地域住民など）の3要素をうまくコーディネートし、博物館を管理・運営することが求められよう。

註
（1）『前方後円墳集成』（山川出版社 1994）などによる。
（2）現、南房総市の加茂遺跡縄文資料館。遺跡博物館に該当するが、私設のため巻末の附表からは除外した。
（3）千葉県教育庁生涯学習部文化財課が集計した 2013（平成 25）年 3 月現在の一覧表による。

参考文献
堀越正行・鈴木道之助 2004「第Ⅰ部 本章を理解するために 第1章 千葉県の考古学研究のあゆみ」『千葉県の歴史 資料編 考古4（遺跡・遺構・遺物）』千葉県、10-26頁。

（領塚正浩）

3. 東京都内の遺跡の保護と博物館

（1）東京都内の遺跡整備概要

東京都は、西から関東山地、多摩丘陵、武蔵野台地、東京低地の多様な地形

を持ち、さらには伊豆諸島など島嶼部を有する自然環境に立地し、こうした基盤をもとにさまざまな遺跡が分布している。都内には、国や都、区市町村により指定された史跡が140件にのぼる（2015年5月現在）。これらの史跡は、旧石器時代から近代にかけての遺跡が指定、保護活動がなされており、これらの遺跡によって過去1万年以上の東京の自然、歴史をうかがい知ることができる。こうした遺跡の多くは、地中に埋もれた状態で保護されているため、それを理解するためには発掘調査と博物館が必要である。都内全域を網羅的に解説する博物館はみられないものの、区市町村の郷土博物館では、遺跡の近隣などに博物館やガイダンス施設を設置し、遺構の一部を保存移設、あるいは出土遺物などを展示している。

　ここでは、文化財指定され保存されている都内の遺跡を中心に取り上げて、東京都の歴史的変遷を垣間見るとともに、これらの文化財の整備活用の事例や、これからの活用方針の一端を示してみたい。

（2）事例紹介
　①鈴木遺跡（旧石器時代）：鈴木遺跡資料館
　旧石器時代の遺跡としては、武蔵野台地のほぼ中心に位置する小平市の鈴木遺跡がある。この遺跡は、1974（昭和49）年に初めて発見され、南関東を代表する旧跡時代の遺跡として国史跡に指定されている。それ以来継続的に発掘調査が進められ、約3万年前から1万3000年前までの生活の跡が確認されている。石器など出土品の一部は、史跡内に位置する鈴木遺跡資料館に展示されている。
　②大森貝塚（縄文時代）：品川区立品川歴史館
　縄文時代の遺跡は、近代考古学研究の端緒となった大森貝塚が著名である。1877（明治10）年にアメリカから来日した自然学者モースが横浜から東京へ列車で向かう途中、大森駅付近で線路際の台地斜面に貝殻が露呈しているのを発見し、縄文時代後晩期の貝塚の調査の先駆けとなった。約3ヵ月間の発掘調査によって、縄文土器をはじめとして土偶や石鏃、石棒、石皿、魚介類・獣の骨が多数出土した。遺跡地は品川区と大田区にまたがり、それぞれ記念碑を立てており、品川区では、遺跡の一部を買い上げて遺跡庭園として整備し、区立

品川歴史館を開設した。

　③中里貝塚（縄文時代）：北区飛鳥山博物館

　今でも京浜東北線の西側の南北に連なる武蔵野台地縁辺の崖線には、荒川区の延命院貝塚、北区の中里貝塚、西ヶ原貝塚（都史跡）といった縄文貝塚が数多く分布している。

　このうち中里貝塚は、JR上中里駅付近の低地に広がる遺跡で、縄文時代中期の丸木舟など多量の木製品、木材が出土し、縄文時代の古環境を探る上での重要な遺跡となった。現在、北区飛鳥山博物館には、貝塚の剥ぎ取り標本や丸木船などが展示されている。

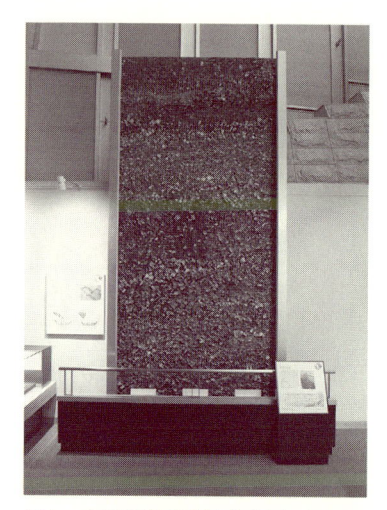

図1　中里貝塚剥ぎ取り標本（北区飛鳥山博物館所蔵）

　④向ヶ丘貝塚（弥生時代）：文京ふるさと歴史館

　弥生時代の遺跡としては、「弥生土器」の名称のもととなった文京区向ヶ丘弥生町にある向ヶ丘貝塚がある。この遺跡は、1884（明治17）年に東京帝国大学（現在の東京大学）に隣接する本郷区向ヶ丘弥生町から土器の口縁部が発見され、旧地名に因んで弥生土器・弥生時代と名付けられた。後の発掘調査によって、この遺跡は弥生町二丁目遺跡に含まれるものと考えられており、周囲には東京大学構内遺跡や上野公園内の摺鉢山古墳など、本郷台地に立地する弥生時代から古墳時代の遺跡が分布する。

　現在「弥生土器発掘ゆかりの地」記念碑が立てられ、文京ふるさと歴史館には向ヶ丘遺跡出土の弥生土器の複製品など出土品が展示されている。

　⑤多摩川流域の古墳群（古墳時代）：多摩川台公園古墳展示室、大田区立郷土博物館、世田谷区立郷土資料館

　4世紀中葉から7世紀にかけて多摩川下流左岸の台地には、大小の古墳が多数点在する。世田谷区の野毛古墳群と大田区の田園調布古墳群は、武蔵国南部屈指の大古墳群である。田園調布古墳群の亀甲山古墳は、全長100 mを超える前方後円墳で、当古墳群のなかで最も規模の大きな古墳である。その上流に

続く多摩川台古墳群は、1〜9号までの円墳を主体にした古墳群である。さらに上流の宝来山古墳は、全長約100mの前方後円墳で、4世紀後半築造という関東地方では最も古い古墳のひとつとされている。後円部の主体部から剣、直刀、玉類、紡錘車形石製品などが副葬品として出土した。

野毛古墳群の野毛大塚古墳は、5世紀築造の大形帆立貝式の前方後円墳で、直径68mを測る。墳丘には円筒埴輪や形象埴輪が立て並べられており、鉄鏃・直刀・甲冑などの武具やミニチュアの滑石製品など豊富な副葬品が出土している。

これらの古墳群のうち、宝来山古墳と野毛大塚古墳が都指定史跡、亀甲山古墳が国指定史跡となり、このうち大田区田園調布1丁目には大田区立の多摩川台公園があり、亀甲山古墳などの古墳を見ながらの散策路や古墳展示室が設けられている。また、大田区立郷土博物館や世田谷区立郷土資料館で出土品などを展示している。

⑥武蔵国分寺跡と武蔵国府跡（古代）：ふるさと府中歴史館・府中市郷土の森博物館・国分寺市文化財資料展示室

7世紀になると、東京都と埼玉県、神奈川県の一部は、武蔵国となり、現在の府中市に国府が置かれると、この地域が古代武蔵国の中心となる。府中市では武蔵国府跡が継続的に発掘調査され、千か所以上の遺跡から国庁跡や古代の集落跡が発見され、国府の実態が解明されている。また、国分寺市には武蔵国分寺跡が所在し、発見された遺構から諸国の国分寺のなかでも最大規模の伽藍を有する寺域を持っていたことが確認されている。現在この地域は、住宅地として開発されているが、国府跡にはその歴史の一端を感じさせる大國魂神社があり、少し足を延ばせば府中市郷土の森博物館で出土品などが展示されている。国分寺跡では国分寺の参道

図2　国史跡武蔵国府跡（国衙地区）展示室内部
（府中市教育委員会提供）

口跡が整備され、国分寺市文化財資料展示室で出土品を見学できる。

⑦島嶼の遺跡：大島町郷土資料館・八丈島歴史民俗資料館など

　伊豆諸島の遺跡は、約7,500年間の縄文早期に始まり、中近世まで幅広く遺跡が発見されている。伊豆半島から千キロメートルほど離れた八丈島の倉輪遺跡では、縄文前期から中期にかけての豊富な遺物が出土した。埋葬人骨とともに出土した石製装身具や近畿から東北に至る各地で作られた土器などは、本州の縄文文化が黒潮にのって到達した証拠である。また、新島の田原遺跡（縄文～弥生時代）や、大島の泉浜遺跡（古代）、式根島の吹之江遺跡・野伏西遺跡（古代）などの海岸に面した遺跡では、祭祀遺跡が分布し、自然に対する驚異の念や海上交通の安全祈願など、島嶼特有の遺跡が発見されている。

　各島には郷土資料館があり、これら遺跡出土遺物は保管され、一部を展示公開している。

（3）課題と展望

　以上のように、東京都内には約1万年前から中世を経て、近世までの遺跡が数多く残っており、そこから各地域の地域史を構成する資料が蓄積されてきている。ここでは述べることができなかったが、中世の遺跡では八王子城をはじめとする城跡、近世の遺跡では、国特別史跡江戸城跡や史跡江戸城外堀跡、常盤橋門跡といった江戸城関連の遺跡や、小石川後楽園（水戸徳川家上屋敷跡）・浜離宮恩賜庭園（浜御殿跡）・芝離宮恩賜庭園（小田原藩大久保家屋敷跡）といった大名屋敷の回遊式庭園を起源とした庭園遺跡が残っており、さらに都内の近世遺跡の発掘調査によってさまざまな形で遺跡の保存・活用や出土遺物の文化財指定など保護の取り組みが行われている。

　このように各地域で遺跡の保存活用は行われているが、都内全域を網羅する遺跡博物館は、現在のところ設置されていないのが現状である。都内の近世遺跡の発掘調査は、東京都や各区市町教育委員会でそれぞれ活発に行われて地点史・地域史の蓄積はあるものの、武家地や町地、寺社地の地域的相互検討など各地域の遺跡調査成果を結びつける研究機関や一般に公開する展示施設の設置などが整備されていない状況である。我が国の政治・経済・文化を支えた近世城下町「江戸」が近代の首都「東京」へと推移してきた歴史の継承は急務であ

り、その遺産である考古資料や遺跡を伝える意義は大きいもの考える。こうした調査研究成果の散逸を防ぐ意味でも施設等の設置を行う必要がある。

参考文献
大田区教育委員会　2002『大田区古墳ガイドブック―多摩川に流れる古代のロマン―』。
北区教育委員会　1985『北区の史跡と文化財』。
国分寺市教育委員会　2015『国分寺の今昔』。
東京都教育委員会　1993『東京の遺跡散歩』。
東京都教育委員会　2004『新　東京遺跡散歩』。
中里遺跡調査団　2000『中里貝塚』北区埋蔵文化財調査報告第26集。
府中市郷土の森博物館　2004『武蔵の国府と国分寺』ブックレット4。
府中市郷土の森博物館　2005『古代武蔵国府』ブックレット6。

(後藤宏樹)

4. 神奈川県内の遺跡の保護と博物館

(1) 神奈川県における遺跡の保存および史跡の活用

　神奈川県内における遺跡は、2014 (平成26) 年5月1日現在、埋蔵文化財包蔵地は約7,000か所、史跡指定数は207件 (国指定55件、県指定24件、市町村指定128件) を数える。

　本県における遺跡の保存および整備は古くは明治、大正年間に遡る。その代表的なものとして、鶴岡八幡宮参道の段葛が明治時代後期に現在の姿に復元された。大正年間には相模国分寺跡、同国分尼寺跡の調査が行われ、国分寺跡については1918 (大正7) 年から1920 (大正9) 年にかけて礎石等の保存整備が行われた。続いて、1923 (大正12) 年に発生した関東大震災とその後の余震によって出現した旧相模川橋脚の保存処理、公開が行われている。

　戦後の1961 (昭和36) 年には三殿台遺跡 (横浜市磯子区) の調査が行われ、縄文時代から古墳時代の集落遺跡として1966 (昭和41) 年に国の史跡指定を受け、翌年の三殿台考古館の設置、竪穴住居跡の復元整備などによる公開活用が行われている。このほか、横浜市域では、1972 (昭和47) 年に弥生時代の環濠集落および方形周溝墓群が明らかにされた大塚歳勝土遺跡で、集落跡

および墓域の復元が行われ、近接する横浜市歴史博物館との一体活用を目的に、1996（平成8）年に遺跡公園として整備された(1)。ほかに、昭和50年代から60年代にかけて称名寺境内（横浜市金沢区）の調査が行われ、平橋・反橋等の浄土池（阿字ヶ池）の復元整備が行われた。

1938（昭和13）年に国の指定を受けた小田原城跡においては、戦前の石垣の一部修復、戦後のRC建築による天守閣復元（1950～60年）などが行われ、1971（昭和46）年の常盤木門、1997（平成9）年の銅門、2009（平成21）年の馬出門等、整備計画に基づく近世城郭の復元整備が継続されている。

相模国分寺跡では1965（昭和40）から1967（同42）年、1986（昭和61）から1991（平成3）年、2003（平成15）から2006（同18）年の3回にわたって指定地内の発掘調査が行われ、1989（平成元）年から、塔跡の基壇、礎石の復元等の整備が開始され遺跡公園として公開されている。

平成10年代からは、県内各地で史跡整備が開始された。鎌倉市の永福寺跡では1996（平成8）年から環境整備が開始され、後の2004（平成16）年からは三堂基壇（2013（平成25）年完成）および苑池の復元整備が実施されている。

逗子市の名越切通では、1999（平成11）年からの切通崖面の保存修理、まんだら堂やぐら群の保存整備のほか、園路等の史跡公園としての整備が継続されている。

1922（大正11）年に国の指定を受けた箱根町の箱根関跡では、1999（平成11）から2001（平成13）年にかけて実施された発掘調査の成果に加え、「相州箱根御関所御修復出来形帳」等の文献資料の研究成果に基づき、大番所・上番休息所、足軽番所、遠見番所、京口御門、江戸口御門などの関所関連の建築物が2007（平成19）年までに復元整備された。これらは現在、箱根観光の目玉として公開されている。

茅ヶ崎市の旧相模川橋脚では脚柱の腐食が進行したため、2001（平成13）年から実施された発掘調査の成果に基づき、脚柱の粘土被覆による現地保存、型取り模造の複製による展示等の保存整備が実施され、公開活用が行われている。

1996（平成8）年に県の指定を受けた山北町の河村城跡では、1989（平成

元) 年から 1994 (平成 6) 年にかけて城郭北西部の発掘調査と障子堀等の復元整備が行われたほか、2003 (平成 15) 年からは城郭南東部の廓および堀切等の発掘調査および復元整備が行われており、河村城址歴史公園として順次公開されている。

相模原市では、1973 (昭和 48) 年に国の指定を受け、縄文時代の標識遺跡として著名な勝坂遺跡、1931 (昭和 6) 年に国指定となった縄文集落遺跡の川尻石器時代遺跡で、公開活用のための発掘調査および整備が行われているが、当該市で注目すべきは、我が国最古の住居状遺構が発見され、1999 (平成 11) 年に国の指定を受けた田名向原遺跡である。後述するが、田名向原遺跡では 2005 (平成 17) から 2007 (同 19) 年にかけて、旧石器時代住居状遺構の型取り模造による現地復元展示を主体とする整備が行われ、田名向原遺跡公園として公開されている。また 2009 (平成 21) 年には公園隣接地に、ガイダンス施設として「史跡田名向原遺跡旧石器時代学習館」(以下、旧石器ハテナ館) が設置され、遺跡公園と一体の活用が展開されている。

また、綾瀬市に所在する弥生時代の環濠集落跡である神埼遺跡では、2011 (平成 23) 年からの史跡整備事業の一環として資料館の建設を計画している。遺跡を学び理解するための「見る」「体験・体感する」「知る」をテーマとし、2015 (平成 27) 年度中の着工、翌年の開館を目指している。また、川崎市の橘樹官衙跡では、国史跡への指定に前後して史跡整備を計画しており、展示施設を含めた整備を今後進めていく予定である。このように、現在も遺跡博物館の設置計画が進行しているなど、神奈川県内では積極的な整備が進んでいる遺跡が数例確認できる。

(2) 神奈川県の遺跡博物館

神奈川県において遺跡 (史跡) に伴う博物館、ガイダンス施設として 6 か所の施設が確認できる。

これらのうち小田原市郷土文化館 (小田原城城内に所在) および海老名市郷土資料館温故館 (相模国分寺に隣接) は、史跡との関連性は強いものの、郷土博物館としての活動を基本理念としているため、遺跡に近接した専門のガイダンス施設としての遺跡博物館とは趣を異にすると言えよう。よってここでは詳

述を避けるものとする。

　旧石器ハテナ館、三殿台考古館、横浜市歴史博物館および秦野市立桜土手古墳展示館の4施設は、遺跡（史跡）に隣接して設置され、その積極的な公開活用に資する目的を有するガイダンス施設である。以下に当該施設の特色等について詳述する。

　①田名向原遺跡：史跡田名向原遺跡旧石器時代学習館（旧石器ハテナ館）

　旧石器ハテナ館は、田名向原遺跡に隣接するかたちで立地している。相模原市では、2003（平成15）年に策定した「史跡田名向原遺跡保存整備実施計画」に基づき、2007年3月31日に田名向原遺跡公園を開園した。遺跡公園の整備と併せて2006年には「史跡田名向原遺跡ガイダンス施設建築工事実施計画」を策定し、2009年4月に「史跡田名向原遺跡旧石器時代学習館（旧石器ハテナ館）」として開館するに至った。(2)

　展示室の面積は252 m^2 と、遺跡公園に隣接するガイダンス施設としては、比較的小規模な施設である。展示手法としては模造品や一次資料とパネルを一定のテーマに則して組み合わせる課題解説型の展示が主体となるが、一部に映像展示、模型、一次資料による集合展示が存在する。

　館内において特に注目すべき点は、採光の手法である。館内の天井部には北東寄りに天井窓が設置されており、展示室内に自然光を取り入れている。そのため、一般に人工照明のみの暗い展示室となりがちな歴史系の博物館に比べ、旧石器ハテナ館の明るい展示室は、観覧者の熟覧に適しており、コンパクトな展示室でも開放的な空間を創り出していると言えよう。また、天井窓を北東方

図1　旧石器ハテナ館（北側より撮影）

図2　展示室内「住居状遺構の発見」

向に向けて設置したことで、直射日光が入りにくい構造となっており、資料保存についても配慮したものであると見受けられる。

旧石器ハテナ館に隣接する田名向原遺跡公園では、屋外展示が行われている。展示内容としては、谷原12号墳の遺構（復元）、同13・14号墳の位置表示、縄文時代の竪穴住居（復元）、後期旧石器時代の住居状遺構（復元）、地表～関東ローム層の展示パネル（ⅠおよびⅡ）となっている。各展示物の正面には解説板とともに、解説リーフレットを配架する台が設置されており、旧石器ハテナ館と連動した内容の屋外展示が実施されている。

図3　谷原12号墳の復元遺構および解説板、リーフレット配架台

②三殿台遺跡：横浜市三殿台考古館

三殿台遺跡は、横浜市磯子区に所在する縄文時代から古墳時代にかけての集落遺跡である。標高約55mの丘陵上に広がる一万平方メートルもの平坦地に、縄文～古墳時代の住居址252軒が造営されるという特性を持っている。遺跡が非常に広大であり、同一地域でさまざまな時代の人々の居住環境を把握できるという特性から、1966（昭和41）年には国の史跡に指定されている。[3]

横浜市三殿台考古館は、史跡指定された三殿台遺跡の保存と活用を目的に、1967（昭和42）年に開館した遺跡博物館である。同館は、遺物の保存・公開を目的とした展示室2棟（展示棟・事務所棟）、竪穴住居址を現状のまま保存・公開するための住居跡保護棟、縄文・弥生・古墳の各時代をモチーフとした復元竪穴住居から構成されている。ただし事務所棟は、耐震基準を満たしていないことから、2015（平成27）年度より耐震補強工事を実施する予定となっている。

③大塚・歳勝土遺跡：横浜市歴史博物館

大塚・歳勝土遺跡は、横浜市都筑区における港北ニュータウン建設に伴い発掘調査が実施された弥生時代の遺跡である。弥生時代中期の環濠集落である大

塚遺跡と、隣接して所在する方形周溝墓群を中心とした歳勝土遺跡から構成され、集落と墓域を含めた弥生時代の生活環境を知る上で重要であることから、1986（昭和61）年に国史跡に指定されている。

　横浜市歴史博物館は、「"横浜に生きた人々"が、その生活・労働・信仰から技術・産業・交通などの各分野をどのように発展させていったかを捉えなおす」ことを目的に、1995（平成7）年に開館した総合歴史博物館である。同館は、大塚・歳勝土遺跡と道路を挟んで対岸に所在し、横浜市によって「大塚・歳勝土遺跡公園」として史跡整備を行った後、博物館が管理・運営を行っていることから、総合歴史博物館でありながらも広義の遺跡博物館と見なすことができよう。

　横浜市歴史博物館における大塚・歳勝土遺跡の展示は、「原始Ⅱ　稲作と争いのはじまり」という展示室にて実践されている。当該展示では、市内の弥生時代遺跡からの資料を基に、当該地域の弥生時代についての紹介している。なかでも大塚・歳勝土遺跡の模型や写真、そこから出土した資料を中核に据え、モノを媒体とした教育を実践していることが特徴である。

　④桜土手古墳群：秦野市立桜土手古墳展示館

　桜土手古墳群は、神奈川県秦野市に所在する古墳時代後期の古墳群である。工場等建設に伴う発掘調査を経て、35基のうち6基が桜土手古墳公園内に、6基が隣接する工場敷地内に秦野市指定史跡として保存されている。

　秦野市立桜土手古墳展示館は、桜土手古墳群の保存・管理と出土遺物の公開を目的に1990（平成2）年に設置された。同館は、地上階の常設展示室と映像室、地下1階のミュージアムプロムナードから構成されている。常設展示室は、桜土手古墳群から出土した土器や装身具等の資料を常時展示するほか、窓越しに保存古墳群を見学できるようになっている。映像室は、桜土手古墳群や秦野市に関する歴史を映像で公開するほか、講演会やさまざまなイベント会場として用いられている。ミュージアムプロムナードは、「原始古代の墓制」と「秦野の考古資料」の2つをテーマとし、前者では古代人の死生観や葬制についての展示、後者では秦野市の歴史を実物資料から追うことを目的とした展示構成となっている。またミュージアムプロムナードは、可動性のある展示を実践し、企画展・特別展を開催するためのセクションとしても用いられているこ

とが特徴である。

（3）県内遺跡博物館の展望

　神奈川県は、旧石器時代から近現代に至るまでのさまざまな遺跡が現存しており、国指定物件を例にとってもその量・質ともに全国屈指であると思われる。しかしながら、本県の遺跡博物館に関する意識は脆弱であると言えよう。例えば、三浦市に所在する赤坂遺跡や海老名市の秋葉山古墳群など、国の史跡に指定されている遺跡であっても資料の公開施設を持たないものや、相模原市勝坂遺跡のような休憩所の域を脱していないガイダンス施設しか持たない遺跡が大半を占めている。これでは、遺跡や出土資料の十分な活用はできず、いつの間にか遺跡の存在は忘れ去られ、遺跡の破壊や開発の対象とされかねないのである。一方で、既存の遺跡博物館においても、博物館や復元建物の老朽化、展示の陳腐化など、改善が求められるようになってきている。今後の神奈川県内の遺跡博物館の展望としては、適切な設備・展示の更新を意識し、これまで以上に遺跡の活用を意図する必要があるだろう。また、保存遺跡や出土遺物等を積極的に利用できる体制を整え、好事家だけでなく多くの人々に親しんでもらえるような遺跡博物館体制を構築することが求められるのである。

註
（1）横浜市教育委員会　1996『国史跡　大塚・歳勝土遺跡整備事業報告書～史跡等活用特別事業（ふるさと歴史の広場事業）～』横浜市教育委員会。
（2）相模原市教育委員会　2009『国指定史跡　田名向原遺跡保存整備報告書』相模原市教育委員会。
（3）横浜市ふるさと歴史財団『史跡三殿台遺跡リーフレット』より一部引用。
（4）横浜市歴史博物館　1995『横浜市歴史博物館常設展示案内』。
（5）秦野市HP　http://www.city.hadano.kanagawa.jp/bunkazai/kyoiku/bunka/bunkazai/shiteitoroku/sakuradote.html（2015年5月11日検索）。

（桝渕彰太郎）

V 甲信越地域

　日本列島のほぼ中央部に位置する甲信越は、日本海に面した海浜部から山岳地域まで標高差に富み、非常に多様な文化が営まれた地域である。そのため、旧石器・縄文時代からの遺跡が数多く展開し、2015（平成27）年4月現在、特別史跡1件、国史跡77件（長野34、新潟28、山梨15）件、県史跡144件（長野70、新潟46、山梨28）件が知られている。これらのなかには、集落跡、古墳、祭祀遺跡、社寺跡、城館跡、交通生産関係などの貴重な遺跡が含まれる。

　それらの遺跡の調査は、早い段階から地元の考古学、郷土史研究者が調査を手がけ明らかにされてきたものが多く、まさに在野の力と情熱によって掘り起こされてきた歴史がある。

　本節では、甲信越地域の遺跡保護の歴史と遺跡博物館について概要を紹介したい。

1. 甲信越の遺跡保護の歴史と史跡

　特別史跡に指定される長野県尖石石器時代遺跡は、八ヶ岳西麓の標高約1,000mを超える地域にある縄文時代中期を中心とする遺跡で、沢を挟んだ台地上には与助尾根遺跡が展開する。尖石遺跡は明治時代にすでに存在が知られ、大正時代には鳥居龍蔵、八幡一郎らが諏訪史編纂のために踏査を行っている。昭和初期、この調査に触発された地元好事家や学究が小規模調査を進めた。宮坂英弌は、1940（昭和15）年から3カ年にわたり計画的な発掘調査を行い、竪穴住居跡33軒、炉跡53基の他、列石、屋外埋甕などを確認した（宮坂 1983）。宮坂は1946（昭和21）年から与助尾根遺跡でも調査を進め、縄文時代中期の竪穴住居址28軒を発見した。これらの遺跡は、縄文時代の集落のほぼ全貌を把握できる国内初の遺跡として、その後の縄文集落論の展開に中心的な役割を果たした。尖石遺跡は、1952（昭和27）年に国の特別史跡に指定

され、1998（平成10）年に与助尾根遺跡も追加指定を受けている。宮坂は尖石遺跡の出土遺物の公開にも尽力し、1951（昭和26）年には自宅の馬小屋を改造して「尖石館」を開設した。その後地元の南大塩に待望の「尖石考古館」が開館し、1979（昭和54）年に現在の地に移設された（勅使河原 2004）。

　塩尻市平出遺跡では、1947（昭和22）年に東筑摩史学会が大場磐雄を招いて実地調査が行われ、1949（昭和24）年5月に桔梗ヶ原高校上代文化研究会、同年11月に宗賀小・中学校、桔梗ヶ原高校による発掘調査が実施された（原 1983）。これを契機に宗賀村平出遺跡調査会が組織され、1950（昭和25）年以降4次にわたる調査で縄文時代の住居跡17軒、古墳～平安時代の住居跡49軒を発見した。遺跡は、1952（昭和27）年に国史跡に指定され、1955（昭和30）年には「平出遺跡考古館」が整備された。

　八ヶ岳山麓地域では、1950年代後半から60年代前半にかけて、井戸尻遺跡、藤内遺跡、新道遺跡、曽利遺跡など我が国の縄文時代中期を代表する遺跡群の調査が次々に実施されている。これらの遺跡調査は、当初宮坂英弌の指導を得ながら進められ、1958（昭和33）年に発足した井戸尻遺跡保存会によって推進された。その中心メンバーである藤森栄一は、1965（昭和40）年、調査成果を『井戸尻』にまとめる。この報告書は縄文時代の編年や集落研究の基礎的な資料となり、井戸尻遺跡は縄文研究の一大拠点となっていった（藤森 1965）。1966（昭和41）年、遺跡は国史跡に指定され史跡整備が進むとともに、1974（昭和49）年には「井戸尻考古館」が開設された。また、出土遺物の内、藤内遺跡出土品などが2002（平成14）年に重要文化財に指定されている。

　新潟県では近藤勘太郎・勘治郎・篤三郎父子3代による馬高・三十稲場遺跡の発見と発掘調査などが特筆される。近藤家の資料採集は明治時代後半に遡り、1935（昭和10）年頃から発掘調査が本格化する。当時第69銀行（現在の北越銀行）の専務を務めていた勘治郎が、日銀総裁であった渋沢敬三に勧められ、東京帝国大学にいた八幡一郎の指導で馬高遺跡の発掘が進んだという（長岡市 1992）。発掘調査では縄文時代中期を中心とした膨大な遺物が出土し、後に「火焔土器」と命名される土器も含まれていた。近藤家による調査は、馬高からさらに新潟県内全域へと広がっていく。

戦後復興途上にある1951（昭和26）年、長岡市の悠久山公園の一角に「長岡市立科学博物館」が開設され、その考古学研究室に中村孝三郎が招かれた。近藤家の収集資料の大半はこの博物館に寄贈され、考古資料展示の中心をなした。中村は1950（昭和25）年に早稲田大学の滝口宏、西村正衛の協力を得て三十稲場遺跡の発掘を行い、翌年には藤橋遺跡の調査に着手した。長岡市立科学博物館の中村を中心としたその後の考古学調査は長岡市内だけにとどまらず、小千谷市三仏生遺跡、津南町卯ノ木遺跡、同町貝坂遺跡、上川村小瀬ヶ沢洞窟、室谷洞窟など新潟県全域に及び、越後における先史時代研究が急速に進んでいった（中村 1970）。これらの調査を支えたのは、中村が主催した越後古代史研究会のメンバーたちであった。

山梨県においては、大正時代に仁科義男、赤岡重樹、広瀬広一らによる古墳調査や遺跡調査の概要が報告されるが、1940（昭和15）年に大山柏、竹下次作、井出佐重らによって長坂上条遺跡や飯米場遺跡の調査が実施されている。この調査は、県下で初めての組織的、計画的な調査として評価され、調査に関わった井出は戦後の考古学発展に大きく寄与していく（山本 1968）。

同時期の調査として忘れてはならない遺跡に、志村滝蔵による坂井遺跡がある。この遺跡は1927（昭和2）年に顔面付き土器が発見され、鳥居龍蔵が巨摩郡教育会郷土部の招きに応じて講演を行った際、現地踏査が行われた。1948（昭和23）年には、山梨郷土研究会、藤井小中学校の教師や生徒などの協力を得て発掘調査が実施された。同時に坂井遺跡保存会が設立され、志村家の敷地内には「坂井考古館」が建設された。これが山梨で最初の考古資料の公開施設である。志村は、八幡一郎の協力を得て、その後も農業の傍ら遺跡の発掘調査を進め、縄文時代中期を中心とした集落跡を明らかにしていった。この調査成果は、1965（昭和40）年に報告書『坂井』の刊行に結実する（志村 1965）。

一方、山本寿々雄は1965（昭和40）年に「山梨県考古学史資料室」を開設し、県下の考古学研究を精力的に進めるとともに、中央自動車道整備など初期の大規模事業に伴う発掘調査の体制整備などに関わっている（萩原・末木 1983）。

以上、甲信越各地の遺跡の調査経緯からみると、明治・大正から昭和時代前半期、中央学会の調査や指導を契機に地元の人々が積極的に調査を進め、遺跡

保護を展開してきた歴史がみえてくる。黎明期におけるこうした活動の蓄積は戦後、各地に資料館、博物館を生み出し、大学や地域博物館を中心とした調査、保護活動へと引き継がれていく。同時に、考古学研究会が各地に組織され、多くの考古学研究者を輩出していった。しかし、高度経済成長の波が地方へと広がると、このような調査のあり方は一変する。

　1960年代後半以降、高速道路や新幹線、圃場整備、ニュータウン、ゴルフ場などの大規模な開発は地方へも広がり、行政発掘と呼ばれる遺跡調査の大規模化へと連動していく。都道府県には、遺跡地図や遺跡台帳が整備され、各自治体が調査を実施する遺跡調査スタイルが急速に進んだ。これらの調査は従来の学術調査と比べ非常に広い範囲が対象となり、遺跡や遺構、膨大な遺物に関する情報が蓄積されたが、皮肉にも多くの遺跡が記録保存の名のもとに消滅する結果を招いた。

　一方、重要な遺跡に対する保護意識が高まり、各地で遺跡の保存運動が繰り広げられていったのもこの時代である。これらの保存運動は、考古学研究者などが組織する学会の枠を超えて、次第に一般市民へと広がりを見せる。このことは遺跡や文化財が共有の財産として意識され、自然環境保護などと同様に、地域に生きる人たちにとってかけがえのない文化資源として認識されてきた証でもあろう。高度経済成長や日本列島改造論による国土開発は日本を経済的に世界トップレベルに押し上げる一方で、自然や歴史環境の破壊、公害、伝統文化の消失を招いた。この社会的矛盾に人々が気づきはじめたことが、1970年代以降の市民による遺跡保護運動の後押しをしたのである。

　この時期の甲信越地域での遺跡の保存運動は、長野県では阿久遺跡、森将軍塚古墳、山梨県では上の平遺跡、金生遺跡、釈迦堂遺跡、新潟県では籠峰遺跡、裏山遺跡、古津八幡山遺跡などで展開された。結果として破壊されてしまった遺跡、消滅の代償として博物館が設置された遺跡、史跡指定を受けて公園やガイダンス施設の整備された遺跡など、取り巻く諸事情によって明暗が分かれた。だがしかし、そのことは逆に要望する側にも遺跡保存の真の意味を問うこととなり、保存された遺跡をいかに活用していくのかという大きな課題を突きつけたのも事実である。遺跡博物館の活動は、その重要な鍵を握ることになる。

2. 甲信越の遺跡博物館

(1) 長野県

　尖石考古館は、棚畑遺跡出土の土偶が国宝に指定されたことを契機に新たな史跡整備と新考古館の建設が進み、2000 (平成12) 年、「尖石縄文考古館」として再スタートを切った (図1)。遺跡周辺は、隣接する青少年自然の森とともに尖石史跡公園として整備され、与助尾根遺跡には6棟の縄文時代の住居が復元されている (図2)。縄文考古館には、現在縄文ビーナスの愛称をもつ国宝土偶をはじめ、縄文土器や黒耀石の石器などの遺物が展示され、両遺跡のガイダンス機能を果たしている。また、市民が土器づくりなどの体験学習ばかりでなく、展示解説の支援を行い、環境復元などの活動にも積極的に関わっている。それらのワークショップの活動成果を発表する展示会の開催なども行われ、開かれた博物館づくりが積極的に展開されている (勅使河原 2004)。

　平出遺跡では、2000 (平成12) 年に塩尻市平出遺跡整備委員会が組織され、「五千年におよぶ平出の地」をテーマに整備計画が組まれ、「縄文の村」「古代の農村」「体験学習地区」「ガイダンス地区」「導入部」の5つの整備地区が設定された。現在、平出遺跡公園内には古墳時代の住居や高床式倉庫が復元され、遺跡考古博物館、歴史民俗資料館、瓦塔館では、平出遺跡および塩尻の原始・古代・民俗などの紹介が行われている (図3)。また、ガイダンス棟では、体験学習ボランティア「ドングリの会」が、勾玉づくり、火起こし、土器づくり、弓矢飛ばしなどのさまざまなワークショップを実践し、市民よる活発な活動を展開している (図4) (小林 2004)。

　県北部の千曲市にある森将軍塚古墳では、古墳の立地する有明山一帯の泥岩を求めて1967年頃から採石が始まり、古墳までもが切り崩される危険性にさらされた。長野県考古学会をはじめとした各種団体は1970 (昭和45) 年に保存運動を行うと同時に、市民による「守る会」が結成され、当時更埴市全世帯の90％以上からの保存要望が寄せられたという (文化財保存全国協議会編 1990)。翌71年に、古墳は国史跡として保存されることになった (図5)。現在、古墳を含む周辺は「科野の里歴史公園」として整備され、ガイダンス館と

図1　尖石縄文考古館

図2　与助尾根遺跡

図3　平出遺跡古墳時代のムラ

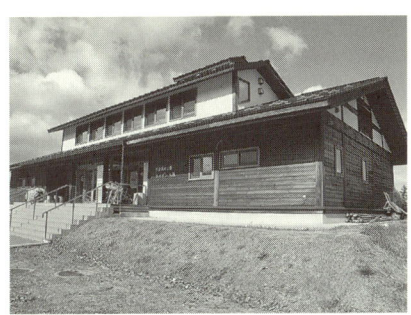

図4　平出遺跡ガイダンス棟

して千曲市森将軍塚古墳館が設置されている（図6・7）。また、公園内には長野県立歴史館や古墳時代の集落を復元した「科野のムラ」があり、一帯が歴史学習の拠点的な役割を果たしている。

　自治体と大学との連携による遺跡保存・活用の好例がある。鷹山遺跡群では1984（昭和59）年の長門町のスキー場開発に伴う事前調査で、旧石器時代のおびただしい量の黒耀石の石器が発見された。町は観光開発と遺跡保存をともに将来の町の活性化につながるものとして工事計画を大幅に見直し、遺跡を回避してスキー場建設を行い、遺跡を保存する決断を下した（黒耀石体験ミュージアム 2004）。その後、町と明治大学による30年近くにわたる合同調査が続けられている。調査の結果、旧石器時代の遺跡分布に加え、星糞峠から虫倉山斜面にかけての広大な地域に縄文時代の大規模な黒耀石採掘址群が発見され、全国的にも例がない「縄文時代の黒耀石鉱山」の実態が明らかにされていっ

図5　森将軍塚古墳（図5〜7は千曲市教育委員会協力）

図6　森将軍塚古墳館

図7　森将軍塚古墳館に復元された古墳石室

図8　黒耀石体験ミュージアム

た。明治大学はこの地に「明治大学黒耀石研究センター」を建設し調査研究の推進を図るとともに、長門町では2001（平成13）年の国史跡指定を受けて「星くずの里たかやま　黒耀石体験ミュージアム」を整備し、遺跡の公開、活用の拠点とした（図8）。1990年代から開催されている「鷹山遺跡教室」は、地域の子どもたちから高齢者までが参加するイベントで、世代を超えた交流、人と人をつなぐ絆の役割を果たしている。黒耀石体験ミュージアムの基本活動である遺跡を中核とした体験学習の取り組みは、多くの遺跡博物館の将来に光を照らす活動とも言える。

（2）新潟県

　新潟県長岡市の西山丘陵には、馬高・三十稲場遺跡、藤橋遺跡など考古学史上重要な縄文遺跡が点在する。藤橋遺跡は、国の史跡等活用特別事業として1989年度から開始された「ふるさと歴史の広場」事業の第1号として整備がされ、1992（平成3）年に開園した（根本・岸本 1997）。1978（昭和53）年に国史跡となった10 haを超える敷地には、縄文時代の住居や水系の復元、遺構露出保護展示施設、縄文の広場など公園としての修景、園路の他、ガイダンス施設である「ふじはし歴史館」が整備されている（図9・10）。

　同一丘陵上の馬高・三十稲場遺跡は、1979（昭和54）年に国史跡に指定され、中村孝三郎によって再復元された「火焔土器」とその他の遺物が1990（平成2）年に重要文化財に指定された。現在、遺跡は史跡整備がなされ、2009（平成21）年に「馬高縄文館」が開館し、出土遺物や映像などによって遺跡を紹介している（図11）。西山丘陵一帯は、2000（平成12）年に開設した新潟県立歴史博物館とともに、新潟の縄文文

図9　藤橋遺跡

図10　ふじはし歴史館

図11　馬高縄文館

化や歴史情報の発信拠点となっている。

　県北部の古津八幡山遺跡では磐越自動車道の土取場の調査で古墳時代前期の大円墳と二重環濠に囲まれた弥生の高地性集落が発見された。地元市民を中心に保存運動が盛り上がり、8,422人の署名が集められた（甘粕 2001）。その結果、2005（平成17）年遺跡のほぼ全域19.7 haの丘陵が国指定史跡となり、保存されることになった。遺跡は、古津八幡山遺跡歴史の広場として整備され、ガイダンス館として「弥生の丘展示館」が2012（平成24）年に開館した。ここでは、遺跡の出土品を中心とした展示紹介に加え、古代米による餅つきや弥生時代の暮らし体験などさまざまな館外活動が行われている。

(3) 山梨県

　山梨県では、1979（昭和54）年、甲府盆地の南部に位置する曽根丘陵の風土記の丘敷地内のスポーツ広場建設予定地の上の平遺跡から55基の方形周溝墓群が発見された（図12）。この保存を求めて県下の考古学研究者が結集し「山梨県考古学協会」が結成され、保存運動を展開した。その結果、遺跡は全面的に保存されることとなり、丘陵部北側の甲斐銚子塚古墳を含め40.6 haの地域が「甲斐風土記の丘・曽根丘陵公園」として整備されることになった。敷地内には、1982（昭和57）年に「県立考古博物館」が開館し、周辺遺跡や県内の遺跡を幅広く紹介している（図13）。博物館と併設される風土記の丘研修センターでは、講演会や土器焼き、親子ものづくり教室（チャレンジ博物館）などのユニークな体験学習を行っている。また、県下の小中学生から考古学に関する研究を応募し、優秀作品を選定する「わたしたちの研究室」が、子どもたちに地域の遺跡や歴史に関心を呼び起こす事業として成果を上げている。

　県南部の身延町には金山をテーマとした博物館がある。中世以降の遺跡博物館であるが、きわめて意欲的な取り組みを展開している施設なので、ここで紹介しておきたい。「甲斐黄金村・湯之奥金山博物館」で知られるこの施設は、1997（平成9）年に国史跡に指定された「甲斐金山遺跡」を構成する中山金山と、近接する内山、茅小屋の3金山を総称した「湯之奥金山」を紹介する博物館である。これらの金山遺跡は、1989（平成元）年から3か年にわたって実施された考古学・文献史学・民俗学・鉱山技術史・地質学などからなる総合学術

調査において、中世・戦国時代の山金採掘の実態が明らかにされたもので、国内でもきわめて貴重な遺跡である。本博物館では、映像シアター・ジオラマ模型・出土資料などを通じて、金山の歴史を紹介するだけでなく、実際に砂金採りを行うことができる体験室が常設されている。また、毎年夏には一般や中・高校生を対象にした「砂金掘り大会」が開催され、全国から集まった参加者で暑い熱戦が繰り広げられている。

このほかにも甲信越地域には県立・市町村立の博物館が多く整備され、埋蔵文化財センターでは組織的な発掘調査とともに、遺跡や考古資料を用いた学校教育プログラムや生涯学習に対応した普及啓発事業が進められている。いま、各地の遺跡博物館ではワークショップや体験を活かした考古学習がトレンドになってきている。こうした取り組みは、生まれ育った地域に誇りを持ち、大地に眠る遺跡や歴史・文化を大切にする心を、次世代の子どもたちにつなぐ大きな原動力となっていくであろう。

図12 上の平遺跡の方形周溝墓群（山梨県立考古博物館所蔵）

図13 山梨県立考古博物館と甲斐銚子塚・丸山塚古墳（山梨県立考古博物館所蔵）

以上、甲信越の遺跡調査および保護の歴史、史跡公園と遺跡博物館の概要に

ついて紹介をしてきた。

　1990年代バブル経済の崩壊により大規模な開発は減速化し、発掘調査数と規模は縮小傾向を示す。経済的な行き詰まりの反面、人々は物から心の豊かさを求める時代へと変化していく。こうした時代に呼応するように、各地で整備された史跡公園や遺跡博物館では、市民が集い、交流しながら地域の歴史や文化に触れる場としての役割がクローズアップされてきている。遺跡博物館を中核として、誰もが参加できる体験学習やワークショップの開催は、世代を超えて支持され、多くの人たちの交流を呼び起こしている。さらに、こうした交流を通して遺跡資源を活用した地域活性化の動きも活発化してきている。

　いま遺跡は過去のものではなく、地域コミュニティを再生する新たな力をもったものに生まれ変わろうとしている。この意味で、市民による活動と活用が、今後の遺跡保護や遺跡博物館のあり方を占う重要なキーワードとなることは疑いない。それは、遺跡に新たな生命を吹き込む作業にほかならない。

参考文献
甘粕健編　2001『越後裏山遺跡と倭国大乱』新潟日報事業社。
黒耀石体験ミュージアム　2004『黒耀石の原産地を探る　鷹山遺跡群』新泉社。
小林康男　2004『五千年におよぶムラ　平出遺跡』新泉社。
志村滝蔵　1965『坂井』地方書院。
勅使河原彰　2004『原始集落を掘る　尖石遺跡』新泉社。
長岡市　1992『長岡市史　資料編1　考古』。
中村孝三郎　1970『古代の追跡　火焔土器から蒼い足跡まで』講談社。
根本昭・岸本雅敏　1997「遺跡の公園化と博物館の広域化及びそのまちづくりにおける意義」『研究報告』第19号、長岡技術科学大学。
萩原三雄・末木健　1983『山梨の考古学』山梨日日新聞社。
原　嘉藤　1983「平出遺跡」『長野県史　考古資料編全一巻（3）主要遺跡（中信）』長野県。
藤森栄一　1965『井戸尻』中央公論社。
文化財保存全国協議会編　1990『遺跡保存の事典』三省堂。
宮坂虎次　1983「尖石遺跡」『長野県史　考古資料編全一巻（3）主要遺跡（南信）』長野県。
山本寿々雄　1968『山梨県の考古学』吉川弘文館。

（中山誠二）

VI 北陸地域

1. 遺跡保護の概況

富山・石川・福井の北陸3県には、2012（平成24）年度の時点で特別史跡1件、国指定史跡65件、県指定史跡85件が所在する（表1）。国史跡の数は全国の指定総数の約4％であり、割合からはやや少ない地域と言える。

北陸での史跡指定は史蹟名勝天然紀念物保存法の制度運用2年目の1922（大正11）年、富山県氷見市の朝日貝塚と大境洞窟住居跡が最初となる。ともに、史蹟名勝天然紀念物調査会考査員の柴田常恵が東京帝国大学人類学教室在職時の調査遺跡であり、歴史的意義が認識されていたとみられる。以後、戦前期の指定は、1924（大正13）年に福井県の燈明寺新田義貞戦歿伝承地（福井市、所在地は現行政域であり以下も同様）、1929（昭和4）年に石川県の法皇山横穴古墳（加賀市）、この翌年に富山県の大岩日石寺石仏（上市町）と福井県の一乗谷朝倉氏遺跡（福井市）など、1932（昭和7）年の石川県狐山古墳（加賀市）と続く。1934・35（昭和9・10）年には、富山県の桜谷古墳（高岡市）、石川県の七尾城跡（七尾市）、福井県の白山平泉寺旧境内（勝山市）など11件が指定され、1939（昭和14）年の石川県末松廃寺跡（野々市町）を最後に戦後に至る。戦前期の史跡は富山県と石川県が各4件、福井県は12件の指定で、計20件である。内容の内訳は、城跡を主とする戦跡関係と古墳がそれぞれ8件を占め、該期の全国様相と共通している（内川2006）。

戦前期の史跡指定は、遺跡の存在を土地の人々に知らしめて保存管理すること

表1　県別の指定史跡件数と遺跡博物館数

	指定文化財件数			遺跡博物館数
	特別史跡	国史跡 戦前	国史跡 戦後	県史跡	
富山県		4	14	31	6
石川県		4	20	25	13
福井県	1	11	12	29	2

（2013年3月31日現在）

が基調であり、北陸の各史跡で特段の整備事業が行われた形跡は見出し難い。ただし、1936（昭和11）年4月の文部省社会教育局による『教育的觀覽施設一覽』には、富山県に3か所と福井県に5か所の施設が掲載されている。このうち福井県の白山神社寶物館（大野郡平泉寺村）では中世の山岳寺院跡の白山平泉寺旧境内に関する器物や軸物が、また、佐久間書院（三方郡八村）には近辺所在史跡の上船塚古墳や下船塚古墳などにかかわる考古資料の陳列があったとみられ、その保護と顕彰に連なる活動が推測される。なお、史蹟名勝天然紀念物保存法下では、富山県の王塚古墳（富山市）が戦後の1948（昭和23）年に指定を受けている。

その後、1950（昭和25）年に旧法を廃した文化財保護法が制定され、保存に加えて復旧と活用が史跡への対処措置に盛り込まれ、当初は指定史跡の標柱や看板設置などの基礎的な整備が進められていた。この状況が北陸で変わるのは、全国的な動向と同様に、1966（昭和41）年の全国史跡整備市町村協議会の発足を契機とした新たな史跡指定と、国庫補助による史跡等保存整備事業の始まりからである。

概況を県別にみると、富山県での史跡保存整備は戦前指定の桜谷古墳に対する事業が1966（昭和41）年から3年間実施され、スタートをきる。新たな史跡指定は1970（昭和45）年の越中五箇山菅沼集落・同相倉集落（南砺市）に始まり、現在まで14件が指定を得て整備が進められてきた。このうち高瀬遺跡（南砺市）では史跡公園内に歴史民俗資料館が開設されて当該遺跡を中心とした地域史の展示が行われ、北代遺跡（富山市）と小杉丸山遺跡（射水市）では展示・体験学習施設を設けて、史跡をベースにした地域史学習の取り組みが実施されている。ほかに、安田城跡（富山市）、柳田布尾山古墳（氷見市）ではガイダンス施設を開設して、史跡の公開と活用の推進が図られている。

また、五箇山相倉集落と菅沼集落は1994（平成6）年に重要伝統的建造物群保存地区に選定され、翌年に近接の岐阜県白川郷とともに世界遺産登録となり、重要観光拠点に向けた対応が推進されつつある。さらに、保存整備と並行した活用事業では、1998（平成10）年から3か年の文化庁ふれあい歴史のさと研究委託事業として、記念物をとりまく自然環境を含めた活用の取り組みが、じょうべのま遺跡（入善町）と天然記念物杉沢の沢スギ、不動堂遺跡（朝

日町）と天然記念物宮崎鹿島樹叢で実践されている。県指定の史跡は31件である。

石川県では、戦前指定の七尾城跡の保存整備事業が1966（昭和41）年から着手され、法皇山横穴古墳の整備事業では展示収蔵施設が1971（昭和46）年に開設されている。新たな史跡指定は1967（昭和42）年の東大寺領横江荘遺跡（白山市）に始まり、現在まで22件を数える。このうち、1979（昭和54）年に指定された九谷磁器窯跡（加賀市）には再興九谷に関する資料の展示館が設けられ、1977（昭和52）年指定の御経塚遺跡（野々市市）でも展示収蔵施設が設置された。1989（平成元）年に指定となった真脇遺跡（能都町）では、展示収蔵と調査研究の目的をもった博物館が開館しており、ほかにもガイダンス施設の併設整備は7か所の史跡で実施されている。

このうち須曽蝦夷穴古墳（七尾市）については、県の七尾西湾地区農村自然環境整備事業（総合型）によって古墳周辺の整備が行われ、これは、多様な生物相と豊かな環境に恵まれた農村空間の形成推進と、農業・農村地域の活性化などを図る環境整備事業である。また、山岳信仰遺跡の石動山に関連して、富山県氷見市から石川県鹿島町に至る石動山道が1996（平成8）年に文化庁の歴史の道百選に選定されており、史跡と歴史の道を合わせた整備活用の取り組みが課題となっている。この石動山地区では県の能登歴史公園と位置づけた史跡の保全と活用の整備が行われ、2003（平成15）年に能登風土記の郷が開設された。能登歴史公園は七尾鹿島地域に散在する史跡群の中核施設となるよう計画された都市公園で、現在は国分寺地区の整備が進められている。石川県による史跡指定については総数が25件で、主として案内板の設置といった環境整備の実施が現状のようである。

福井県については、保存整備事業は戦前指定の一乗谷朝倉氏遺跡が最初で、1967（昭和42）年から着手された。一乗谷朝倉氏遺跡は1972（昭和47）年に北陸で唯一の特別史跡に指定され、これを受けて当該遺跡の調査研究と整備事業の中核機関となる福井県教育庁朝倉氏遺跡調査研究所が設置された。その後、研究所は福井県立朝倉氏遺跡資料館に改組して展示と遺構の復元公開が進められ、戦前の名勝指定である一乗谷朝倉氏庭園が1991（平成3）年には特別名勝に格上げ指定され、町並みと庭園の一体化した整備が現在も進められてい

る。新たな国の史跡指定は、1967（昭和42）年の王山古墳群（鯖江市）から始まって12件あり、対策は公園整備が中心で、ガイダンス施設はほとんど設置されていない。県指定の史跡は現在29件を数える。

2. 遺跡博物館設立の歴史と現状

遺跡博物館を史跡のガイダンス施設も含めた広義の範疇で捉えるならば、北陸地域では21館があり、国史跡においては約1/4で設置されている。対象とする時代で分けると、縄文時代と古墳時代が各6館、中世・戦国時代が5館、古代3館、近世1館で、旧石器時代と弥生時代のものはみられない。このうち登録博物館が2館、博物館相当施設の指定は皆無である。以下、状況を県ごとにみていく。

（1）富山県

富山県での遺跡博物館の整備は、1976（昭和51）年に開館した南砺市井波歴史民俗資料館が嚆矢で、高瀬遺跡の史跡整備の一環として史跡公園に建設された。当該遺跡の出土遺物の収蔵と展示を中心にその周知と理解を図るとともに、砺波地域の歴史・民俗資料を加えて企画展も開催する。高瀬遺跡に特化したものではないが、史跡をもとに幅広い地域学習の場として活動している。

その後、1990年代には文化庁のふるさと歴史の広場補助事業などを取り入れて、国史跡のガイダンスを主目的にした遺跡博物館が開設される。1993（平成5）年の安田城跡資料館（富山市）に始まり、1996（平成8）年に飛鳥工人の館（射水市）、1999（平成11）年に北代縄文館（富山市）、2006（平成18）年には柳田布尾山古墳公園古墳館（氷見市）が開館している。

このうち、安田城跡は水堀に栽培した睡蓮の名所となっており、開花時期にはこれと合わせた行事が催されて資料館も賑わう。夏には武者行列や剣詩舞などを行うイベントを地元の人たちが実行委員会を作って開催し、資料館では年間2～3回のミニ企画展や体験企画が実施されている。飛鳥工人の館では、古代の製鉄・窯業の生産拠点である小杉丸山遺跡の性格に関連させ、史跡と市民とをつなぐ目的のもと、現代の小杉焼の展示や復元した登り窯での作陶フェス

ティバルの開催などがみられる。また、北代縄文館は北代遺跡のガイダンス施設で（図1）、地区住民の施設ボランティアの活動が特色である。このボランティアを中心に史跡のガイドや活用が行わ

図1　北代縄文館（中央）と復元建物

れ、多彩な縄文文化体験を実践している。メニューは、縄文土器や縄文グッズづくり、手作り紙芝居の読み聞かせ、縄文畑の耕作から収穫、縄文体験キャンプなどがあり、ほかにも地域の交流イベントが季節に応じた内容で年間を通して開催されており、史跡の認知度は高い。地域文化の発信拠点と位置づく活動は約30名が登録する地区密着のボランティアの会が原動力であり、歴史文化の発信と地域活性化における会の功績が認められ、近年では地元新聞の地域社会賞が授与されている。

　ほかに、富山県朝日町埋蔵文化財施設まいぶんKANが不動堂遺跡に隣接して2007（平成19）年に開館。不動堂の遺跡公園内には遺物展示もある小さな休憩舎が設けられているが、まいぶんKANは史跡紹介とともに周辺遺跡の遺物や民俗資料も展示し、多種の古代体験プログラムを組んだ学習支援も行う館である。この埋蔵文化財施設と不動堂遺跡の歴史公園、体験・見学の複合施設のなないろKAN、百河豚美術館の隣接4施設を一体化させ、歴史の里とする整備と活動も工夫されている。

（2）石川県
　もっとも早いのは七尾城史資料館（七尾市）で1963（昭和38）年に開設された。当該施設は、史跡保存整備事業以前に城主後裔の畠山一清が建設した施設で、城跡の山麓に所在し、城由来の資料と出土品の展示収蔵をおもな機能としている。隣接して旧庄屋の飯田家住宅があり、2006（平成18）年に登録有形文化財（建造物）に認定され、資料館と一体となった運営が行われている。

史跡保存整備事業が始まってからは、1971（昭和46）年に法皇山横穴群展示館（加賀市）、1983（昭和58）年に野々市町埋蔵文化財収蔵庫（野々市市）、翌年に能美市立歴史民俗資料館、1986（昭和61）年には金沢市埋蔵文化財収蔵庫が開設された。いずれも国史跡の出土品の収蔵展示を主目的とする施設で、能美市立歴史民俗資料館は和田山・末寺山古墳群の資料を中心に市内の歴史民俗資料を広く扱い、野々市町埋蔵文化財収蔵庫は後年に他遺跡の出土品展示や収蔵も加え、野々市市ふるさと歴史館に拡充されている。金沢市埋蔵文化財収蔵庫はチカモリ遺跡で発掘された巨大木柱根の保存の役割を中心とするが、現在は市内出土遺物の収蔵展示の機能も担う。

　その後、1991（平成3）年には、河田山古墳群（小松市）の発掘資料を展示する河田山古墳群史跡資料館が設置された。河田山古墳群は指定史跡ではなく団地造成工事に伴い大部分が消滅したもので、発掘調査の後、一部を移築復元した隣接の古墳公園と資料館とで遺跡の顕彰を行っている。この翌年には能登国分寺展示館（七尾市）と石動山資料館（中能登町）が開館。能登国分寺展示館はふるさと歴史の広場事業を受けた施設で、南門などを復元した史跡公園の南西隅に金堂をかたどって建築され、出土品や寺院伽藍の復元模型などを展示している。石動山資料館は県有林管理事務所を改築したもので、標高565 mの山頂近くに位置し、関連資料の展示に加え地場産物も販売されている。

　また、1997（平成9）年には能登町真脇遺跡縄文館が当該史跡エリアに隣接して開設された。展示室では重要文化財指定の出土遺物を中心に多数の実物資料を展示し、4か国語対応の音声ガイド機器も無料配備され、多角的に真脇遺跡の理解を深めることができる（図2）。あわせて、現在も継続する発掘調査と成果研究の情報センターとしての機能をもつ。縄文館には隣

図2　能登町真脇遺跡縄文館の展示

接して真脇遺跡体験村が2004（平成16）年に設けられており、土器や古代米づくりなどの体験メニューがある。さらに周囲には宿泊・研修施設、日帰り温泉施設、アスレチック運動公園などが整備され、一帯を真脇遺跡公園として地域の観光拠点に位置づけられている。

　ほかに、史跡等活用特別事業の一環で、雨の宮能登王墓の館（中能登町）が1998（平成10）年に、蝦夷穴歴史センター（七尾市）がその翌年に開館。両施設は、雨の宮古墳群と須曽蝦夷穴古墳の修復環境整備と並行して設けられたガイダンス施設で、出土遺物や復元遺構、史跡整備の状況などを展示解説している。雨の宮能登王墓の館では森林浴が楽しめるグリーン広場を併設して利用促進が図られ、蝦夷穴歴史センターには能登島に所在する遺跡出土の考古資料の解説や、昭和初期の当地の伝馬舟と漁具の展示も加えられている。また、2001（平成13）年には白山市立鳥越一向一揆歴史館が開館しており、ここは史跡の鳥越城跡附二曲城跡のガイダンス施設として設置されたものである。関連するテーマでの企画展の開催や友の会の組織などにも取り組み、隣接の白山市農村文化伝承館では地元の農具と民具を展示し、鳥越地域の歴史と暮らしを幅広く捉えることが留意されている。

　もっとも新しいのは、2002（平成14）年に開設された九谷焼窯跡展示館（加賀市）である。史跡九谷磁器窯跡に対し、2005（平成17）年に追加指定された再興九谷窯に併設された施設で、旧九谷寿楽窯の母屋兼工房の民家が展示館となっている。母屋の座敷空間を展示室とし、工房では制作工程が復元されて蹴ロクロと絵付けの体験ができるようになっており、展示館は本焼窯の窯跡覆屋と並ぶ。九谷磁器窯跡のガイダンス機能を有し、九谷焼観光の学びの拠点となっている。

（3）福井県

　福井県で国史跡の活用を意図とした遺跡博物館は、1981（昭和56）年に開館した福井県立一乗谷朝倉氏遺跡資料館（福井市）だけである。中世遺跡であるが、全国の先駆的な取り組みであり、少し触れておきたい。ここは1972（昭和47）年創立の福井県教育庁朝倉氏遺跡調査研究所を前身とし、当該遺跡の調査研究と保存整備を当初の主要な機能とするもので、これに展示公開と学習

支援の役割の充実を意図して改組開設された。史跡見学会、歴史講座、体験講座などの学習支援活動も活発に実施されている。遺跡の保存と活用の特徴は、現状を維持する修景と、遺構を補修して露出展示する平面復元や町並みの立体復元の推進である。また、史跡保存を地域の生活振興に結びつけて住民の生活向上に資することを目的に、地区住民による社団法人朝倉氏遺跡保存協会が設けられ、日常生活のなかでの保存意識を高めるとともに、史跡の各種の運営と管理などを担って地域振興が図られている。

　原始・古代の遺跡博物館の範疇に入るものとしては、若狭三方縄文博物館（若狭町）が挙げられる。2000（平成12）年の開館で、鳥浜貝塚の出土遺物の紹介を中心に、周辺地域の縄文文化を捉えることを主目的としている。鳥浜貝塚は縄文時代草創期から前期にかけての遺跡で、三方湖に注ぐ鰡川と高瀬川の合流点付近の低湿地帯に所在する。1962（昭和37）年から1985（昭和60）年の間に、学術調査および川の拡幅や護岸工事に伴う緊急調査などの発掘調査が実施された。遺跡の一角は鳥浜貝塚公園となっており、記念碑とオブジェを設

図3　鳥浜貝塚遺跡公園（上）と若狭三方縄文博物館（下）

けて顕彰している。鳥浜貝塚自体は指定史跡になってはいないが、丸木舟や漆製品などの木製遺物をはじめとする1,376点が重要文化財となっている。

この鳥浜貝塚公園から約750m離れた三方湖畔に若狭三方縄文博物館が位置する（図3）。周囲は縄文ロマンパークとして整備され、中核施設となる博物館の外観は土偶の腹部をイメージしたものに工夫し、公園内の縄文広場には鳥浜貝塚で検出された竪穴住居の復元がある。館内の展示は鳥浜貝塚の出土資料だけでなく、環境考古学の視点も取り入れ、縄文文化を幅広く捉えることが眼目となっており、土器・土笛づくりや丸木舟乗船などの体験プログラムが準備されている。町内の文化財や観光情報の検索コーナーも設けられており、縄文を基点にしたまちづくりの推進施設の位置づけをもち、観光と学習の役割を担った地域博物館である。

3. 遺跡博物館に求められる役割と展望

北陸地域の遺跡博物館は、遺跡との関係性において二者のものがみられる。一つは、遺跡の保存と史跡整備を進め、その継承と活用の一環として設置された博物館で、全体の約9割がこれにあたる。もう一方は、遺跡自体は開発でほとんどが失われ、あるいは現在の地形や環境からは把握することが困難な状態の遺跡について、出土遺物や復元遺構などで検証する博物館であり、河田山古墳群史跡資料館と鳥浜貝塚を扱う若狭三方縄文博物館が挙げられる。前者のように史跡の保存整備と一体化したあり方が、遺跡博物館の機能を発展的に高めるもので求むべき姿であろう。けれども、消滅した遺跡の資料と記録を紹介して伝承する後者の博物館が担う役割も、社会的意義が大きい。後者は全国でも圧倒的に少ないが、遺跡とのつながりからみた遺跡博物館の設置に関して、このような二つの方向性がみとめられる。

また、施設の機能と活動のあり方から捉えると、北陸の遺跡博物館は3つのタイプ（Ⅰ～Ⅲ）が存在する。Ⅰ類とするものは、当該遺跡の顕彰を主目的にしながら、その展示収蔵だけでなく、地域の歴史民俗学習の拠点として幅広く博物館活動に取り組む一群である。南砺市井波歴史民俗資料館、富山県朝日町埋蔵文化財施設まいぶんKAN、白山市立鳥越一向一揆歴史館などがそれで、

全体の約20％と割合はやや少ない。Ⅱ類は、史跡整備と並行して開設された遺跡博物館で、遺跡の展示紹介を中心テーマにして、その機能を高めるためにイベントや体験プログラムを組み、娯楽や学習に適うべく活動する館群である。北代縄文館、能登町真脇遺跡縄文館、福井県立一乗谷朝倉氏遺跡資料館などがこれにあたり、約25％の割合を占め、地域振興の観光拠点に位置づく館もみられる。そして、Ⅲ類に捉えられるのは史跡のガイダンス施設として設置され、遺跡紹介のための展示収蔵と史跡管理をおもな役割とし、これ以外の活動はほとんど実施されていない小規模な館であり、全体の半数を超えている。

　遺跡を保存して人々の活用を促す点で、望ましい遺跡博物館の姿はⅠ・Ⅱ類であろう。そのなかで、利用率が高く史跡の価値と意義の周知に機能している館の共通点としては、楽しみながら学べる体験プログラムの充実と、活動において地域住民が大きなかかわりをもっていることが指摘できる。北代縄文館では、ボランティア登録する地区住民が体験プログラムや史跡公園の整備の推進力となり、館が地域振興の資産に位置づいている。また、一乗谷朝倉氏遺跡資料館は地域住民との直接的なつながりは薄いが、史跡全体の保存と活用に住民が積極的にかかわっており、その一環をなす資料館が学習と観光の財産として史跡とともに地域に定着している。指定史跡は我が国の歴史上大きな意義をもち、あるいは稀有で貴重な存在ではあるが、これを現在の生活において支え、アイデンティティを創出していくのは地区や地域の人たちである。したがって、物理的・精神的に住民の身近な存在になっていくことが求められるのであり、地域の多くの博物館と同様に、住民参加が遺跡博物館の役割と価値を高めるポイントと言えよう。

　そして、現状ではもっとも多いのがⅢ類であり、これらの施設では出土資料の展示収蔵による遺跡の紹介だけでなく、多様な活動に対する取り組みが望まれる。ただし、史跡に隣接することを考慮し、石動山資料館や蝦夷穴歴史センターのように人家も疎らな山中に所在する館や、降雪地帯の地域性から冬季閉鎖する施設があり、地域住民の取り込みや利用者増の方策が立てにくい点もみとめられる。けれども、史跡とともに遺跡博物館の活用を促進するためには、名所となる睡蓮を育てた安田城跡資料館や、森林浴空間を設けた雨の宮能登王墓の館のように、多面的な付加価値を作出し、何らかの形での住民参加を工夫

する方策に取り組んでいくことも必要と思われる。

参考文献
内川隆志　2006「文化財保護法以前の整備と指定」『史跡整備と博物館』雄山閣。

(駒見和夫)

Ⅶ　東海地域

　ここでいう東海地域とは静岡県・愛知県・岐阜県・三重県の4県を指す。しかし、この4県を「東海」として括ることに違和感を覚える人もいるかもしれない。考古学では、静岡県を東海に含めることが多いが、愛知・岐阜・三重の在住者からみれば静岡は東海ではない。一方、この地域外にいる人から見れば、三重県は近畿ではないのか、ということにもなろう。このように東海地域という括り方自体が流動的である。本節では静岡・愛知・岐阜・三重を東海4県として扱うが、これは研究上の区分と日常的な区分とを混在させるということになる。

1.　東海4県の史跡

　さて、東海4県の特別史跡・国指定史跡・県指定史跡の状況をみると、2013年現在、以下のようになっている。
　まず静岡県では特別史跡3件、国指定史跡42件、県指定史跡14件、愛知県では特別史跡1件、国指定史跡36件、県指定史跡5件である。岐阜県には特別史跡はなく、国指定史跡23件、県指定史跡5件、三重県では特別史跡1件、国指定史跡37件、県指定史跡71件を数える。このなかには、考古学的な遺跡だけでなく、歴史的建造物や古戦場なども含まれている。
　全体的にみて、特別史跡・国指定史跡は4県でそれほど変わりはないが、県指定史跡の数は三重県が突出しており、愛知県・岐阜県では少ないようである。

2. 東海 4 県の遺跡調査と保存

（1）静岡県

　静岡県における遺跡調査については、『静岡県史』に概略がまとめられているので（静岡県 1990a・1990b・1992）、それを参照しながら概観する。

　まず、静岡県における本格的な考古学調査の大きな画期は、戦後の登呂遺跡の発掘にあることに異論はないだろう。登呂遺跡は、静岡県の考古学史のみならず、日本の考古学研究史に名を残す遺跡である。この遺跡の発見は、1943（昭和 18）年に国民学校教員であった安本博が、当時毎日新聞社静岡支局にいた森豊のところに住友金属プロペラ工場建設敷地から採集された丸木舟の一部を持ち込んだことがきっかけであった（森 1969）。

　そして、戦後になって明治大学の後藤守一、杉原荘介を中心に東京大学・早稲田大学など、当時の日本の考古学の力を結集した発掘調査がなされた。この調査の意義としては、水田址の発見によって弥生時代の農耕集落の姿を明らかにしたことや、自然科学や建築学などを含めた初めての学際的調査であったことなどが挙げられるが、戦後の日本の考古学を方向づけるという意味では、この調査を契機として日本考古学協会が設立されたことに大きな意義があった。その後、1999（平成 11）年からは 5 か年計画で再発掘が行われ、最初の調査で描かれた登呂の風景は、大きく修正された。

　昭和 30 年代になると沼津市休場遺跡をはじめとした旧石器時代の遺跡調査も始められた。特に静岡県は、1958（昭和 33）年に発見された三ヶ日人や、1962（昭和 37）年に浜北市（現、浜松市）で見つかった浜北人など、日本では珍しく化石人骨の事例があることで知られる。しかし、今日では三ヶ日人は縄文時代のものとされ、浜北人は年代の特定が難しく、旧石器時代人骨とはみなされていない。

　その後、磐田市新豊院山古墳群、藤枝市若王子・釣瓶落古墳群など古墳時代の開始に関わる重要遺跡の調査がなされ、さらに 1984（昭和 59）年に発見された磐田市一ノ谷中世墳墓群は、中世の墳墓遺跡として全国的な注目を集めたが、その保存にはいたらなかった。

（2）愛知県

　愛知県の遺跡調査は戦前・戦後を通じて、在野の研究者に依るところが大きかった。行政による埋蔵文化財の調査体制が確立するまでは、緊急な遺跡調査の場合、行政が在野の研究者に調査を委託することで愛知県の考古学は支えられてきたと言ってよい。

　愛知県における本格的な遺跡調査としては、豊橋市瓜郷遺跡の調査（1947～52年調査）が挙げられる。この遺跡の調査では、登呂遺跡や奈良県唐古遺跡と同様、弥生時代の農耕集落を明らかにする成果をあげた。1953（昭和28）年に国指定史跡となっている。

　1951（昭和26）年には渥美半島の吉胡貝塚の調査が実施された。この調査は文化庁の前身である文化財保護委員会によって行われたものである。渥美半島には吉胡貝塚のほか、保美貝塚・伊川津貝塚といった著名な貝塚が所在しており、いずれも明治時代から繰り返し発掘がなされてきた。それらの調査の多くは、埋葬人骨目当てで行われたものであり、いくつかを除き報告書が出されていない。

　1950年代後半には、猿投山古窯址群の調査が名古屋大学を中心に開始され、古墳時代後期から鎌倉時代初期に至るこの地域での窯業生産のあり方が明らかにされた。今日においても窯業生産の研究はこの地域の考古学研究の主要テーマの一つとなっている。

　1972（昭和47）年には名古屋環状2号線清洲ジャンクションの建設に伴って、朝日遺跡の発掘調査が始まった。この遺跡は、弥生時代の環濠集落として知られ、おそらくは名古屋以東では最大級の規模を持つ遺跡である。逆茂木や乱杭といった防御施設をもつとされ、多数の方形周溝墓によって構成された墓域、そして多量でバラエティに富む出土遺物など、まさに東海地域を代表する弥生時代遺跡と言ってよい。また、本遺跡の調査を契機として愛知県埋蔵文化財センターが設立され、県内遺跡の調査体制が整った。

　東海地域は織田信長・豊臣秀吉・徳川家康をはじめとする戦国武将を多く輩出していることから、中世から近世にかけての考古学的調査も多い。特に名古屋城は県内唯一の特別史跡であり、近年本丸御殿が復元されて話題を呼んでいる。

（3）岐阜県

　岐阜県の考古学も戦前・戦後を通じて在野の研究者が担ってきた。その背景としては、岐阜県には考古学の教員を擁した大学がなく、在野の研究者を中心に、県外の大学が加わるという体制で調査が行われてきたからである。その端的な事例としては、1940年代後半からなされた山県郡美山町（現、山県市）の九合洞窟遺跡の調査がある。この遺跡の調査は名古屋大学・地元の研究団体、そして個人研究者によって合同でなされた。

　尾張と同様に中世の窯業生産がさかんな美濃地域では、多治見市・土岐市などの東濃地域を中心に窯跡も多数調査されているが、そうした調査を担ってきたのも在野の研究者であった。

　史跡の状況をみると、戦前に陵墓参考地であった岐阜市の琴塚古墳、大野町の野古墳群などが国指定の史跡となっている。特に、大垣市昼飯大塚古墳は、4世紀後半の前方後円墳としては県内だけでなく、東海地域でも最大の規模を誇る。大垣市による調査を経て、2013年に墳丘の整備が完了し、史跡公園としてオープンした。

　古代の遺跡としては、大垣市に美濃国分寺があり、高山市に飛驒国分寺がある。いずれも国指定史跡となっている。また、関市に所在する弥勒寺官衙遺跡群は1994（平成6）年より調査が開始され、郡庁院・正倉・御厨などの郡衙の全容を示す遺構群が見つかっており、2007（平成19）年に弥勒寺官衙遺跡群として国指定史跡となった。

（4）三重県

　三重県については、1964年の『三重県史』（三重県 1964）の時点の状況からみていく。

　『三重県史』では、考古学の部分で、旧石器時代（「無土器文化時代」という用語が使われている）から古代までが扱われている。旧石器時代の遺跡として、すでに7か所ほどの遺物採集地が挙げられ、細石器文化の時期の遺跡も10か所ほど挙げられている。「いずれも表面採集によってもので、地層的研究がなされていない」ということで、この時点では発掘調査によるものではない。しかし、早くも旧石器時代の遺跡に関心が向いている点は注目される。縄

文時代の遺跡についても、草創期を除いて早期から晩期に至る遺物出土地点が記載されている。

　弥生時代の遺跡については、縄文時代以前に比べて状況が明らかになっていたようで、鈴鹿市上箕田遺跡、四日市市東日野遺跡、五百山遺跡、津市半田遺跡、志摩郡志摩町白浜遺跡、桑名市伝馬町貝塚、上野市朝屋遺跡などの名前が挙げられている。特に、上箕田遺跡では狩猟文土器や銅鐸形土製品が出土し、全国的にも注目された。

　古墳時代の遺跡は、古くから数多く知られており、31の古墳と3か所の祭祀址かと思われる遺物出土地が挙げられている。このなかで、特筆すべきは伊賀市石山古墳であろう。この古墳は、1948（昭和23）年から1951（昭和26）年にかけて京都大学考古学研究室によって発掘された前期古墳で、3基の粘土槨が見つかっていて、そのうちの西槨からは大量の碧玉製腕飾類が出土した。

　古代の遺跡では、伊勢神宮、斎宮に関する文献的な考察のほか、古代寺院の所在地および瓦の型式について、考古学的な所見が見られる。また、国分寺についても伊勢国分寺、伊賀国分寺、志摩国分寺について記載されている。このうち、伊勢国分寺は1922（大正11）年に国史跡に指定され、伊賀国分寺は1923（大正12）年に国の史跡に指定されたが、1944（昭和19）年に解除され、戦後の1948（昭和23）年に再指定された（1961（昭和36）年に追加指定）。志摩国分寺のみ県指定史跡である。

　1960年代後半以降、開発がさかんになるにつれ数多くの遺跡が発掘されていったが、その一方で、1980年代になると保存を前提とした調査もなされていった。例えば伊勢国分寺跡では1988（昭和63）年より範囲確認調査が始まり、1999（平成11）年から2005（平成17）年まで史跡整備のための調査が続けられた。また、伊勢国府跡では1992（平成4）年から鈴鹿市による調査が続けられ、その成果から2002（平成14）年に国史跡となった。

　多気郡明和町の斎宮跡では、1970（昭和45）年から発掘調査が開始され、その全容解明を進めており、1979（昭和54）年に国史跡に指定された。

　近年の大きな話題として、松阪市宝塚1号墳の発掘であろう。この古墳を含む花岡古墳群は古くから知られ、現存する宝塚1号墳・同2号墳は1932（昭和7）年に早くも国史跡に指定されている。保存整備を目的とした松阪市によ

る調査の際に大型の船形埴輪が出土し、全国的な注目を浴びた。これらの出土品も、現在重要文化財に指定されている。

3. 東海地域の遺跡博物館

（1）静岡県の遺跡博物館

　静岡県の遺跡博物館としては、伊豆の国市韮山郷土史料館、静岡市立登呂博物館、浜松市博物館、浜松市伊場遺跡資料館を取り上げる。

　伊豆の国市韮山郷土史料館は、1950（昭和25）年に発掘された弥生時代の遺跡である山木遺跡の出土遺物（国指定重要有形民俗文化財）を収蔵するために建てられた施設である。当初は「韮山町立郷土史料館」という名称であったが、2005（平成17）年の市町村合併で伊豆の国市となり、現在の名称となった。常設展示は1階と2階とに分かれており、1階は山木遺跡出土品の展示室となっている。2階は、伊豆の国市の歴史をたどる展示となっていて、多田大塚古墳群出土遺物、鎌倉時代の願成就院跡出土遺物、室町時代の伝堀江御所跡出土遺物、そして韮山城出土遺物など、古代から戦国に至る各時代が、遺跡の復元模型やその出土品で示されている。年に2回、企画展を開催している。

　静岡市立登呂博物館は、文字通り登呂遺跡と一体となった遺跡博物館である。登呂遺跡の調査についてはすでに述べたが、その出土遺物の収蔵と登呂遺跡の活用を図るために、1955（昭和30）年に開館した「静岡考古館」を前身としている。静岡考古館は1971（昭和46）年に閉館し、翌年「静岡市立登呂博物館」として開館した。その後1994（平成6）年に1階展示室を参加体験型にリニューアルした。

　先にも述べたように登呂遺跡は1999（平成11）年より、史跡整備のための再発掘調査が静岡市教育委員会によって実施された。この調査では、登呂の水田跡が小区画水田であることが明らかにされたり、集落域に独立棟持柱をもつ高床建物があることが確認されたりするなど、大きな成果を上げた。こうした成果を受けて、静岡市では2005（平成17）年より登呂博物館の建て替えを計画し、2010（平成22）年にリニューアル・オープンした。

　新しい登呂博物館では、展示による登呂遺跡のガイダンスを行うと同時に、

遺跡での体験学習を重視した活動をしており、その活動を担うボランティアの活用にも積極的である。また、市民活動として「登呂博物館弥生人体験クラブ」があり、登呂遺跡の復元水田を利用した米作りや土器作りなどの体験学習をサポートしている。

浜松市博物館は、縄文時代後期・晩期の遺跡で、国指定史跡でもある蜆塚遺跡公園に隣接して建てられた博物館であるが、全体としては総合博物館であり、遺跡博物館としての性格はそれほど強いわけではない。

この博物館はもともと 1958（昭和 33）年に開館した浜松市立郷土博物館を前身とし、1979（昭和 54）年に現在の位置に「浜松市博物館」として開館した。常設展示は 2011（平成 23）年にリニューアルし、「はままつの歴史・文化展示室」というテーマで、浜松の歴史を通史として見ることができる。展示室入口のナウマンゾウの骨格復元模型が印象的である。

活動としては、体験学習や子ども向け講座などが充実しており、また博物館ボランティアも積極的に養成し、活用している。ボランティアのなかで実績を積めば「市民学芸員」に認定してもらえるなどユニークな試みもされている。さらに、出前講座や博学連携にも取り組んでおり、学校移動博物館なども実践されている。

伊場遺跡資料館は、弥生時代の集落遺跡である伊場遺跡の一部を公園化した伊場遺跡公園に隣接して建てられた遺跡博物館である。伊場遺跡は 1949（昭和 24）年に発見され、1954（昭和 29）年に県指定の史跡となった。1968（昭和 43）年以降、浜松市教育委員会によって継続的な調査が実施され、弥生時代の環濠集落であることが明らかにされた。また、古代の遺構群も検出され、特に「己亥年五月十九日渕評竹田里人」と書かれた木簡が出土して、伊場遺跡とその周辺で評衙の存在が推定されている点は重要であろう。

伊場遺跡を著名なものにしたもう一つの出来事は、いわゆる「伊場遺跡訴訟」である。伊場遺跡は 1954 年に県史跡に指定されたが、1973（昭和 48）年に、旧国鉄浜松駅前の再開発に伴い、電車区を伊場遺跡所在地に移転するため、静岡県教育委員会が史跡指定を解除した。それに対し、研究者でもあった遺跡保存運動グループの代表が指定解除取消を求めて訴訟を起こしたが、裁判所は「原告適格を有しない」と判断し、訴えは棄却されるという結果になっ

た。現在でも、遺跡自体は指定史跡とはなっていない。

　今日、伊場遺跡は公園として整備され、弥生時代の環濠や古墳時代の住居址、そして古代の建物群が復元展示されている。それに隣接した伊場遺跡資料館は1975（昭和50）年に開館した遺跡博物館であるが、2011（平成23）年に閉館した。常設展示では弥生時代の木製短甲や、古代の文字資料が展示されていた。木簡などの文字資料は静岡県指定文化財である。

（2）愛知県の遺跡博物館

　愛知県での遺跡保存と博物館については、史跡に遺跡博物館が伴う場合とガイダンス施設が併設されている場合とがある。前者の事例としては、清須市にある清洲貝殻山貝塚資料館と朝日遺跡、見晴台考古資料館と見晴台遺跡、吉胡貝塚資料館と吉胡貝塚などがある。

　後者の事例としては、犬山市青塚古墳史跡公園とガイダンス施設「まほらの館」がある。また、常滑市は常滑焼の生産地であるが、現在は町並みが「やきもの散歩道」として活用され、博物館としては常滑市民俗資料館とINAXライブミュージアムがある。

　貝殻山貝塚資料館は、弥生時代の大集落である朝日遺跡の出土品を公開するために、1975（昭和50）年に設置された博物館である。1998（平成10）年からは新施設建設のため一時閉館したが、2005（平成17）年に元のままで再開館している。2015（平成27）年現在は、リニューアルが計画されている。

　朝日遺跡の中心部は、名古屋第二環状自動車道などが接続する清洲ジャンクションの建設や宅地化によって残されてはいないが、遺跡の範囲が広大であるため、周辺地区では現在でも発掘調査が行われている。出土遺物は2012（平成24）年に重要文化財に指定されている。朝日遺跡自体は保存されているわけではないが、貝殻山貝塚のみ1971（昭和46）年に国史跡に指定された。

　貝殻山貝塚資料館の活動としては、年に数回の「弥生体験講座」で、弥生時代の道具のレプリカを用いて田植えから収穫、土器での炊飯までを体験することができる。また、敷地内には復元された竪穴住居や土盛りされた貝塚などが残されている。

　見晴台考古資料館は、1979（昭和54）年に開館した。見晴台遺跡は、弥生

時代の環濠集落であるが、戦争中は高射砲陣地（笠寺高射砲陣地）にもなっており、戦争考古学の分野でも注目される。これまでこの博物館は2つの機能を担ってきた。一つは見晴台遺跡の遺跡博物館として、遺跡に関する資料を収集保存・調査研究、そして展示する機能、もう一つは名古屋市内の埋蔵文化財調査を行う埋蔵文化財センター機能である。しかし、近年は前者に重点を置いた活動が中心となっているようである。

　博物館自体の展示スペースは決して大きくはないが、「なごや発掘最前線」をはじめ、年間を通して特別展・企画展を開催しているほか、講演会・遺跡報告会・月例映画会などさまざまなイベントを通じて名古屋市内での遺跡調査の成果を市民に公開している。また、学芸員によって「縄文さん」「埴輪盗人」の2題の考古学落語が創作され、プロの落語家によって演じられている点は非常にユニークである。

　しかし、見晴台考古資料館が全国的に知られるようになったのは、市民による見晴台遺跡の継続的な発掘、いわゆる「見晴台遺跡市民発掘」であろう。これは名古屋在住・在勤・在学の中学生以上を対象として、主に夏休みの時期に行われている。この市民発掘は1964（昭和39）年以来、実に50年間続いている事業であり、発掘するだけでなく、出土した遺物の水洗いなどを行う「みはらしの日」を定期的に開催するなど、発掘調査全般にわたって市民が関われる仕組みとなっている。

　吉胡貝塚資料館は、2007（平成19）年に国指定史跡吉胡貝塚に隣接して建てられた遺跡博物館である。愛称は「シェルマよしご」（シェルマとはシェルマウンド shell mound の略）。この貝塚は、1922（大正11）年・1923（大正12）年に京都帝国大学の清野謙次が発掘し、300体以上もの縄文時代の人骨を発見したことで知られるようになった。戦後になって、1950（昭和25）年に文化財保護委員会が発掘調査を行い、東海地域の縄文晩期の土器編年研究や墓制研究に、大きな役割を果たした。その年、国史跡に指定されている。

　展示は再現展示を中心にしており、ジオラマで縄文時代の生活の様子を見せている。屋外は吉胡貝塚史跡公園となっていて、貝層や人骨出土地点が保存され、博物館と合わせて見学することで、吉胡貝塚における生活の様子を体感的に理解することができる。

また、土器作りや火起こし、貝塚の土洗いなど、さまざまな無料の体験学習を随時受け付けており（予約が必要なプログラムもある）、普及活動にも力を入れていることがわかる。

　古墳時代の遺跡博物館としては、青塚古墳史跡公園とそのガイダンス施設を紹介しておきたい。青塚古墳は4世紀半ばに築造されたと考えられる前方後円墳で、埋葬施設の発掘は行われていないが、圃場整備事業に伴い墳丘の調査が行われ、埴輪・葺石の存在が確認されている。1966（昭和41）年には犬山市の指定文化財となっていたが、こうした調査の結果を受けて、1983（昭和58）年に国史跡に指定された。

　犬山市教育委員会によって、古墳の整備とガイダンス施設の設置が進められていたが、2000（平成12）年に青塚古墳史跡公園として整備され、ガイダンス施設「まほらの館」が開館した。まほらの館は、2010（平成22）年からNPO法人古代邇波の里・文化遺産ネットワーク（通称ニワ里ネット）に管理運営が委託されており、現在ではニワ里ネットの職員が学芸員として配置され、企画展や講座・講演会などを実施している。

　最後に、常滑市のやきもの散歩道ととこなめ陶の森資料館について紹介しておきたい。常滑焼は平安時代末期の灰釉陶器の流れをくみ、知多半島で生産され始めた焼き物で、室町時代になると現在の常滑市周辺に窯が集中した。江戸時代になって常滑村をはじめとした村々で焼かれた陶器を「常滑焼」と称するようになったようである。

　常滑市には、そうした常滑焼の伝統から、窯屋やレンガ造りの煙突などが残り、また道の擁壁などに焼き物が使われるなどの景観が残されていた。しかし、施設の老朽化やマンション建設に伴い次第に景観が変化してきたことから、町の景観を保全するために2010（平成22）年に「常滑市やきもの散歩道景観計画」が策定され、景観維持の方針が打ち出された。

　やきもの散歩道にはA・B二つのコースがあり、Aコースは全長1.6kmで徒歩60分程のコース、Bコースは全長4kmで徒歩2時間30分ほどのコースである。町の景観を楽しみつつ、食事やショッピングなども楽しむことができるため、人気の観光コースとなっている。このうち、Bコースをとれば「とこなめ陶の森資料館」に到達することができる。

とこなめ陶の森資料館は、1981（昭和56）年に開館した常滑市民俗資料館を隣接する陶芸研究所と統合して、2012（平成24）年にリニューアルした博物館である。常滑焼は、先述したように平安時代末期からの陶器生産の流れをくんでいるが、今日でもなお常滑焼の生産は続けられているため、考古・歴史資料であると同時に民俗資料であるとも言える。

特に国指定重要有形民俗文化財となっている「常滑の陶器の生産用具及び製品」1655点のうち約300点が展示されており、また、ビデオなどの映像も展示理解を深めるのに役立っている。正面玄関は窯の内部をイメージさせる作りになっているほか、水琴窟もあり、その音を楽しむこともできる。

とこなめ陶の森資料館は厳密には遺跡博物館とは言えないかもしれない。しかし、常滑という町を古代末期から現代に至る窯業生産址としてみるならば、町並みという「遺跡」を背景とした立派な遺跡博物館と位置づけることができよう。

（3）岐阜県の遺跡博物館

岐阜県で遺跡と関連づけられている博物館は23館にのぼる[1]。ここではすべてを紹介することはできないので、下呂市下呂ふるさと歴史記念館、可児市川合考古資料館、関市塚原遺跡公園展示館、本巣市古墳と柿の館を取り上げる。

これらのほかに美濃加茂市民ミュージアムと岐阜市歴史博物館なども、それぞれ尾崎遺跡、岐阜城とそれぞれ関連づけられる。そういう意味では、これらも遺跡博物館ではあるが、いずれも地域の中核的な博物館として位置づけるほうが相応しい。

下呂市下呂ふるさと歴史記念館は、縄文時代前期の代表的な遺跡である峰一合遺跡の遺跡博物館である。峰一合遺跡は、1966（昭和41）年から70（昭和45）年まで調査され、その調査成果を公開する場として、1972（昭和47）年に「中部山岳考古館」として開館した。1985（昭和60）年に名称を「峰一合遺跡考古館」に変更し、1995（平成7）年に現在の「下呂ふるさと歴史記念館」となった。その後、2012（平成24）年に2階展示室をリニューアルしている。現在の常設展では、峰一合遺跡だけでなく、合併町村も含めた現在の下呂市の通史がうかがえるものとなっている。

図1　岐阜県可児市川合次郎兵衛塚1号墳

図2　岐阜県関市塚原遺跡公園

学校との連携も進めていて、学習プログラムの整備、そして「古代アクセサリー作り、縄文土製品づくり、ミニチュア縄文土器作り」などの「縄文体験」が可能な「昔の技と英知を体験できる博物館」として、体験学習にも力を入れている。また、2～3カ月に1回、「下呂ふるさと歴史記念館NEWS」を発行している。博物館に隣接して、峰一合遺跡の史跡公園「縄文公園」が整備されており、縄文時代・弥生時代の竪穴住居が復元されている。

可児市川合考古資料館は、県指定史跡である川合次郎兵衛塚1号墳に隣接する、川合公民館内にある。次郎兵衛塚1号墳は、一辺が29.5mを測る岐阜県下最大の方墳であり、7世紀初頭の築造とされる。2段築成の墳丘には全面に川原石による葺石が葺かれ、墳丘南側に横穴式石室が3基ある。

資料館は公民館内にあるので、展示室の規模は大きくない。しかし、展示内容は充実しており、次郎兵衛塚1号墳をはじめ、宮之脇遺跡A・B地点、稲荷塚1号墳などの出土遺物などによって、旧石器時代から古墳時代にいたる川合地区の歴史がたどれるようになっている。ただし、学芸員がいないこともあって、学習プログラムなどは実施していない。

関市塚原遺跡公園展示館は、1954（昭和29）年以降、3回にわたって発掘調査された縄文時代と古墳時代の複合遺跡である塚原遺跡の出土遺物を展示する

施設で、1992（平成4）年、公園としての整備に伴い建てられた。その後、2008（平成20）年に建物の老朽化をうけてリニューアルされた。敷地内には塚原遺跡で見つかった縄文時代の炉址や竪穴住居址、古墳が復元されており、展示館内には縄文土器、古墳出土遺物が展示されている。

　関市内には、塚原遺跡以外に、古代の武儀郡衙の遺構とされる国指定史跡弥勒寺官衙遺跡（弥勒寺東遺跡）がある。この遺跡の出土資料は、近接した関市空也館に一部が展示されている。今後、関市は史跡として整備することを予定しているとのことで、期待される。

　最後に本巣市古墳と柿の館を紹介しておきたい。この博物館は、本巣市糸貫に所在する船来山古墳群の遺跡博物館である（ただし本巣市富有柿の里条例によれば所管は教育委員会ではなく、管理者は市長である）。船来山古墳群は、4世紀から7世紀にかけて独立丘上に群集して築造された古墳群で、その総数は1000基以上と言われている。今日までにおよそ300基が調査されている。

　展示室では船来山古墳群で出土した土器・須恵器・玉類・武器武具類が展示されているほか、近接して「赤彩古墳」として知られる船来山272号墳の石室が移築・復元されていて、見ることができる。常設展のほか、企画展示も行うが、展示以外のさまざまな学習プログラムも充実しており、「歴史文化探訪セミナー」「親子歴史体験教室」などを行っている。そして、そうした活動を支えるボランティアの育成と活用にも積極的である。

（4）三重県の遺跡博物館
　三重県の遺跡博物館としては、鈴鹿市考古博物館、斎宮歴史博物館、宝塚古墳公園と松阪市文化財センターはにわ館を取り上げることにする。

　鈴鹿市考古博物館は伊勢国分寺址に隣接する遺跡博物館であり、鈴鹿市の考古学を専門とする地域博物館としても機能している。伊勢国分寺は先述したように、1922（大正11）年に国史跡に指定されており、現在は史跡整備に向けて準備が進められている。

　博物館は、旧石器時代から古代に至る鈴鹿市内の遺跡出土資料によって、鈴鹿の歴史の通史的な理解ができるようになっている。しかし、遺跡博物館として見たときには、伊勢国分寺に関する展示があまり多くない点が気になる。

図3 三重県鈴鹿市考古博物館と伊勢国分寺跡

展示以外では、「勾玉を作ろう」や「土笛を作ろう」などの体験学習や、出前講座や総合学習等支援プログラムなどの学習連携にも力を入れている。

斎宮歴史博物館は、国指定史跡斎宮跡の遺跡博物館であり、1989（平成元）年に開館した県立博物館である。東海地域の遺跡博物館としては最も規模が大きい。

斎宮とは、伊勢神宮に仕えた未婚の皇女である斎王の居所であるが、考古資料だけでなく、『延喜式』などの文献史料からも研究が進められている。常設展はそのことを反映して2室に分かれており、展示室Ⅰは「文字からわかる斎宮」、展示室Ⅱは「ものからわかる斎宮」となっている。展示室Ⅰでは模型やマジックビジョンを使った展示があり、展示室Ⅱでも模型や「斎宮バーチャル探訪」が楽しめるディスプレイが設置されているなど、ビジュアルに訴える展示が多いのが特徴である。

展示以外では、特別展・企画展を定期的に開催し、講座や講演会なども行い、学校対応にも積極的である。

宝塚古墳公園は、宝塚1号墳・2号墳を復元整備した史跡公園であり、松阪市文化財センターはにわ館は、宝塚1号墳の発掘調査によって出土した船形埴輪などが重要文化財に指定されたことから、それらを公開するために2003（平成15）年に開館した。

はにわ館の展示室は第1展示室と第2展示室に分かれており、第1展示室は宝塚1号墳出土の埴輪の展示、第2展示室は特別展や企画展を開催するスペースとなっている。ホール、ロビーでは写真展が開かれたり、「本物にさわってみよう」などのハンズオンコーナーがあったりする。

また、1923（大正12）年に建設された旧カネボウ綿糸松坂工場の倉庫は登録有形文化財となっているが、その倉庫を使ってギャラリーとし、市民に開放

してさまざまな文化芸術活動の発表の場としている。

4. 東海地域の遺跡博物館の課題と展望

　今回、東海地域の遺跡博物館を概観し、またそのうちのいくつかに実際に足を運んでみて感じたのは、おしなべてアクセスが悪いということである。逆に言えば、そうした環境にあるからこそ遺跡が保存されているとも言えるのだが、少なくとも史跡を整備し、遺跡博物館を併設する計画を立てるのであれば、利用者の便を図ることも盛り込まれるべきである。

　実際に筆者が訪れたいくつかの遺跡博物館では、ほとんど来館者を見ることがなかった。このことは、人々の関心の問題だけではなく、利用の便を図ることを考慮していないことも大きな理由であって、利用者の少なさをもって施設の廃止に議論が及ぶようなことがあれば、それは問題のすり替えに過ぎない。

　また、遺跡博物館とは違うが、静岡県、愛知県について言えば、それぞれ政令指定都市をもつ県でありながら、県立の歴史博物館をもっていないことは注意すべきである。これにはいろいろな事情があるようだが、結局のところ、行政側の意識だけでなく、県内の考古学研究者の連携や、市民へのアピールがなければ県立の博物館は実現できないということであろう。

　少なくとも、現状では、整備された遺跡もそれに関する学習機会を提供する遺跡博物館も、その役割を十分に果たしているところは限られている。しかし、遺跡や博物館はその活用の仕方次第で、ユニークな場となりうる。

　遺跡博物館の展望は、そのための知恵を絞り出した先にあると言える。

註
（1）美濃加茂市民ミュージアム学芸員の藤村俊氏の集計による。

参考文献
岐阜県　1972『岐阜県史　通史編原始』巖南堂書店。
静岡県　1990a『静岡県史　資料編1　考古一』静岡県。
静岡県　1990b『静岡県史　資料編2　考古二』静岡県。
静岡県　1992『静岡県史　資料編3　考古三』静岡県。

三重県　1964『三重県史』。
森　豊　1969『「登呂」の記録　古代の発掘にかける』講談社。

(黒澤　浩)

Ⅷ　関西地域

　本節で対象とする地域は、近畿あるいは関西と呼称される地域であり、大阪、京都、奈良、和歌山、兵庫、滋賀の2府4県が含まれる。これらの地域は畿内（摂津・河内・和泉・山城・大和）およびその周辺地域であり、古代以来、政治文化の中心として栄えてきた地域である。とりわけ、河内・和泉・大和・近江の各地域には宮都など政治的中枢機関が配置されていたこともあり、それらに関する遺跡が多く分布している。
　またこれら地域には、先史以来の遺跡分布も枚挙にいとまがない。さらに近年の大都市圏への人口集中に伴い開発と保存との狭間で、文化財の保存問題が話題となった遺跡も少なくない。それら遺跡が文化財保護に関する市民運動や関係者の努力によって保存が決定した後、史跡指定され、その整備が行われた例も少なからずみられる。
　しかし当該地域に所在するこれらの遺跡を、本節ですべて網羅することは与えられた紙幅では不可能である。従ってここでは、まず概括的に記述した後、とくに注目すべき遺跡および遺跡博物館に限定して記述を進めることにしたい。
　ところで遺跡博物館は、まず遺跡の顕彰を目的として、対象遺跡内あるいは隣接して設置される博物館である。これらには対象遺跡のガイダンス施設という性格を持っており、他の関連遺跡についての展示は行っていないケースが多い。例えば奈良県天理市立黒塚展示館や高松塚壁画館、唐古・鍵考古ミュージアム、大阪府高槻市新池埴輪製作所遺跡のハニワ工場館や今城塚古代歴史館などはその例として挙げられる。
　特別史跡平城宮跡については、我が国を代表する旧都であることもあり、国を挙げての史跡整備事業が行われてきた。平城宮大極殿朝堂院跡が1922（大

正 11）年に国指定史跡に指定後、1952（昭和 27）年平城宮跡として特別史跡に指定された。この後暫時整備工事が進み、1977（昭和 52）年には平城遺跡博物館基本構想」に基づいて整備事業が本格化していった。朱雀門の復元、第一次大極殿正殿の復元工事など宮内の建物の復元工事が相次いで行われてきた。これら整備工事に平行して、朱雀門西には平城京歴史館、宮跡東域には東院庭園、北東部域には遺構展示館、北西部には平城宮跡資料館がそれぞれ建設されている。とくに東院庭園を除く各施設は、当該平城宮、平城京に特化した展示施設であり、平城京歴史館は当該遺跡に関するガイダンス施設としての役割を果たし、他の二者は当該遺跡の歴史や内容の展示を行う施設である。これらの施設をめぐることによって、平城京時代を見学者により具体的にイメージし、理解することができるように構成されている。

　史跡公園の整備例はほかにもいくつか見られるが、近接してそれらからの出土遺物などの展示を行う博物館が設置されていることが多いともいえる。京都府与謝野町の国指定史跡蛭子山古墳および周辺は古墳公園として整備され、地域内には同古墳出土遺物の埴輪を中心に展示する「はにわ資料館」が建設されている。

　奈良県橿原市所在の新沢千塚古墳群は、奈良県南部に位置する東西 2 km、南北 2 km に広がる越智岡丘陵に分布する総数 600 基以上の古墳から構成される。1962（昭和 37）年以来、同志社大学森浩一、奈良県などによって発掘調査が行われた。とくに 126 号墳からは大量の装飾品やガラス碗などが出土し、一括で重要文化財に指定され話題を集めた。1976（昭和 51）年には古墳群として国指定史跡に指定され、遊歩道や説明板の設置などの史跡整備事業が行われ、地域内に橿原市千塚資料館が設置された。また、新沢千塚古墳群公園整備事業の先駆けとして、2012（平成 24）年よりリニューアル工事を実施し、2014 年には「歴史に憩う橿原市博物館」として再開館している。

　大規模な史跡整備に伴って、遺構の復元展示やガイダンス施設の設置が見られるケースには大阪府高槻市新池埴輪製作所遺跡がある。新池埴輪製作所遺跡のハニワ工場館は高槻市に所在する継体天皇陵の可能性もある今城塚古墳および茨木市大田茶臼山古墳に埴輪を供給した埴輪生産遺跡として注目されてきた。宅地開発に伴い発掘調査が行われ、その重要性にかんがみ、史跡指定され

図1　ハニワ工場館内部状況（筆者撮影）

た。史跡対象地に位置する窯跡、工房跡などの復元展示や覆屋の設置などの整備後、愛称「ハニワ工場公園」と呼称され一般公開されている。なお当該遺跡に関するガイダンス施設や遺構の展示公開施設は見られるが、遺跡範囲内には展示施設としてハニワ工場館が設置されている。ここでは当該窯跡群で最大の16号窯跡を調査で検出し、調査によって大きく半裁して、床の重なりなどをわかりやすく示したもので、現地で保存処理後、公開されている。内部では映像による遺跡の紹介も行われている。また継体天皇陵の可能性が云々されている史跡今城塚古墳は、10年の発掘調査と7年間の整備工事によって、9haに及ぶ広大な古墳公園が完成した。さらにここには当該古墳の特徴でもある家、人物、動物など200点に及ぶ形象埴輪が整然と並べられていた状況を大王のハニワとして祭祀場の復元が行われ、ビジュアルな体験場所を提供している。また隣接して今城塚古代歴史館が設置されており、ここには今城塚古墳の出土遺物の展示および三島地域の古墳の紹介が行われている。さらに新池埴輪製作所遺跡出土遺物や窯跡断面の剥ぎ取り土層なども併せて展示されている。

堺市立みはら博物館（旧、美原町立MCみはら）は、国指定史跡黒姫山古墳を中心とした遺跡博物館である。同古墳は古市古墳群と百舌鳥古墳群の中間に位置する前方後円墳である。近年話題となっている百舌鳥・古市古墳群の世界遺産登録を目指すコアゾーンの一つでもある。この黒姫山古墳に隣接した博物館であり、古墳出土遺物を展示のメインとしている。しかし黒姫山古墳以外に地域の鋳物師に関する展示も行っている。

また大阪府から堺市に移管された堺市立泉北すえむら資料館（旧、泉北考古資料館）は我が国最古最大の須恵器生産地であった陶邑遺跡群内に設置された遺跡博物館である。その主要な展示品は陶邑出土品であり、それらは国指定重

要文化財である。同様の例には、同じく大阪府から大阪狭山市に移管された狭山池博物館がある。この博物館は狭山池の堤防上に位置しており、古代以来、地域のかんがい用水を提供してきた重要な溜池である狭山池構築に関わる土木技術を改修工事に伴って実施された発掘調査の成果や古文書などを駆使して紹介している博物館である。

　史跡公園と博物館、ガイダンス施設の両者が同じ地域にほぼ隣接してみられる例に、池上曽根弥生学習館、大阪府立弥生文化博物館の施設群がある。前者は史跡池上曽根遺跡の整備によって誕生した史跡公園内に設置された当該遺跡に特化したガイダンス施設である。検出遺構の現地展示をはじめ、調査経過の写真パネルによる展示紹介などを行っている。

　後者は史跡公園に隣接して設置されているもので、弥生文化博物館では当該遺跡に固執せず弥生時代というコンセプトで運営されており、既述の例とは異なる種類の遺跡博物館といえる。

　大阪府立近つ飛鳥博物館は、一須賀古墳群の一画に建設されたもので、大阪府の風土記の丘公園として古墳群が整備公開されている。なお博物館では一須賀古墳群出土遺物の展示もごく一部に見られなくはないが、多くは古墳時代および河内飛鳥地域に特化した展示が行われており、企画展示も一須賀古墳群と直接的には関連しない内容のテーマでも行われている。

　兵庫県尼崎市所在の田能遺跡は、1965（昭和40）年9月工業用水配水池建設工事によって確認された大規模な弥生時代集落遺跡である。多くの市民の参加によって調査が行われ全国的な関心を喚起した。遺跡保護に対する市民運動および研究者ら関係者の努力によって、1966（昭和41）年尼崎市は計画を変更し、多数の重要遺構遺物が出土した約5,200 m^{2}の保存を決定した。やがて1969（昭和44）年には、遺跡の主要部分が史跡指定された。これに先立つ1967（昭和42）年から3か年計画で、当該遺跡のガイダンスおよび中核施設として田能資料館が計画、建築され、やがて1970（昭和45）年7月25日に開館した。この後、2011（平成23）年、改修工事を経て、リニューアルオープンした。

　兵庫県播磨町所在の大中遺跡は、弥生時代後期から古墳時代初頭の大規模な集落遺跡で、総面積は約7,000 m^{2}に及ぶとされ、1967（昭和42）年に国指定

史跡に指定された。その後、1972（昭和47）年以来、遺跡の公園整備が行われ、現在、復元住居を中心に史跡公園播磨大中古代の村として活用されている。地域内には播磨町郷土資料館が設置され、当該遺跡からの出土品が展示されている。さらに近年隣接する場所に兵庫県立考古博物館が開館した。

和歌山県立紀伊風土記の丘は、史跡岩橋千塚古墳群の保存整備に伴う中心施設として資料館が設置されている。そこでは、館建設中に敷地内で発見された横穴式石室の古墳の現地展示など、当該古墳群に直結する展示が行われている。しかし一部ガイダンス施設としての役割は果たしてはいるが、常設展示は和歌山の古墳時代を中心とした考古遺物の展示内容になっており、総花的となっていることは否めない。

さらに大阪歴史博物館は、かつての大阪城内から現在地に移転し開館したものである。とくに従来から難波宮跡の調査を調査会とともに担当してきた経緯もあり、展示内容に占める難波宮関連コーナーが多いことが指摘される。この点から見ると当該博物館の所在する部分がかつての難波宮に隣接しており、その遺跡顕彰施設の一つであるといえよう。

京都府宮津市国分に所在する国指定史跡丹後国分寺は金堂跡、塔跡など伽藍建物の礎石を中心に整備が行われた。さらに1970（昭和45）年11月には、史跡に隣接して京都府立丹後郷土資料館（ふるさとミュージアム丹後）が開館した。とくに国分寺に特化した施設ではないが、その展示の一部には関係遺物などが含まれている。

滋賀県安土城考古博物館は、安土城跡をはじめ大中湖遺跡などの遺物を収蔵するが、考古学、歴史民俗、美術など広範な分野のさまざまなテーマの企画展示が行われており、本節で対象とする遺跡博物館の範疇に加えてよいかどうか迷うところである。同じく滋賀県には長浜城、彦根城など城に関連する展示施設が多く見られる。

なお城跡そのものはすでに失われて存在しないが、かつて高山右近が城主を務めた高槻城跡三の丸に建設されている高槻市しろあと歴史館は、高槻城跡出土遺物を含めて当該地域の中世から近世の紹介が行われている広義の遺跡博物館である。

以下、関西（近畿）地域における特徴的な遺跡の保存整備と遺跡博物館の歴

史について、大阪府、和歌山県の個別例についてとりあげ、若干詳しく記述していきたいと思う。

1. 大阪府

（1）池上曽根遺跡と池上曽根弥生学習館、大阪府立弥生文化博物館

　大阪府和泉市池上町、泉大津市曽根町の広大な面積に広がる地域で確認された弥生時代の遺跡が池上曽根遺跡である。明治時代の終わりころに、地元の中学生南繁則氏が自宅周辺から石器を採集したのが、遺跡の存在を知る契機となった。1950年代に入り府立泉大津高校地歴部と顧問の森浩一による遺跡の分布調査を実施し、その重要性を言及した。さらに1961（昭和36）年に発掘調査により、遺跡の南北、さらに北端では巨大な溝と竪穴住居33棟を確認し、大量の遺物の出土を見た。これらから森は当該遺跡が濠を伴う弥生時代の台集落遺跡であると予見した。

　1964年には、和歌山と大阪を結ぶ国道26号線の混雑緩和を図るため、第二阪和国道建設の計画が公表され、その建設予定地が池上曽根遺跡を貫通することが明らかになった。これに対し南繁則らを中心に遺跡の保存運動が開始され、これを受けて大阪府教育委員会は遺跡の範囲確認調査を実施し、遺跡範囲を確認した。すなわち南北約1000m、東西約500mに及ぶことが明らかになった。

　やがて1969年から工事に先立つ発掘調査が開始され、その後2年半の期間を要した。調査の結果、池上曽根遺跡は弥生時代全般を通じて営まれた集落で、環濠、竪穴住居、井戸など多くの遺構、石器、木器、土器など大量の遺物が検出され、遺跡の重要性が再確認された。

　1976年には遺跡の中心部が国指定史跡となり、すでに開通している国道敷き部分以外の遺跡は保存が図られることになった。

　1990（平成2）年に史跡整備委員会が発足し、池上曽根遺跡を環境整備の一環として史跡公園として活用しようという動きに対応することになった。これに伴い環濠の正確な位置などの確認を行うため南端部から調査をはじめ、集落中心部にまで及ぶこととなる。1995年には文化庁「古代ロマン再生事業」に採択

され本格的な史跡整備が進展する。とくにこれらの史跡整備に伴う調査で、中央部の大型掘立建物や弥生時代で最大のくりぬき井戸などの検出があった。さらに大型建物の柱は年輪年代法により、紀元前52年に伐採された木材であることが明らかとなり、弥生中期後半（Ⅳ様式）の年代が約100年遡る可能性が指摘されるにいたった。

2001年には史跡公園の第1期整備工事の35,000 m²の整備が完了した。とくに「体感する」を基本理念とし、当時の景観や雰囲気を理解するため調査で検出された建物跡や環濠、そのほかの遺構の復元が行われた。さらに池上曽根遺跡と弥生時代を楽しんで学べる施設、池上曽根弥生学習館が建設され、2001年5月2日オープンした。この施設は「触れる」「見る」「聞く」「装う」「つくる」などの要素を備えた展示と体験学習が行える「いつ来てもだれかが、なにかを行っている躍動感のある館」を目指している。とくに1995年に見つかった大型建物と大型くりぬき井戸の実物を展示しているのも特徴である。ちなみにこれらの遺構展示は現地から北へ約300 m平行移動させたものであり、あたかも調査現場を筒状の建物で切り取ったかのように再現したものである。保存処理を行った後の再現処理であり、同種の展示に今後与える影響も大きいと考える。このほか、当該地域内には史跡公園に伴うガイダンス施設として池上曽根弥生情報館があり、公園の総合案内施設として、調査当時の写真パネルの展示などが行われている。ここでは考古学や民具に関するワークショップも行われており、遺跡遺物への関心の喚起に重要な役割を果たしている。さらに公園に隣接して設置されている大阪府立弥生文化博物館は、当該史跡関連地域のなかでは最も早く建設された施設で、全国唯一の弥生文化に特化した博物館である。池上曽根遺跡を弥生時代全体の歴史の流れのなかで考えるためには重要な役割を果たす施設である。なお池上曽根弥生学習館が新しい形態の博物館であるとすると当該施設は旧来型の遺跡博物館であるといえよう。

（2）新池埴輪製作所遺跡

新池遺跡は大阪府北東部、三島平野のほぼ中央、高槻市土室に位置する古墳時代中・後期の埴輪生産遺跡を中心に旧石器時代から中世にいたる遺物を出土する複合遺跡である。

1952（昭和 27）年 2 月に発見され、1971（昭和 46）年に免山篤によって専門誌に紹介されたことから広く知られるようになった。そこでは、埴輪窯跡がかなりの規模で広がっていることを推定するとともに、『日本書紀』に見える『摂津国三島郡埴廬』がこの土室である可能性も示唆し注目された。

　この後しばらくの間は、周辺地域での開発も見られずに遺跡は自然状態のままで推移した。1987（昭和 62）年 6 月に阪急電鉄が土室住宅地開発に伴う埋蔵文化財調査についての事前協議を行いたい旨の依頼を高槻市教育委員会に提示した。高槻市教育委員会は、開発予定地が埴輪窯跡の所在する新池東岸部だけでなく、東部に広がる段丘部および谷を含む 49,900 m^2 に及ぶ広大な面積であることから、確認調査を実施し、その結果を見て協議するのが妥当と判断した。10 月 5 日から実施された調査で、埴輪窯跡十余基をはじめ古墳時代の竪穴住居跡、奈良時代の掘立建物跡などが、新池東岸部、段丘西南部、段丘東南部、北半部などで確認されたが、東辺部の谷部では何ら遺構遺物が検出されなかった。

　これらの成果を受けて、開発者側と協議を重ね、教育委員会側と開発者側とで新池沿いの埴輪窯跡の保存を前提として調査を行うこととなった。1988（昭和 63）年 8 月 15 日付で両者の間で覚書が交わされ、調査に着手した。

　現地調査は 1988 年 9 月 12 日から開始され、1989 年 3 月、12 月に多くの市民を対象に現地説明会を行い、1990 年 3 月には新池遺跡発掘調査報告会「よみがえるハニワのふる里」が開催された。

　調査で検出された多くの遺構遺物については、ここでは省略することとするが、詳細は報告書を参照されたい（高槻市教育委員会 1993）。

　調査の進展に伴い、埴輪窯跡 18 基、大規模工房 3 基など当初の予想を大きく超える重要な遺跡の確認となった。これに伴い高槻市教育委員会は大阪府、国、さらに開発者側との保存協議を重ねた。これらによって埴輪窯跡 18 基、工房 3 基および新池古墳の保存協議がまとまり、1991（平成 3）年 7 月 20 日付で史跡今城塚古墳附新池埴輪製作所遺跡として告示されるにいたった。

　発掘調査の結果を受けて、高槻市教育委員会は当該史跡の整備事業を 1990（平成 2）年度から着手した。整備工事は史跡等活用特別事業の適用を得て、1992（平成 4）～1994（平成 6）年度の 3 か年計画で実施した。

なお保存整備の実施にあたって、1990 (平成2) 年度に「新池埴輪製作遺跡保存整備検討会」を発足させた。1991 (平成3) 年度からは「高槻市史跡整備検討会」に改称し、整備工事完了まで継続した。

1991 (平成3) 年に策定された保存整備基本計画によると、目的および方針は以下のごとくである。目的は「遺構の調査研究に基づき遺構の恒久的保護、保存を行うとともに遺構としての復元、展示や必要な諸施設の設置、修復などの整備を行うことによって、豊かな歴史的環境をととのえ、文化的環境やよりよい生活環境の創造へと向かうよう広く一般市民に開放しその活用を進め、将来、史跡今城塚古墳、史跡島上郡衙跡や岡本山古墳、弁天山古墳等につながる広域の整備を目的とする」とある。方針としては、現況保存、復元展示、展示、整備、施設の建設が掲げられている。

具体的には、旧地形の復元、1～3号工房および1～3号窯跡の整備、復元展示をはじめ、A群窯跡の規模、形状の表示などがある。

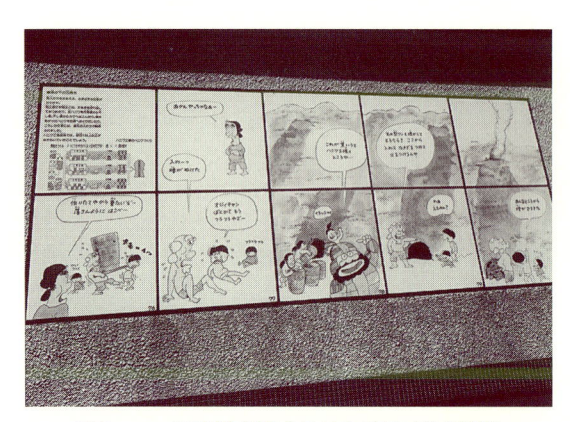

図2 ハニワ工場公園イラスト展示 (筆者撮影)

図3 史跡今城塚野外展示 (筆者撮影)

ここでは幅広い年齢層にアピールする手法として漫画の採用がある。とくに野外展示場の規模が延長100mに及ぶことから、文章、イラストで構成される従来の説明板では見学者を惹き付けガ

イダンスの目的達成は困難と判断されたために採られた手法である。さらに漫画の余白に学術的成果を補うという構成とし、とくに子ども、親子へのアピールを重視したものである。

なお新池埴輪製作所遺跡は、史跡公園として整備の後、愛称「ハニワ工場公園」として市民に親しまれている。また史跡公園として基本計画にみられたように遺構の整備復元が行われ、地上建物として工房が復元され、さらに遺構の覆屋もあり、ガイダンス施設も整っている。しかし史跡整備は見られるが、遺跡博物館としては当該地域内にはわずかに窯跡の現地保存による公開施設とわずかな遺物の展示しか見られない。しかし、比較的近距離に当該生産遺跡で作られたハニワが供給、消費されたとされる今城塚古墳の展示とともに高槻市立今城塚古代歴史館が設置されており、今城塚古墳の調査で出土した多数の埴輪とともに当該窯跡の展示紹介も行われている。

3. 和歌山県

岩橋千塚古墳群は和歌山市の東部、岩橋地区に所在する山塊に構築された合計676基以上から構成される古墳群である。この古墳群には前方後円墳35基のほか方墳、円墳などが確認されている。

岩橋千塚は、すでに1812（文化9）年刊行の『紀伊名所圖會』に「……往々陶器をほり出すことあり……上古の墳墓にもあらんか……」とあり、1839（天保10）年編纂の『紀伊続風土記』の名草郡岩橋村の項にも古墳墓に関する記述が見られる。これらからすでに江戸時代には、当該地域での古墳分布が知られていたことになる。やがて1879（明治12）年紀州徳川家を相続した徳川頼倫は岩橋千塚の踏査を行い、結果を東京帝国大学教授坪井正五郎に報告している。これを受けて坪井は、1897年大野雲外を現地に派遣し調査を行った。この時の大野の報告はN.G.Munroeの『Prehistoric Japan』に引用されている。この時、天皇塚として報告された古墳は、石室の構造と盗掘穴の状況から見て将軍塚で、当時はキツネ塚と呼ばれており、すでに盗掘が及んでいたことがわかる。

さらに1907年頃に岩橋前山山頂部の木が倒れ、その下から遺物が出土し

た。海草郡役所に届けたところ郡長が現地を訪れ、出土品を郡役所へ持ち帰った。この古墳を郡長塚（前山B112号墳）と呼ぶようになり、さらに東側の大きい古墳を知事塚（前山B67号墳）と名付けた。郡長が発掘し、遺物を持ち帰ったことを契機として村人が競って周辺の古墳を掘り、遺物を売る市が日前宮前で連日にわたって立ったという。このように明治末期から大正初期にかけて大規模な盗掘ブームが起こり、大半の古墳の石室が開口されるにいたった。

1917（大正6）年に和歌山県知事池松時和は、西和村長岩橋喜二郎の岩橋千塚保存要請を受けて、1918（大正7）年に黒板勝美、田沢金吾、岩井武敏の3名に依頼し学術調査を実施した。1921（大正10）年田沢によって27基の調査結果が報告され、約500基の古墳と前方後円墳の所在が示された。しかしこれらの調査対象が村有地に限られ、ほとんどの古墳が盗掘を受け、未盗掘のものは保存の対象として調査対象から除外された。この後、1931（昭和6）年には大日山35号墳では正南麓にある大日堂の奥の院休憩所建設に伴い石室が確認され、遺物の出土が報告されている。やがて1932（昭和7）年、文部省嘱託上田三平が現地調査を行い、田沢らが調査対象とした町有地35町7反4畝の史跡指定が行われたが、民有林の天皇塚山などは除外された。

戦後1945（昭和20）年7月6日付の『和歌山新聞』に西和村では、食料調達の耕地不足に対処して指定地域の古墳を含む、約60町歩の開墾計画を立てたと報じられた。この件は田中敬忠・宮田啓二らの保存運動の展開により事なきを得た。

やがて文化財保護法の制定に伴い、1952（昭和27）年、岩橋千塚は特別史跡に指定された。しかしその範囲は村有林に限定され、天王塚山・大日山・大谷山などの前方後円墳を含む民有地は含まれなかった。

1957（昭和32）年和歌山市の依頼により京都大学考古学研究室は大谷古墳の調査を実施し、馬冑をはじめ多数の大陸系遺物の出土を見た。

1961（昭和36）年に和歌山県は室戸台風の直撃を受け、前山B101号墳も一部が崩壊し、石室が発見され、和歌山市教育委員会によって調査が行われた。

これに先立つ1960年には岩橋山塊の西橋に鳴神団地が造成され、開発が岩橋千塚に及ぶことが懸念された。1962年、和歌山市教育委員会は、大谷古墳の調査に引き続き、岩橋千塚の正確な分布図の作成を行うことになり、羯磨正

信を団長とし、最新の航空写真を使用して分布図が作成された。この調査で古墳1基ごとにカードが作成され、古墳の規模、石室の略図、写真が貼付され、その数は約500基に達した。

1963（昭和38）年には花山まで土砂採取により数基の古墳が破壊され、さらに10号、11号墳がその対象となった。市、県、文化時保護委員会との協議の結果、県初の埋蔵文化財調査国庫補助事業として羯磨正信を調査員として、当該古墳に対して発掘調査が実施された。

また1963年には主要古墳の発掘調査を行うことになり、その調査が関西大学考古学研究室に委託された。考古学的調査を森浩一、文献調査を薗田香融が担当、実施された。その成果は1967年に刊行されている。この後も宅地開発の計画が発生し、その都度県、市担当者および民間の協力によって保存運動が行われ、しかるべく対処されてきた。

1967（昭和42）年県文化財専門審議会、和歌山県文化財研究会は「風土記の丘」建設の請願書を県議会に提出し、6月県議会で採択された。8月には風土記の丘建設調査委員会が発足した。委員には末永雅雄、西山卯三、伊藤延男、杉山信三ら20名が委嘱された。12月には委員会から県教育委員会に対し基本構想が答申された。その内容は、「学術的な配慮を以て主要古墳の復元をはかる。各地区をAからEの5つに区分して整備する。A－古墳群を眺望できる携帯に整備。B－民家集落ならびに資料館建設。C－古墳群が観察できるように整備。D－つとめて現状のまま自然美の保存。E－天王塚から大谷山の古墳を縦走する探勝歩道の造成とあるものについては内部構造の観察可能な施設」である。

1968年1月29日付で県は明治百年記念事業として和歌山県立紀伊風土記の丘―岩橋千塚古墳―建設について、1968年度着工、70年度完成をめどに国庫補助金交付陳情書を提出した。この間、松下幸之助による資料館建設に対する多額の寄付も寄せられた。

風土記の丘園内には県指定の日高郡日高川町小早川家、有田郡有田川町谷村家の2棟および重要文化財の商家海南市柳川家、漁家下海南谷山家窓の民家が移築復元されている。やがて工事もほぼ順調に進展し、1971（昭和46）年8月2日に無事開園式を迎えた。

図4　紀伊風土記の丘資料館（冨加見康彦氏撮影）

　開園以来、紀伊風土記の丘は近畿最初の風土記の丘ということもあり、内外から多くの見学者を迎え発展してきた。1996（平成8）年には開館25周年を記念して資料館に隣接する広場に竪穴式住居が復元構築された。2005（平成17）年には大日山35号墳西側造り出しに対して保存工事に伴う調査や前山A67号墳では修景整備のための調査等を実施し多くの成果を挙げている。

　一方、中核施設として位置する資料館は、開館後42年が経過し、入館者数も開館当初の72,500名から、10年目を迎えた段階では約1/2の38,131名となり、最近では4/1前後の19,537名と低迷している。

　館では常設展示のほかに、企画展示やワークショップなどいくつかの集客を目指す活動も行っている。しかし意に反して一向に回復の兆しが見られないようである。

　なお風土記の丘自体の来園者数は統計がとられていないので定かではないが、特に先に見たような来園者数に大幅な減少傾向が見られるという状況ではないように見える。とくに最近の健康ブームを反映して日常的な健康維持のためのハイキングやジョギング、あるいは散歩などの来園者も多く見かける。それらの来園者は必ずしも資料館への関心が高いわけではなく足が向かないのかもしれない。

　とはいえ古墳の保全や文化財保護の周知のためには、ガイダンス施設としての資料館利用の促進は必要であると考える。今後の関係者の取り組みに期待したいと思う。

　近畿（関西）地域にみられる遺跡博物館について簡単に紹介してきた。これらの博物館から見えてくるのは、遺跡の調査後多くの関係者の努力によって整備され史跡公園として公開されている遺跡とそれに関するガイダンス施設とし

ての遺跡博物館のありようである。多くは対象遺跡に特化した展示内容となっているものである。しかし地域に唯一の専門博物館であるという性格から、当該地域全体をカバーする内容で展示が行われている博物館も少なくはない。さらに対象遺跡からは大きく離れた分野の対象にまで拡大されているケースも一部には見られる。

　見学者が、対象史跡について知りたいという観点から訪問する場合には特化した状況の内容が望ましいと考えるが、必ずしも対象遺跡にこだわらない見学者も十分考えられる。さらに特化した場合でも展示替えが可能であればともかく、そうでない場合には展示に少なくとも飽きがくる可能性がある。また企画展示やトピック展示などの開催が困難であり、博物館側としてはぜひとも確保したいはずのリピーターの確保が困難となることも考えられる。この諸刃の剣の状態を避けるには、常設展示で特化した展示を、さらに一部に企画展などのスペースを確保することができれば、その問題は幾分かは解決できるだろう。遺跡博物館は、その所在する対象の遺跡のより深い理解を求めて訪問する見学者が存在するはずであり、それらの訪問者に対するケアは、少なくとも遺跡博物館では不可欠であろう。

参考文献
和泉市教育委員会・泉大津市教育委員会　2001『池上曽根物語』池上曽根史跡公園協会。
大阪府立近つ飛鳥博物館　1994『大阪府立近つ飛鳥博物館要覧』大阪府立近つ飛鳥博物館。
大阪府立弥生文化博物館ほか　2000『弥生文化博物館要覧　付開館の10年のあゆみ』。
小賀直樹　2010「岩橋千塚の保存と紀伊風土記の丘の建設」『坪井清足先生卒寿記念論文集』坪井清足先生の卒寿をお祝いする会。
高槻市教育委員会　1993『新池』新池埴輪製作所遺跡発掘調査報告書、高槻市文化財調査報告書、第17冊。
高槻市立埋蔵文化財センター　1995「ハニワ工場公園」『史跡新池埴輪製作所遺跡整備事業報告書』高槻市教育委員会。
兵庫県教育委員会　1992『史跡大中遺跡環境整備事業報告書』兵庫県教育委員会
森田克行　2012「大王墓の迫力と体験」『歴博』175、国立歴史民俗博物館ほか。
和歌山県立紀伊風土記の丘　2011『写真で見る紀伊風土記の丘』和歌山県立博物館施設活性化事業実行委員会。
和歌山県立紀伊風土記の丘　2012『和歌山県立紀伊風土記の丘ガイドブック』和歌山県

立博物館施設活性化事業実行委員会。
和歌山県立紀伊風土記の丘　2013「入館者の動向」『平成23年度紀伊風土記の丘年報』
　39号。

(中村　浩)

IX　山陰地域

1. 山陰地域における遺跡保護の歴史

　山陰地域（鳥取県・島根県）における遺跡博物館を考える前提として、遺跡保護の歴史を概観する。文化財保護法等により保護が図られる史跡指定の状況を見ると、2015（平成27）年4月現在、鳥取県では特別史跡1件を含む計33件、島根県で54件が国指定史跡に指定されている。その内訳は、妻木晩田遺跡のような集落遺跡、荒神谷遺跡のような祭祀遺跡、西谷墳墓群、向山古墳群のような墳墓・古墳、伯耆国府跡のような官衙遺跡や上淀廃寺跡のような寺院遺跡、松江城跡のような城館、田儀櫻井家たたら製鉄遺跡のような生産遺跡、山陰道のような交通遺跡と幅広い。まさに古代から近代まで、山陰地域のなりたちを知るために欠くことができない遺跡が登場している。

　一方、地方指定史跡についても、多くの遺跡が県（鳥取県が19件、島根県が57件）、市町村史跡に指定されて保護が図られてきたが、一定規模以上の整備・活用が行われている遺跡は少なく、近年は指定そのものも低調である。これは史跡の保存・整備に要する経費の増大と、地方公共団体の財政難により、土地公有化などへの財政支援の手厚い国史跡でなければ、史跡の保存に踏み切れない自治体の現状があると思われる。以下では国指定史跡を中心に述べる。

　史跡指定の早い事例は、1921（大正10）年の出雲国分寺跡（松江市）等、1924（大正13）年の伊福吉部徳足比売墓跡（鳥取市）まで遡ることができるが、近年は開発事業に伴う大規模な発掘調査により評価が高まり、史跡指定に至る事例が多い。いわゆる高度経済成長期の1960～70年代、鳥取県米子市の福市遺跡、青木遺跡では大規模な開発事業に伴う発掘調査が行われ、弥生～古

墳時代を中心とする集落遺跡の全体姿が明らかになった。開発との厳しい調整が図られた結果、その一部が保存され、それぞれ 1970（昭和 45）・1978（昭和 53）年に史跡指定、後に史跡公園として整備されている。同じ頃、島根県では独特の形状をした四隅突出型墳丘墓（当時は四隅突出型方墳と呼称）の発見が相次ぎ、1971 年（昭和 46）に仲仙寺古墳群が史跡指定されている。

　最近では、福市・青木遺跡で実現しなかった開発行為そのものの見直しを行っての全面保存が鳥取県の妻木晩田遺跡で実現して、1999（平成 11）年に史跡に指定されている。その他には、島根県松江市・田和山遺跡（2001 年）、益田市・益田氏城館跡（2004 年）などの指定が記憶に新しい。

　また、かねてから遺跡の存在が知られていて、保存活用を目的とした計画的な発掘調査が行われて史跡指定（追加・拡大指定）に至る事例も増えている。これには鳥取市・栃本廃寺跡（2004 年追加指定・名称変更）、米子市・上淀廃寺跡（2005 年）、出雲市・西谷墳墓群（2000 年）などがある。

　これらと別に 2007（平成 19）年に、島根県大田市の「石見銀山遺跡とその文化的景観」が世界文化遺産に登録されている。石見銀山は 1969（昭和 44）年に石見銀山遺跡として史跡に指定されていたが、世界遺産登録の前提として必要な範囲が追加指定されている。また、大森銀山地区の鉱山町の町並みも 1987（昭和 62）年に重要伝統的建造物群保存地区（以下、重伝建）として選定されていたが、銀の積出港であった温泉津地区の町並みも港町・温泉町として 2004（平成 16）年に重伝建に選定されている。ここではカテゴリーを超えた文化財について、ひとつのストーリーのもとに系統的な保護が図られている。

　さらに保護対象の拡大等により新たな分野で史跡指定がなされた例として、歴史の道がある。近世から近代における基幹陸上交通路としての山陰道は、東は但馬国へ通じる鳥取県岩美町の蒲生峠越（2005 年指定）と、西端である島根県津和野町の徳城峠越・野坂峠越（2009 年追加指定）が二県にまたがって約 300 km 離れて指定されている点が特徴である。さらに近代の遺跡についても保護意識が高まり、たたら生産で栄えた島根県出雲市の田儀櫻井家たたら製鉄遺跡が 2006（平成 18）年に史跡指定された。なお史跡ではないが、鳥取県鳥取市の旧美歎水源地水道施設のような土木構造物が近代化遺産（建造物）と

して重要文化財指定（2007年）されているのも同様な現象と捉えることができよう。

2. 山陰地域における遺跡博物館の歴史と現状

　山陰地域における遺跡保護の歴史を踏まえて、遺跡博物館の歴史と現状について述べる。「遺跡博物館」の定義は明確ではないが、ここでは対象となる遺跡（遺跡群）に隣接またはそのなかに所在し、保存整備された遺跡と一体となって遺跡をより深く知るために公開活用されている施設と位置づける。八雲立つ風土記の丘展示学習館、福市考古資料館、出雲玉作資料館、荒神谷博物館、むきばんだ史跡公園・弥生の館むきばんだ、石見銀山世界遺産センターさらに出雲弥生の森博物館を取り上げる。

　文化庁の風土記の丘設置構想（1966年）に基づき同庁の補助金を受けて設置された、史跡等の遺跡を中心とする野外博物館・公園である全国13か所の風土記の丘のうち、6番目に整備されたのが島根県松江市にある八雲立つ風土記の丘である。国史跡出雲国府跡や岡田山古墳群等からなる広域遺跡群保存活用において、その中核施設となる島根県立八雲立つ風土記の丘資料館が建設されたのが1972（昭和47）年である。歴史的環境を保全して市民が憩える史跡公園と、遺跡を素材として地域の歴史を学ぶことができる施設が

図1　八雲立つ風土記の丘展示学習館

図2　福市考古資料館

一体化した遺跡博物館の山陰地方における嚆矢といえよう。長らく島根県における考古学研究の成果公開の場としても機能していたが、島根県立古代出雲歴史博物館の建設（2007年）に伴う役割分担の見直しが行われ、同時に建設後35年を経て老朽化して手狭であった資料館は、2007（平成19）年に展示学習館としてリニューアルしている。

　鳥取県では、発掘調査と保存運動の結果実現した国史跡指定を受けて、1980（昭和55）年に福市遺跡公園に隣接して建設されたのが米子市立福市考古資料館である。建物延床面積がわずか264 m^2 の小規模な遺跡ガイダンス施設であるが、遺跡名を冠する資料館として福市・青木遺跡から発掘された遺物等を展示している。研修室も備え、考古学講座等が継続して開催されて地域の歴史学習にも用いられてきた。当時、遺跡保護運動のきっかけともなった小学校が近年廃校となって、旧校舎が米子市埋蔵文化財センターとしてリニューアルされ、史跡、考古資料館と一体として機能しはじめたことには感慨深いものがある。同種の施設としては、島根県松江市の国史跡出雲玉作跡の展示等を行うガイダンス施設である出雲玉作資料館が1977（昭和52）年に開館している。

　この頃、従来からある郷土館などに加えて、新たに市町村立の歴史民俗資料館が数多く建設されるが、これらは埋蔵文化財を収蔵展示する遺跡資料館としての一面も持っていた。1985（昭和60）年に開館した鳥取県の淀江町歴史民俗資料館は国史跡岩屋古墳（当時）を含む向山古墳群一帯を整備した伯耆古代の丘公園のガイダンス施設としての役割が大きかった。その後、1991（平成3）年に近隣地に所在する上淀廃寺跡から奈良の法隆寺とならぶ彩色仏教壁画が発見されたことを受けて、上淀廃寺跡が1996（平成8）年に国史跡に指定、2011年（平成23）年には、丈六三尊像を祀る金堂内荘厳を再現したガイダンス施設・上淀白鳳

図3　上淀白鳳の丘展示館・丈六三尊像復元

図4　荒神谷博物館

の丘展示館としてリニューアルオープンしている。

1984（昭和59）年には島根県荒神谷遺跡で358本の銅剣が発見されて全国の話題をさらった。翌年には銅鐸6個、銅矛16本が同時に出土し、古代史に大きな波紋を投げかけた荒神谷遺跡は、1987（昭和62）年に国史跡指定され、1995（平成7）年に斐川町立荒神谷史跡公園（現在は出雲市）が開園、10年後の2005（平成17）年には荒神谷博物館が開館している。荒神谷博物館は国史跡荒神谷遺跡のガイダンス施設であると同時に国宝に指定された出土品を展示できる重要文化財公開承認館ともなっている。

2007（平成19）年に出雲大社隣に開館した島根県立古代出雲歴史博物館は、古代出雲の名称を冠するように、古代遺跡および遺物に展示の重点が置かれ、重要文化財島根県出雲大社境内遺跡（旧本殿跡）出土品等とともに、国宝島根県荒神谷遺跡出土品、加茂岩倉遺跡出土銅鐸等が常設展示され、島根県全域の遺跡博物館の役割を担っている。

鳥取県米子市と大山町にまたがる晩田山丘陵全域にひろがり、中国の歴史書『魏志倭人伝』に描かれる国邑（クニ）の中心的な大集落であったと考えられる妻木晩田遺跡は、国内最大級の弥生時代集落遺跡として「甦る弥生の国邑」をテーマに集落景観が再現されている。2010（平成22）年、史跡の中央部にガイダンス施設としては比較的規模の大きい「弥生の館むきばんだ」（748 m^2）が開館し、2012（平成24）年には県立むきばんだ史跡公園がグランドオープンした。ここでは公園全体を弥生のフィールドミュージアムと位置づけて、調査研究を継続しながら、史跡整備・公開活用を関連づけて展開している。

一方、2008（平成20）年に全面開所した石見銀山世界遺産センターは、石見銀山の歴史と鉱山技術を紹介する展示や、石見銀山の調査・研究センターとして、最新の調査成果を発信しており、ガイダンス棟・展示棟・収蔵体験棟か

らなる遺跡博物館という位置づけが可能であろう。石見銀山遺跡の持つ顕著な普遍的価値を守り、世界遺産として後世に継承していく活動の拠点となる施設であるが、世界遺産が抱える観光地としての役割から、来訪者が路線バスに乗り換えて遺産の中心部と町並み保存地区へ向かう「パーク＆ライド」あるいは「パーク＆ウォーク」の拠点ともなっている。

　こうした遺跡のガイダンス機能を中心とする施設に対して、本格的な遺跡博物館として、2010（平成22）年に出雲弥生の森博物館が開館した。1983（昭和58）年より10年間にわたって島根大学考古学研究室を主体に調査された西谷3号墓は方形部が東西40m×南北30mに及ぶ巨大な四隅突出型墳丘墓であり、ガラス勾玉や大量の水銀朱などが出土し、祭祀施設も確認された。その様相から弥生時代後期の出雲地方に「王」が存在したことがうかがえ、2000（平成12）年に国史跡に指定された西谷墳墓群は、王墓の並ぶ丘陵が「西谷墳墓群史跡公園・出雲弥生の森」として整備されている。史跡に隣接して建設された博物館

図5　むきばんだ史跡公園・弥生の館むきばんだ

図6　石見銀山世界遺産センター

図7　出雲弥生の森博物館

は、西谷墳墓群のガイダンス施設であるとともに、最新の研究成果を展示公開・情報発信する遺跡博物館であり、同時に出雲市における文化財全般の調査・研究と保護・活用を一体的に推進する複合施設でもある。

3. 山陰地域の遺跡博物館に求められる役割と展望

　ここでは、前項までの山陰地域における遺跡保護の歴史と遺跡博物館等の現状を踏まえて、遺跡保存・活用の一環として遺跡博物館がどのような役割を果たすべきなのか、これらの施設を、Ａ郷土館・歴史民俗資料館・総合博物館、Ｂ史跡ガイダンス施設、Ｃ広域遺跡群のガイダンス兼ビジターセンター、Ｄ遺跡博物館に便宜的に分類して展望してみたい。

　Ａタイプの隠岐郷土館（隠岐の島町）、鹿島歴史民俗資料館（松江市）のような郷土館・歴史民俗資料館や倉吉博物館（倉吉市）等の総合博物館の歴史・人文分野では、総合的な地域の歴史を理解するために遺跡や出土遺物を紹介する役割を果たしてきており、それは今後も引き継がれる筈である。ところが市町村合併等により役割・機能を見直される歴史民俗資料館等も見られ、残念ながら統廃合や廃止に至った施設もある。一方で近年の総合博物館から分野別専門博物館への流れのなかで、古代出雲歴史博物館、松江歴史館のような観光施設としても期待される歴史系専門博物館の整備が進んでいることも注目されよう。

　史跡指定等による遺跡保護が実現すると、その公開要望の高まりを受けて、現地における史跡整備が行政によって推進される。そうした史跡整備の手法も遺構復元や露出展示等、大きく発展を遂げており、史跡を活用した学習効果も徐々に高まっているが、大規模または特徴的な遺跡の場合、現地の整備に加えて、便益施設を兼ねたＢタイプの史跡ガイダンス施設が設置される例が増えている。

　Ｂタイプの早い例である福市考古資料館・出雲玉作資料館は、規模こそ小さいが、史跡で展開される公開活用の拠点となるとともに、調査研究等の舞台としても位置してきた遺跡博物館の先駆けとなるものであった。また、Ａタイプ歴史民俗資料館のなかには、同様な役割を担ってきた施設も少なからずあ

る。
　こうしたガイダンス施設の発想の根底にあるのは、遺跡そのものを展示物と位置づける野外博物館（フィールドミュージアム）の思想であり、近年は荒神谷博物館のように充実した展示施設を持つものや、むきばんだ史跡公園の弥生の館むきばんだのように体験学習機能を充実させたものなど、遺跡の性格や設置の目的にあわせて個性がみられるのが特徴である。博物館というと「ハコモノ」を想像しがちだが、ガイダンス施設を有する野外博物館こそ遺跡博物館の最も典型的かつ効果的なあり方だと考える。
　その延長上にあるのがＣタイプの広域遺跡群のガイダンス兼展示・学習施設である。古くは八雲立つ風土記の丘資料館（現、展示学習館）、新しくは石見銀山世界遺産センターが該当し、隣接する遺跡のみを対象とするのではなく、ストーリーを持ってネットワークされる遺跡群（歴史遺産群）のためのビジターセンターという機能を持っている。広域なエリアをカバーするためには、拠点施設に対してサテライト施設が必要となる場合もある。八雲立つ風土記の丘では、国史跡山代二子塚古墳の整備と併せて「ガイダンス山代の郷」を、石見銀山では遺産の一部である鞆ケ浦の港湾や街道を解説案内するために鞆ケ浦サテライト施設「鞆館」をオープンさせている。
　また、むきばんだ史跡公園（県管理）と隣接する上淀白鳳の丘展示館（市管理）や、古代出雲歴史博物館（県管理）と出雲弥生の森博物館・荒神谷博物館・加茂岩倉遺跡（2市管理）が一定のテーマに基づき、行政の枠組みを超えて今以上に連携を図っていければ、Ｃタイプに準ずる広域施設として、より付加価値を高めていくことも可能と考えられる。
　現段階で、規模も含めて最も充実した機能を有している遺跡博物館が、Ｄタイプとした出雲弥生の森博物館である。これは国史跡西谷墳墓群のガイダンス施設でありながら、出雲市の文化財センターとしての機能を併せ持つ複合施設である。この博物館が目指すべきあり方について、館長の渡辺貞幸は、①入館者の目線を最優先に考え、面白くてわかりやすく、子どもも楽しめる。②同時に研究の最前線を盛り込む。③地域の方々に長く愛される。の3点を挙げている。[1]
　これは遺跡博物館に限らず、博物館施設等に求められる普遍的なあり方を述

図8　出雲弥生の森博物館のジオラマ展示

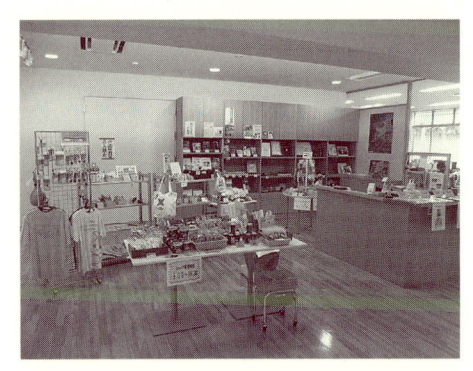

図9　出雲弥生の森博物館ミュージアムショップ

図10　荒神谷博物館の講座風景

べたものとも言えるが、特に遺跡博物館では重視しなければいけない視点と考える。例えば①については、新たに開館した遺跡博物館では、出土品の展示に加えて再現ジオラマや映像などを駆使して、わかりやすく工夫している。さらに体験学習等を重視して、火起こしや勾玉づくりといった簡易な体験から始まり、石斧や鉄斧による伐採実験など、実験考古学的な体験まで目的・参加者等に応じた講座・イベント等の活動が積極的に取り入れられている事例がかなり増えてきている。出雲弥生の森博物館では発掘調査等をわかりやく体験できるコーナーを館内に設けているが、これを屋外で実現したのが、むきばんだ史跡公園の「はっくつ体感広場」である。一方、出土品の接合などを行う整理作業室等をガラス張りで公開するなどの手法もこうした普及啓発の発想に基づく遺跡博物館特有のものである。

　さらにミュージアムグッズを楽しみにしている来館者も多いのではないだろうか。オリジナルの質の高いグッズがあれば、

遺跡を訪れた感動を増幅させるものとして喜ばれるであろうし、勾玉製作キットのような、体験を経て持ち帰りのできるグッズなどは、その感動を長く伝える効果も期待できる。簡便な古代体験等には議論もあるところだが、ある程度ハードルを下げてでも、来て・見て・楽しんでもらえないと、遺跡の活用は次につながっていかない。

　次に大切なのは②調査研究成果の反映である。史跡の整備が終了して、新たな調査研究がなされることがなくなったガイダンス施設では、企画展示室を持たない場合も多いため、展示等も固定化し、リピーターが確保しづらいという現実がある。そのためにも調査研究を担う学芸員が常駐し、そこで得られた最新の成果を企画展示や講座などを通して発信することが望ましい。出雲弥生の森博物館では、埋蔵文化財を含む文化財保護部局と一体的に機能させることで、そこで得られた多様な情報を一元的に発信することができる。もちろん、外部からの講師を招くことも効果が高く、講義・体験用スペースはリラックスできるものとしたい。ちなみに、むきばんだ史跡公園の体験学習室は小学校２クラスが入ることが可能な面積を基準に設計されている。

　③は地域のなりたちを示し、地域の誇りともなりうる史跡と一体化している遺跡博物館ならではの命題であり、常に心がけている必要がある。近年は一般市民のボランティア活動もさかんであり、遺跡や展示の案内、体験サポーターなどに地域住民の方に関わっていただくことも多い。史跡の維持管理や美化なども地元や企業メセナなどの協力を得やすい分野ではなかろうか。

　こうした遺跡博物館を良好にマネジメントしていくためには指定管理者制度の導入等の「柔軟な発想」と「循環型の継続性」(2)がキーワードになると考える。例えばむきばんだ史跡公園では、１調査研究、２保存整備、３公開活用を史跡公園運営の重要なファクターとしているが、これを１→２→３という順番で完結していくのではなくて、１～３が何度でも循環して、常に成長・変化を続けている遺跡公園（博物館）を目指している。調査研究も発掘調査や出土品整理ばかりではない、時に実験考古学的な要素を取り入れて、一般参加者も取り込んで研究を深めることも遺跡博物館であれば可能なのではないだろうか。

　文化財保護の両輪である保存と活用について、かつて開発行為とのせめぎあいのなかでは、長らく保存に重きが置かれてきた時代がある。先人の努力によ

り、徐々にその価値を認められてきた遺跡（埋蔵文化財）は、近年になって社会的認知を得られるようになってきた。そうなると保存された遺跡（史跡）について、次世代に向けての適切な保存管理はもちろんのこと、よりよい活用を図ることで、現代社会にその価値を還元することが課題となっている。遺跡・史跡に限らず文化財の保存と活用をバランスよく行うことは、これからの文化財担当者に課せられた使命ともいえ、遺跡博物館はその活躍の舞台となることを期待したい。

註
（1）『2010（平成22）年度出雲弥生の森博物館年報』出雲弥生の森博物館（2012年）の「はじめに」で述べられている。
（2）史跡公園や遺跡博物館の指定管理については、制度そのものを否定するものではない。制度の効果的な導入により従前より活性化した事例もあり、行政では制約があった部分について民間の柔軟な発想と速やかな対応力に期待する部分も大きい。それでも地方において同制度の導入に慎重にならざるを得ないのは、管理部門はともかく、遺跡博物館の重要な機能である調査研究と、それと一体化した公開活用部門を受託できるだけの指定管理者が存在するのかという問題が大きい。したがって、行財政改革を主たる目的とした指定管理者制度とはなじみにくいと考えている。

（中原　斉）

X　山陽地域

1.　遺跡整備の歩み

　瀬戸内海に接する山陽地域は温暖な気候に恵まれ、また、古くから畿内から九州へ、さらには朝鮮半島や中国大陸へとつながる広域・国際的な交流の経路の地にあたっていたので、政治や経済面だけでなく、文化の発展に重要な役割を果たしてきた。こうした背景のもとに、各地に時代を超えた生活や文化の繁栄ぶりを示す貴重な文化財が数多く伝えられている。こうしたなかで遺跡が法律に基づき、保存の方策が講じられるようになったのは、1919（大正8）年に公布された「史蹟名勝天然紀念物保存法」に始まる。山陽地域の指定状況をみ

ると、岡山県では18件で1921（大正10）年の造山古墳（岡山市）、作山古墳（総社市）を嚆矢として古墳6件、古代寺院跡3件、城館跡3件など大規模な遺跡が指定対象になっている。広島県は6件で江戸時代の文化人であった菅茶山の廉塾ならびに菅茶山旧宅や頼山陽居室などがある。山口県は16件が指定されているが、吉田松陰、伊藤博文、木戸孝允など維新胎動期に活躍した先賢たちの生家や墓地など8件が含まれる。戦前の国指定文化財の多くは旧宅・墓・古墳、南北朝期の南朝方の城郭など顕彰・政治的な要素が強く、旧宅などの歴史的建造物の公開に主眼がおかれた。

戦後になると、1950（昭和25）年に新たに「文化財保護法」が制定され、旧法にはなかった活用の視点が新たに明文化された。そのために、史跡等を広く国民の活用に供するために、遺跡の内容や歴史的意義などをわかりやすく公開することが求められた。

山陽地域での遺跡公園は沼遺跡（岡山県）が最初である。同遺跡は1952（昭和27）年から1956（昭和31）年にかけて調査が行われ、弥生時代の竪穴住居5棟、高床倉庫1棟などが明らかにされた。1955（昭和30）年には竪穴住居の上屋が復元され、弥生時代の住居を視覚的に見せ、歴史教育の教材として公開した。また、馬取貝塚（広島県）は1958（昭和33）年に土取工事に伴う発掘調査で確認された縄文時代後期の貝塚である。1961（昭和36）年には広島県史跡指定して現状保存の措置がとられ、土地の公有化とともに貝塚断面に透明ビニール塗料で剝落止めを行い、貝層全体をコンクリート躯体とガラス窓による覆屋を建築して公開した。西日本では最初の貝層の露出展示施設として注目された。

1966（昭和41）年度から文化庁の補助事業として始まった「風土記の丘整備事業」は、史跡等の広域にわたる面的保存と環境整備を行うものであった。広島県では1973（昭和48）年に三次市所在の浄楽寺・七ッ塚古墳群（176基）の史跡指定後、約30 haの指定地の公有化、修景・園路・便益施設の整備を行って、「みよし風土記の丘」として開園した。また、ガイダンス施設として考古資料等を収蔵・展示公開を行う県立歴史民俗資料館を1979（昭和54）年に開館した。岡山県でも1972（昭和47）年に吉備路風土記の丘県立自然公園を設けた。史跡こうもり塚古墳の公有化を行い、広域なエリア内にある史跡備

中国分寺跡、史跡造山古墳、史跡作山古墳などを線で結んで活用を図るとともに、1976（昭和51）年にガイダンス施設として県立吉備路郷土館を開館したが、2010（平成22）年3月に県の「公の施設の見直し」の一環として閉館の措置が取られ、地元の総社市に譲渡された。

　昭和40年代、広島県では開発に伴う事前調査で発見された遺跡で、県にとって重要と判断された遺跡については県史跡指定の措置を講じて整備した。保存された遺跡をみると、朱彩色された横穴式石室をもつ土師大迫古墳（安芸高田市）、六の原製鉄場跡（庄原市）などがあるが、この時期の遺跡の露出展示は維持・管理に課題が多いことから、調査後は遺構の埋戻しを行い、墳丘等の修景や説明板等の設置だけの整備のものが多い。

　昭和50年代以後も、こうした取り組みは継続され、整備された遺跡をみると、大別すると2類型に分けられる。前者は、国庫補助金を得て土地の公有化や遺跡公園として整備したものである。後者は、広島県住宅供給公社等の県の出資法人が開発した事業地内の遺跡の保存整備である。これらの遺跡保存は事業者が県出資法人という関係で理解が得られやすかったことから保存した遺跡を開発事業地内の近隣公園として設計変更し、遺跡公園として整備されたものである。前者には国史跡が、後者は県史跡が多い。具体的にみると、前者の例では三次市営斎場建設に伴って調査された弥生時代中期から後期の墳丘墓である史跡花園遺跡で、調査後、1978（昭和53）年に国史跡に指定された。整備は遺構の上部に約50cm程度の盛土被覆を行った後に、墳丘斜面には新石材で貼石や列石を表現している。また、花園遺跡の南方約1kmに所在する史跡矢谷古墳は三次工業団地造成工事に伴う調査で発見され、四隅突出型墳丘墓、方形周溝墓、須恵器窯跡から成る。1979（昭和54）年に国史跡に指定され、花園遺跡と同様な手法で整備を行っている。後者の例では広島市恵下山遺跡、西願寺墳墓群（広島市）、中出勝負峠墳墓群（北広島町）などがある。そのうち、恵下山遺跡は大規模な高陽ニュータウン建設に伴って発掘調査された弥生時代の集落跡、古墳、中世山城跡である。この遺跡は広い面積を有するが、弥生時代の竪穴住居跡や中世山城跡など復元整備された場所を遊歩道で結び、住宅団地の住民たちの憩いの場や歴史学習の場として活用されている。

　昭和50年代後半に入ると、岡山県でも整備事業が進められている。宅地開

発計画から保存された史跡美和山古墳群（津山市）は前方後円墳1基と円墳3基から成る。主墳の前方後円墳は墳丘長約80mの規模をもつ美作地方最大の古墳で4世紀初頭頃の築造と考えられている。1984（昭和59）年から1991（平成3）年にかけて、指定地内の樹林の景観整備や墳丘修復、園路整備などが行われた。また、史跡四ッ塚古墳群（真庭市）は岡山県北部の蒜山高原にある古墳群である。16基で構成され、第1号から第4号古墳は直径20mで古墳時代後期の築造と推定されている。1987（昭和62）年から1989（平成元）年に修景整備された史跡公園の一角には真庭市蒜山郷土博物館（1992年開館）があり、その周囲には古代体験の森や竪穴住居が整備されており、楽しむことができる野外博物館として運営されている。

一方、朝田墳墓群（山口市）が国道改良工事に伴って調査され、弥生時代から古墳にかけての大墳墓群で範囲、墳墓の種類において県内屈指の墳墓群として1982（昭和57）年に国史跡となった。整備は1987（昭和62）年から1991（平成3）年にかけて、遺構の上に盛土被覆を行い、遺構46基のうち41基の箱式石棺等を復元して遺跡公園として公開している。

王墓の丘史跡公園（倉敷市）は全国最大規模をもつ弥生時代後期の墳丘墓である史跡楯築遺跡、岡山県史跡王墓山古墳、倉敷市史跡日畑廃寺を一体的に整備された遺跡公園（6.5 ha）である。整備は倉敷市都市計画部局が1986（昭和61）年から1990（平成2）年にかけて行い、整備後の管理は市教育委員会が行っている。この頃から、規模の大きい事業は土木等の専門部局も参画して実施するようになる。

平成に入ると、遺跡整備は大規模化し遺構の一部や建物の復元を行う例が増加した。

史跡三ッ城古墳は3基から成る。主墳は墳丘長約92m、後円部径約62m、高さ約13mの県内最大の前方後円墳で5世紀中頃に築造されたようで、三段築成の墳丘の斜面には葺石や円

図1　三ッ城古墳

筒・朝顔型埴輪が配置されていた。後円部の頂部には3基の埋葬施設（竪穴式石槨2基と箱式石棺1基）がある。遺構確認調査は1987（昭和62）年から1991（平成3）年度まで行い、その結果に基づき、整備を1990（平成2）年から1993（平成5）年度まで実施した。作業は遺構上に盛土を行い、葺石や円筒埴輪・朝顔型埴輪・形象埴輪レプリカ約1750本を並べた。埋葬施設は検出状況が見学できるように露出展示（上部を強化ガラスで保護）とし、ほぼ築造当初の姿に復元して遺跡公園として公開している。この古墳の整備にあたっては、市民も参加し埴輪製作（317本を製作）を行うとともに、開園以来、来訪者への解説はボランティアが行っている。同様な整備は、史跡茶臼山古墳（山口県柳井市）でも行われている。古墳は墳丘長約90mの三段築成の前方後円墳で、後円部の竪穴式石室から国内最大の径約45cmの鼉龍鏡ほか5面の鏡、銅鏃などが出土している。復元整備は、1994（平成6）年度から1997（平成9）年度まで行い、隣接地に茶臼山古墳資料館が建築され、古墳学習ができる施設として利用されている。

　史跡安芸国分寺跡はJR西条駅の至近距離に所在し、昭和50年代前半頃から急速に周辺域の宅地化が進んだことから、東広島市は1979（昭和54）年から2001（平成13）年度までに指定地約30,861 m²のうち、19,928 m²の公有化を進めるとともに、並行して遺構確認のための発掘調査を行った。整備は1998（平成10）年から2012（平成24）年度まで広大な公有指定地に芝張りを行い、金堂跡・講堂跡・軒廊・僧坊跡の各基壇の復元、国師院など掘立柱建物跡の表面表示、植栽等を行って安芸国分寺歴史公園として開園している。

　岡山県でも大規模な復元整備が行われている。1992（平成4）年から1994（平成6）年に実施された大谷1号墳（岡山県真庭市）は岡山県史跡（現在は国史跡）では初めての大規模な史跡整備事業で総事業費1億3300万円余りを費やした。古墳は7世紀後半に築造され、埋葬施設に切石積みの横穴式石室をもつ。3段の墳丘と2段の基壇をもつ5段築成の方墳という、全国的にもあまり例を見ない古墳である。現在は築造当初の姿に復元整備され、一般公開されている。

　史跡鬼城山（総社市）の整備も行われている。遺跡は総社市市街地の北側に聳える標高約400mの鬼城山の8～9合目付近にあり、総延長約2.8kmにわ

たって城壁を構える古代の山城で城門、水門、礎石建物跡などが確認されている。本城は663（天智2）年の朝鮮半島白村江での敗戦を契機に、唐・新羅連合軍の侵攻に備えるために国防政策の一環として築城されたといわれている。整備は西門や付近の高石垣、土塁の復元とともに、角楼、北門、南門、東門の表示整備を実施しており、我が国の古代山城の先駆的整備事業である。

図2　大谷1号墳

岡山平野最古の農耕集落である津島遺跡は、1968（昭和43）年、武道館建設が契機となって大きな保存運動へと展開し、史跡指定された。遺跡は発掘調査により国内で初めて弥生

図3　史跡鬼城山（西門）

時代前期の集落と水田が一体的に確認された。2004（平成16）年から2008（平成20）年度にかけて竪穴住居や高床倉庫、水田等を「津島やよい広場」として整備し、隣接する県陸上競技場1階に出土遺物やパネルを展示した「遺跡＆スポーツ」ミュージアムが設けられ、二つの施設を使った土器つくりなどの体験イベントである「津島やよいまつり」も好評を得ている。

　以上のように、遺跡の整備や公開が行われているが、圧倒的に多いのが国史跡の整備事業である。これは、土地の公有化・整備事業にあたって国からの多額な財政的支援が得られることが大きい。一方、県や市町村指定史跡の場合、指定地の多くが私有地であることや、多額な整備費も単独負担しなければないないことから市町村の整備は進んでいない。こうした趨勢のなかで、注目されるものに岡山県笠岡市史跡長福寺裏山古墳群（前方後円墳2、帆立貝式古墳

1、円墳 2、方墳 4) で、古墳群（約 12,000 m^2）と運動公園を連結させた「かさおか古代の丘スポーツ公園」整備事業がある。これはスポーツ・レクリエーションの拠点となる運動公園と、歴史学習の場との相乗効果によって、市民の文化スポーツ活動の活性化を図ろうとして整備された新しいタイプの複合施設である。

2. 遺跡博物館設置の歴史と現状

来訪者が、整備された遺跡（屋外展示）だけでなく、出土遺物等の展示や体験学習できる博物館施設（屋内展示）を一体的に利用できる施設が増えている。これらの施設は管理・運営状況から、大きく三つに分類される。

（1）自治体直営の施設

自治体直営施設で学芸員配置のもとに、常設・企画展の開催や生涯学習支援事業を行っている施設である。広島県立歴史民俗資料館、帝釈峡博物館展示施設時悠館、戦国の庭歴史館（広島県）、下関市立考古博物館、土井ヶ浜遺跡・人類学ミュージアム、長登銅山文化交流館（山口県）などがある。

土井ヶ浜遺跡は、1953（昭和 28）年以降、1992（平成 4）年まで計 12 回の発掘調査により、弥生時代の約 300 体の人骨と副葬品が発見された。1990（平成 2）年には人骨の出土密度の高い場所に展示ドームを建築して、調査当時の状況を再現している。1993（平成 5）年には展示ドームの北側に人類学ミュージアムを中心施設とする土井ヶ浜弥生パークが開館した。施設は我が国唯一の人類学専門の博物館として、日本人のルーツに関する展示や情報発信を行っている。

また、同市内には、下関市立考古博物館が史跡綾羅木郷遺跡に隣接して、1995（平成 7）年に建設された。昭和 40 年代の前半、自動車部品の鋳造の原料である硅砂採掘に伴う綾羅木郷遺跡の破壊に先立ち、市民、行政が一体となり、保存運動が行われるなかで発掘調査を実施された。その結果、弥生時代前期後半から中期初頭にかけての大規模な貯蔵穴 900 基以上や環濠、古墳時代の住居跡などが調査された。博物館は多年にわたる発掘調査の成果を活かすため

図4　土井ヶ浜遺跡展示ドーム

に、常設展示では「海からの文化」、「弥生時代のくらし」などのテーマごとに3D映像機器やパソコン等の視聴覚機器を併用しながら、理解しやすい展示を行っている。そのほか、エントランスホールには、史跡綾羅木郷遺跡で発見された弥生時代の巨大な貯蔵穴の復元模型（原寸大）を展示している。

　なお、近年では下関市立考古博物館や、岡山県沼遺跡の隣接地に建つ津山弥生の里文化財センターのように、施設内に教育委員会事務局の埋蔵文化財部門を移して、行政部局と博物館とを一体化させ効率的に文化財保護施策を行う自治体も増えている。

　広島県立歴史民俗資料館は1979（昭和54）年に「みよし風土記の丘」整備事業の一環として、浄楽寺・七ッ塚古墳群の面的保存（約30 ha）と考古資料、民俗資料等を収蔵・活用する施設として、園内に広島県立施設として初めての博物館施設として開館した。「広島県の原始・古代」と「みよし風土記学習コーナー」の常設展示とともに、年2回の特別企画展の開催や、学習支援事業としての文化財講座、学校出前授業などのほかに、子どもたちのワークショップ「勾玉・土器・埴輪づくり・土器焼き」や古墳群を散策する「こふん

の森たんけん」など参加・体験型のイベントを数多く実施している。

（2）ガイダンス施設

整備された遺跡の隣接地にパネルや出土遺物を展示し、遺跡と一体的に活用することにより学習効果を高めるために設置された施設である。津島遺跡の遺跡＆スポーツミュージアム、鬼城山ビジターセンター（以上、岡山県）、三ツ城古墳ガイダンス（広島県）などがある。鬼城山ビジターセンターは2005（平成17）年に開館した。この施設はウォーキングセンター棟、展示棟等から成る。展示棟は史跡鬼城山のガイダンス施設で史跡鬼城山の概要を写真パネル、西門の模型、ビデオで解説しており、年間約50,000人が訪れるという。

3. 今後の遺跡博物館のあり方

山陽地域には表1に示すように42,600件を超す遺跡が確認されているが、国および県・市・町・村に指定されているのは1,269件で、多くの場合、現状保存のままで活用されていないのが実情である。遺跡は国民共有の財産として保存されなければならないが、公開・活用されなければ、文化財としての意義は少ない。平成に入り、遺跡の整備は大規模化し、教科書に掲載されている五色塚古墳（兵庫県）のように築造当初の姿に復元した例、平城宮の朱雀門や大極殿などのように、これまでの遺跡では味わえない遺跡整備事例が増加している。また、整備された遺跡博物館でも学校教育や生涯学習の視点から遺跡のもつ価値や特徴を活かした郷土の歴史学習や、自然観察の場として活用、市民の憩いの場として日常的な利用が行われてきているし、来訪者のニーズに応えた各種の祭りや地域の伝統芸能と結びついたイベントなども行われている。史跡吉川氏城館跡の戦国の庭歴史館の「吉川戦国まつり」や史跡長登銅山跡の長登銅山文化交流館の「銅山まつり」などがその例で、地域の顔として定着し、観光資源としての価値をも確実に備えつつある。

こうした施設が実施した来園者アンケートをみると、「本物の資料を見たり、触れることができ感動した」、「歴史の疑問点が解決できた」という声が多い一方で、「博物館・資料館の存在を初めて知った」という声も多い。各施設

表1　山陽地域の遺跡および史跡指定件数

	遺跡数	国指定	県指定	市町村指定	指定件数計
岡山県	22,000	47	57	460	564
広島県	17,545	25	125	349	499
山口県	3,100	42	31	133	206
計	42,645	114	213	942	1,269

2015年4月1日現在

とも広報活動を行っているものの、意外に施設の存在やその活動が知られていないのである。施設単独の情報発信だけでなく、マスメディアは無論のこと、観光関連分野など異業種との連携が必要である。

また、各館とも各種のボランティアの人材育成や活動支援を行っている施設が多くなっている。ボランティアや友の会の方々との交流によって、今まで気づかなった魅力的な提案を得ることも多い。こうした意見をもとに企画展の実施や学習支援事業を実施することも施設の活性化につながるのである。

いま、山陽地域の博物館は、「冬の時代」ともいわれている。平成10年代後半に行われた自治体の合併により、各自治体は合併前に建設された複数の博物館施設を抱えている。

昨今、各自治体とも財政状況の悪化に伴う予算の縮減や「公の施設の見直し」が行われ、施設の統廃合が進んでいる。

また、多額な経費をかけて整備された史跡公園も管理費が少ないため、管理がゆきとどかず芝生広場に雑草が繁茂し、近寄りがたい状況になっており、猪などの有害獣によって芝生が掘り返されて緑地が荒れた施設も目立っている。さらに、屋外展示物として復元整備された木造建造物の管理が不十分なことから、建築資材に腐朽による雨漏りの発生、霜被害による土壁表面の崩壊が発生し、屋外展示施設の管理に大きな課題が生じている遺跡博物館も少なくない。

一方で、展示活動も単独館のみで実施するのではなく、複数の施設が連携して共通のテーマを設定し、広域にわたる多様な文化財を有機的に活用した巡回企画展や各種行事の開催を積極的に進める動きもある。例えば、広島県立歴史民俗資料館と広島県立歴史博物館では学芸員をそれぞれの館に兼務させ、企画展をつくり両館を巡回させている。2015（平成27）年には、島根県古代出雲

博物館・広島県立歴史民俗資料館・おのみち歴史博物館の3館が巡回展を行っている。開催経費も文化庁の補助金にとどまらず、国土交通省や農林水産省、民間の財団法人の助成メニューを活用し財源の確保に努めるなど、時代の推移とともに多様な取り組みが求められてきている。

参考文献

岡山県総社市教育委員会　2005『古代山城　鬼ノ城—史跡鬼城山史跡整備事業に伴う発掘調査』。
岡山県北房町教育委員会　1998『大谷一号墳—岡山県上房郡北房町上中津井所在—』。
小都　隆　2008『吉川氏城館跡—中世安芸の城と館—』（日本の遺跡33）同成社。
近藤義郎　1959「共同体と単位集団」『考古学研究』第6巻第1号。
下関市教育委員会　1992『史跡綾羅木郷遺跡保存修理事業報告書』。
全国史跡整備市町村協議会中国地区協議会　2013『中国地区の史跡歩き　ガイドブック（国指定史跡・名勝・天然記念物）』。
津山市教育委員会　2007『史跡津山城跡保存整備事業報告Ⅰ』。
土井ヶ浜遺跡・人類学ミュージアム　1991『土井ヶ浜遺跡と弥生人』。
東広島市教育委員会　1995『史跡三ッ城古墳—発掘調査と整備の記録—』。
広島県立みよし風土記の丘・広島県立歴史民俗資料館　1981『年報（昭和54年）』。
松崎壽和ほか　1963「松永市馬取遺跡調査報告」『広島県文化財調査報告書』第4集。
美東町教育委員会　1993『長登銅山跡Ⅱ』。
三次市教育委員会　1980『史跡花園遺跡—第2次調査と整備—』。
山口県教育委員会・建設省山口工事事務所　1983『国道9号山口バイパス　朝田墳墓群Ⅵ』。
山口大学埋蔵文化財資料館　2008『学内発掘20年の歩み』。

（向田裕始）

Ⅺ　四国地域

　遺跡博物館については、かつて後藤和民が1979年に「歴史系博物館—野外博物館—」（後藤 1979）のなかで問題点などについて、すでに詳しく論じていることはよく知られている。その後、刊行された1996年の『博物館学事典』の「遺跡　いせき」の項目のなかでは、遺跡博物館について、以下のように記

述されている（倉田ほか 1996）。

　日本における「遺跡博物館」は、静岡県登呂遺跡の保存・活用に始まっている。太平洋戦争後まもなく開始された本格的な発掘調査により、生活の場としての集落と生産の場としての水田が一定の空間の中で有機的に結合してとらえられるという成果をもたらしたこの登呂遺跡は、弥生時代の集落として国の史跡に指定され、水田跡や森林跡の保存、住居跡や倉庫跡の復原、考古館の建設などが行なわれた。これ以降、各地で遺跡そのものを固定し、展示する「遺跡博物館」がつくられるようになり、現在ではその例もかなりの数にのぼっている。遺跡は、現代の我々にとって、自然環境の一部であると同時に、保存活用という形で社会環境としての役割も果たしている。

　かかる状況が示しているように、四国でも遺跡博物館の役割をもつ施設が少しみられるようになった。

　昭和の終わりから平成の時代にかけて、四国内でも各県に歴史系博物館や美術館が建設されるようになり、遺跡博物館も志向されるが、各県の財政規模、そして文化財行政への温度差により地域差がみられた。

　歴史系博物館、美術館自体が平成以降に初めて建設された県もある。各県に県立の歴史系博物館や美術館が建設され、一般に学芸員という職がやっと認識されはじめたのも平成以降である。

　主体となる県の歴史系博物館自体に遺跡博物館的性格も同時にもたそうと目論んでいたところもあったようだ。つまり、大きな遺跡の発掘調査の成果が因となり、保存運動や公開の県民運動から、果として博物館建設が進んだのも事実である。

1. 考古学史と遺跡博物館

　四国の遺跡保存整備の嚆矢となるのは、土佐・郷土史の父と呼ばれる寺石正路の高知県宿毛市宿毛貝塚（国史跡・1957（昭和32）年7月27日）と愛媛県南宇和郡愛南町御荘平城貝塚（県史跡1951（昭和26）年11月27日）（石丸ほか 2011）の発見に始まるといっても過言ではない。この2つの貝塚発見の

図1 宿毛貝塚史跡碑（高知県立歴史民俗資料館提供）

背景には、世界的な植物学者牧野富太郎との交流が実は関係している。

さて、貝塚の発見は1890（明治23）年のことで、史跡探訪に旅行に出た寺石は上村昌訓とともに発見、1891（明治24）年10月に『東京人類學雜誌』第7巻第7号に「四國島貝塚ノ發見」と題し報告、当時の貴重なスケッチと採集を遺物を残している。寺石は、『幡多旅行小圖』に「明治辛卯夏八月、予昌訓と幡多に遊び、ついに宿毛にいたり貝塚を発見す」と記している（岡本・野本 1999）。寺石は、四国だけではなく九州の貝塚なども発見、高知県の近代考古学の出発点ともなった。寺石は大正期にも宿毛貝塚を踏査している。宿毛貝塚に本格的な考古学のメスが入ったのは戦後、1949（昭和24）年のことである。召集令状で戦場に赴き運命的に生き残った考古学者などにより発掘調査がなされた。この調査は高知県教育委員会による行政発掘の第1号ともいわれている。貝塚は、東と西に2つの貝塚をもつ縄文後期の貝塚であることが明確になり、多くの成果を得て報告も出された（岡本 1973・1994）。1957（昭和32）年7月27日付で国の史跡に指定された。公有化された西貝塚は1985・86（昭和60・61）年に史跡整備された。その後、宿毛市立文教センター内に1993（平成5）年8月に宿毛市立宿毛歴史館が開館し、宿毛貝塚の出土品の一部も展示され、地域において初めて公開されるようになった。地域の博物館が、宿毛市内の史跡と共に宿毛貝塚の遺物を紹介するという遺跡博物館的な役割を果たしている。

もう一人、考古博物館に関係した人物として忘れてはならないのは、土佐の考古学者の一人川田信敏（1892〜1951）である。川田信敏の父にあたる川田豊太郎（1869〜1949）は社会事業家で、自分の邸内に1910（明治43）年に高知県下最古の私設図書館（川田文庫）を高岡郡佐川町に創設した。この図書館は、2階建ての蚕の部屋を改修したものであった。その後、同町出身の田中光

顕（1843〜1939）がバックアップし充実させた。1925（大正14）年1月に財団法人青山文庫が発足、川田文庫を運営、その後川田文庫は青山文庫と改称された。川田豊太郎は自ら館長を務めた。この時、川田文庫の図書1万数千冊と田中光顕の1万数千冊の図書と勤王志士の遺墨を合わせて、青山文庫としたのである。蔵書には、東洋古美術、歴史、国文学があり、陳列館を併設し陳列された。明治・大正両天皇、その他皇室関係資料、志士の遺墨、郷土の化石、考古資料があった。土佐の初めての私設博物館でもあり、最初の考古博物館の要素をもったものでもあったのである（恒光 1976、『高知県人名事典 新版』刊行会 1999）。

図2 旧青山文庫（1941（昭和16）年6月）（個人蔵）
後列右より：武田宗久、楠島正彦、桂井和雄、武山光規、藤田穐三、不明、川田信敏
前列右より：藤岡謙二郎、寺石正路、長谷部言人、酒詰伸男、川田豊太郎

　青山文庫からは1938（昭和13）年10月に『土佐青銅器時代遺物』『土佐史前遺蹟遺物分布地名表』を刊行した。1941（昭和16）年には佐川町虎杖野字川ノ坂で城台洞穴が発見された。この時川田信敏は京都帝国大学の梅原末治博士に発見の報を寄せ、梅原博士の依頼により東京帝国大学長谷部言人博士が発掘調査した。資料は、調査のためしばらくは東京帝国大学理学部人類学教室に

保管、研究のため長谷部博士より寄贈の依頼があったが、川田信敏は返却を強く希望した。長谷部博士は返却したが、ガラス越しの展示することなどを指示した。青山文庫には説明と題筆が添えられ展示され、なおその一部は現在も高知県立歴史民俗資料館に残る。現在は、城台洞穴遺跡は、石灰岩を採取したため遺存していない。ここに、高知における歴史系博物館のなかに遺跡博物館の原形をみることができる。川田信俊は自ら展示品のレプリカ作成をし、文化財を保護し、高知で遺跡博物館の端緒を作ったと言える。

洞穴遺跡でもう一つ述べておかなければならないものがある。高知県香美市土佐山田町逆川で1931（昭和6）年7月に当時の高知県立中学校・海南学校の教諭山内浩らが発見した龍河洞である。同年8月には、寺石正路が調査に入り弥生時代の土器が洞穴内にあることを確認、壺がそのまま置かれている貴重な遺跡であることが明確になった。

1933（昭和8）年2月21日には、高知県より史跡名勝天然紀念物の仮指定を受け、1934（昭和9）年4月2日には濱田耕作博士が来洞した。同年12月28日には文部省告312号をもって天然紀念物、および史跡指定を受ける。1939（昭和14）年7月28日に財団法人龍河洞保存会が認可された。ここから保存会による保存と活用が始まった。それは、考古遺物だけではなく動植物まで含む保存活動であった。

龍河洞は単なる石灰洞穴ではなく、弥生時代にも使用されそれらの遺物がそのまま残されていた。また、洞内には101種以上の動物が生息している。そこで、洞内の鍾乳洞だけではなく、洞穴の存在する付近に生息する動植物なども合わせて一般に公開し理解を深めてもらうために1961（昭和36）年7月8日に龍河洞博物館が開館した。その後、1964（昭和39）年に博物館相当施設となった。約10年後の1972（昭和47）年9月1日に改築しオープンした。龍河洞を見学した後に博物

図3　龍河洞博物館

館を訪れるというコース設定になっている。展示品は、洞内から出土した弥生時代の遺物、洞内の動物標本、鍾乳洞の解説、龍河洞付近の植物標本や貝類、地球の歴史、龍河洞開洞後の歴史や博物館史の一部も実物資料やパネルで紹介し、併せて野外博物館として、洞付近の植物にラベルや説明板をつけている。天然記念物の長尾鶏も飼育展示している。1931（昭和6）年の開洞から1974（昭和49）年4月には、1,000万人の見学者があったが、現在は観光客などの来館者が少なくなっているという（（財）龍河洞博物館 1995、（財）龍河洞保存会 1991）。

図4　上黒岩岩陰遺跡

　従来観光資源として、位置づけられていた史跡や施設が、疲弊しているところもあり、あらたな方法での来館者増が模索されている。

　岩陰遺跡の遺跡博物館として、愛媛県上浮穴郡久万高原町の上黒岩考古館は取り上げておかなければならない博物館である。上黒岩岩陰遺跡は、考古学史上著名な遺跡で、1961（昭和36）年～1970（昭和45）年にかけて慶応大学助教授江坂輝彌、高知女子大学（現、高知県立大学）教授岡本健児、愛媛大学助教授西田栄らにより調査された。1971（昭和46）年5月27日付で国指定史跡となった。1974（昭和49）年には、7月20日には、上黒岩考古館が開館した。ただし、冬期は休館している。ここは四国でも雪の降る地帯なのである。研究報告が刊行され、上黒岩岩陰遺跡を取り上げた企画展も愛媛県歴史文化博物館で2回開催されている。この遺跡は松本清張・石川達三などの文化人も訪れた。

　この上黒岩岩陰遺跡の発掘調査の様子は、童話作家のたかしよいちが泊まりがけで取材して、『日本発掘物語全集10　岩かげの女神石』として1971年に国土社から刊行され、小・中学校の図書館にも当時置かれた。まさに童話作家

による発掘調査記録で一つの学史でもある。考古学を目指す子ども達がわくわくして読んだ。遺跡博物館には、このような子ども向けの本が必要なことを認識させられた。以上、学史上に残る岩陰遺跡や洞穴遺跡について、高知県と愛媛県を例にとって述べてみたが、考古学史と地域博物館学史がややかけ離れた感があり、博物館学芸員が両者を同時に記録保存しておくことの重要性を痛感した。

2. 各県における遺跡博物館の様相

(1) 香川県

香川県では、近年山岳寺院跡が注目された。その一つの仲多度郡まんのう町造田の標高700mに所在する山岳寺院跡の中寺廃寺跡が、2008（平成20）年3月28日付で国の史跡に指定された。これらの出土遺物は琴南ふるさと資料館で展示されており、遺跡博物館的要素を琴南ふるさと資料館にもたせている。

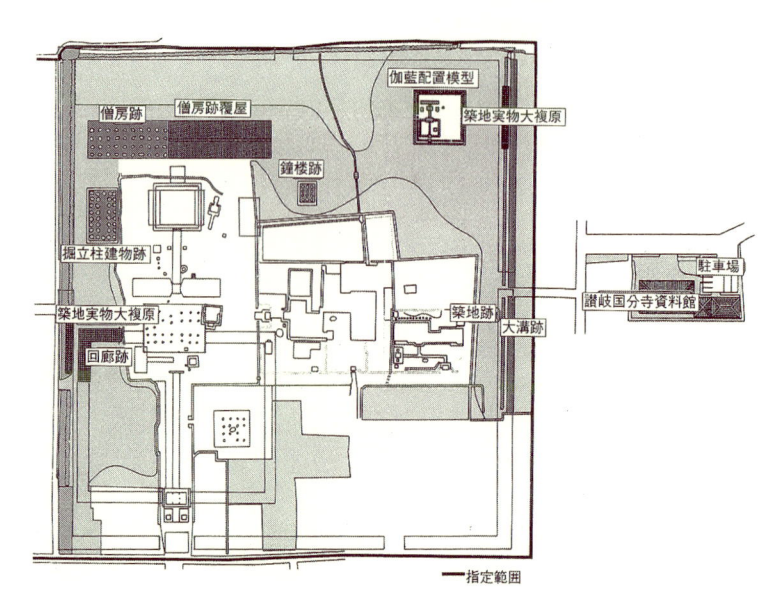

図5 讃岐国分寺跡 施設配置図（高松市教育委員会提供）

平地寺院である讃岐国分寺跡について述べておく。讃岐国分寺跡は、高松市国分寺町にあり、四国霊場第80番札所白牛山国分寺がある。1928（昭和3）年3月24日付で国の史跡に指定され、1952（昭和27）年3月29日付で特別史跡となった。寺域や塔跡などの礎石が遺存している。1983（昭和58）年度〜1987（昭和62）年にかけて史跡整備に伴う確認調査が行われた。僧坊跡は遺存状況が良好であったため、僧坊跡の東半分を覆屋を設けて僧坊の一部を復原し、僧侶の生活様式を再現している（讃岐国分寺僧房跡覆屋）。築地塀の復原や伽藍模型も敷地内に展示されている。隣接して、整備された国分寺跡の理解促進のため、歴史的意義や性格を説明する讃岐国分寺跡資料館があり、他の3県にはない取り組みがなされている。讃岐国分寺跡の東1.5kmには、1928（昭和3）年指定された讃岐国分尼寺跡がある。

(2) 徳島県

　徳島市国府町には、徳島市立考古資料館や阿波史跡公園などがある。徳島市立考古資料館は、徳島市国府町西矢野にあり、1998（平成10）年11月に開館、徳島市の縄文時代〜平安時代までの考古資料を展示している。資料館の所在地名が示すように周辺には、矢野遺跡、宮谷古墳、気延山古墳群、阿波国府跡、阿波国分寺跡、阿波国分尼寺跡があり、復原住居のある阿波史跡公園がある。また、周辺を散策すると阿波板碑が所々に造立されており、古代だけではなく中世の板碑の造立風景も見ることができる。

　また徳島県は、天然水銀朱の辰砂の採掘や精製で全国的にも知られており、徳島県埋蔵文化財センターでは弥生時代復元竪穴住居精製の様子を復元展示している。また、矢野銅鐸で知られている銅鐸埋納遺構も復元している。近年、埋蔵文化財センターが常設展示や企画展を実施し、このような復原遺構を展示に組みこみ遺跡博物館

図6　徳島市立考古資料館（同館提供）

的な役割をなしている。

(3) 愛媛県

　愛媛県では今治市妙見山古墳について述べておく。1967（昭和42）年に発見された古墳で、愛媛県北部の高縄半島先端に位置する二段に築成された西部瀬戸内初期の前方後円墳である。愛媛県今治市大西町、新町に位置し、2010（平成22）年8月5日付で国の史跡となった。墳丘は整備され、墳丘を取り巻くように伊予型特殊器台と二重口縁の壺のレプリカを復元している。この史跡指定に伴い今治市の大西藤山歴史資料室は2011（平成23）年に展示室がリニューアルされ、今治市大西藤山歴史資料館と改名されて遺跡博物館として機能し、一般向けパンフレットも充実された。松山市北梅本町で1992（平成4）年に偶然発見された葉佐池古墳は、古墳時代の葬送儀礼を知ることのできる稀有な古墳として、2011（平成23）年2月7日付で国の史跡として指定整備された。松山市考古館では、葉佐池2号墳の石室内の実物大に復元展示している。そして2014（平成26）年にガイダンス棟などからなる葉佐池古墳公園がオープンした。1号石室では最終埋葬の状況がリアルに再現されている。また同考古館では、1973（昭和48）年に松山市古照の下水道処理施設で発見された古照遺跡の堰が復元されている。堰材に含まれていた高床式の倉庫の部材から高床式倉庫も敷地内に復元されている。愛媛における考古館として中心的な博物館で、遺跡博物館の性格も有している。

　愛媛県北宇和郡鬼北町に所在する旧等妙寺は標高300mに立地する天台律宗寺院跡で、鎌倉仏教の戒律復興運動の具体的な様相を示す保存状態もよい遺跡として2008（平成20）年3月28日付で国の史跡に指定された。指定範囲は、609,557.96 m^2 である。近年、関連したシンポジウムなどや研究会を誘致するなど活発な保存・活用事業を実施している。現在も法灯を展開している等妙寺には、「受戒本尊」や鎌倉期の菩薩坐像が伝世されている。出土遺物は鬼北町歴史俗資料館で展示されている。

　今回は、十分に遺跡博物館の概念や地域の状況を踏まえて分析や報告ができなかったが、いろいろな問題点が浮かんできたことは幸いであった。博物館も

変化する社会に影響を受けている。かつての考古学徒の夢などは過ぎ去った感がある。昭和のよき時代はすでに終わり、懐かしさをもって語られるようになっている。さらに、昭和から平成の初めに建築された博物館は老朽化しはじめている。改修には膨大な予算を伴う。どのように今後管理・運営していくのか再度考える必要がある。博物館運営は社会の影響を受け、すさまじい仕事量をこなしている一部の学芸員の姿もみることができる。展示と集客や収入増、そしてイベントに追われ、体力を消耗、いずれ博物館学や学問などに興味のない、資格だけ備えた消耗すれば交換される学芸員を抱えていくことになるのであろうか。

　遺跡の保護史をとってみても、それをまとめておくという気力は、県史などにはみられるが、行政本体にはなく、人員の削減でかつての行政職より何倍も仕事を抱えている姿しかみえてこないのである。

　社会にできるだけ左右されない博物館運営が求められている。指定管理者制度のなかで博物館学の教育も受けたこともなく、博物館において学芸員の経験の全くない職員が館の方向を決めていくこと自体、現代社会を反映している。博物館とは何かを常に問うていくことが大切であろう。考古学・博物館の学史も学ばない学芸員が今後増えていくことも危惧される。インドでいわれるように今まさにカリユガの時代なのだ。

　最後に、四国・紀伊・東海の太平洋沿岸部は先の2011年3月11日の東北地方太平洋沖地震以降、南海トラフの巨大地震による津波被害を想定して、避難訓練や津波避難ビルの選定などが急がれている。869（貞観11）年に発生した貞観地震は、多賀城が損壊するほどの被害があり、津波の記録もあった。歴史専攻の研究者は、3.11を貞観地震と重ね合わせた。この歴史上の地震の記録をみても、次に来る南海トラフの地震は巨大かも知れないと誰もが想像するであろう。人命が優先であるが、現在津波に襲われる地域の指定文化財や史跡などの洗い出しが終わり、今後の対応を考えて動き出しているところもある。さらに、地震や津波だけではなく環境の変化により自然災害の発生確率が高くなってきている。史跡保存と遺跡博物館の活用には、環境の変化をも考慮した保存活用（鬼北町教育委員会 2013）が今後課題の一つとなろう。

参考文献

石丸恵利子・幸泉満夫・多田仁・藤本吉信　2011『平城貝塚と縄文文化―貝塚の発見と研究の歩み―』愛南町教育委員会。

今治市教育委員会　2012『国史跡妙見山古墳』今治市大西藤山歴史資料館。

愛媛県史編さん委員会　1986「文化財一覧―文化財保護行政の歩み―」『愛媛県史芸術・文化財』愛媛県。

愛媛県歴史文化博物館　2002『発掘された日本列島 2002　愛媛発掘物語～発見の歴史と近年の調査成果～』愛媛県歴史文化博物館。

愛媛県歴史文化博物館　2005『平成17年度企画展　上黒岩岩陰遺跡とその時代―縄文文化の源流をたどる―』愛媛県歴史文化博物館。

岡本桂典　1998「土佐考古学史研究（2）寺石正路と川田信敏～東京帝國大學長谷部言人博士の佐川町城台洞穴遺跡発掘調査めぐって～」『高知県立歴史民俗資料館研究紀要』第8号、高知県立歴史民俗資料館。

岡本桂典・野本亮　1999『土佐・郷土史の父寺石正路』高知県立歴史民俗資料館企画展図録。

岡本健児　1996『高知県の考古学』吉川弘文館。

岡本健児　1973『高知県史』考古資料編、高知県。

岡本健児　1994『ものがたり考古学―土佐国辺路五十年―』（財）高知県文化財団。

鬼北町・鬼北町教育委員会　2012『平成24年度鬼北町歴史シンポジウム中世の等妙寺～寺院創立の謎にせまる～――講演・シンポジウム記録報告―鬼北町・鬼北町教育委員会』。

鬼北町教育委員会　2013『平成24年度鬼北町文化財シンポジウム　史跡災害と保存整備―「水」と「植生」への対処と克服―』資料冊子、鬼北町教育委員会。

倉田公裕監修／石渡美江・熊野正也・松浦淳子・矢島國雄編著　1996『博物館学事典』東京堂出版。

高知県教育委員会編　1996『高知県文化財ハンドブック』（財）高知県文化財団。

『高知県人名事典　新版』刊行委員会　1999「川田豊太郎」『高知県人名事典　新版』高知新聞社。

後藤和民　1979「歴史系博物館」『博物館講座第6巻―資料の整理と保管―』雄山閣。

讃岐国分寺跡資料館『讃岐国分寺　特別史跡讃岐国分寺跡』国分寺町教育委員会。

恒光昭男　1976「青山文庫」『高知県百科事典』高知新聞社。

徳島県立博物館　1990『徳島博物館三十年史』徳島県立博物館。

廣瀬常雄　1983『日本の古代遺跡 8　香川』保育社。

（財）松山市文化・スポーツ振興財団埋蔵文化財センター　2011『史跡　葉佐池古墳』松山市教育委員会。

湯築城資料館　2002～2005『湯築城跡だより』1～7、湯築城資料館。

（財）龍河洞保存会 1991『龍河洞60年の歩み』（財）龍河洞保存会。

（財）龍河洞保存会・（財）龍河洞博物館　1995『高知県・龍河洞博物館報　総集編』
（財）龍河洞保存会・（財）龍河洞博物館。

(岡本桂典)

XII　九州地域

1.　九州地域の史跡指定の経緯とそれに伴う遺跡博物館の特徴

　本節では、九州地域における遺跡博物館と遺跡保護史、それらから求められる役割、課題、展望を述べる。まず、九州地域における遺跡の保護施策として重要な「史跡」の最初の指定は、1919（大正 8）年の「史蹟名勝天然紀念物保存法」に基づく、1921（大正 10）年 3 月 3 日、福岡県の大宰府、水城跡（旧法指定 26 件中、古墳 11 件、寺院官衙・窯跡等古代に関連する史跡 11 件）、熊本県の千金甲（甲号）墳、乙号、釜尾古墳などの装飾古墳群（旧法指定 13 件中 10 件が装飾古墳）、鹿児島県の隼人塚、薩摩国分寺跡、（旧法指定 9 件）、佐賀県の多久聖廟（旧法指定 5 件、基肄城跡など）である。続いて 1922（大正 11）年 10 月 11 日では、長崎県の平戸和蘭商館跡、出島、シーボルト館跡等、建物遺構跡を指定した 4 件が特徴的である（旧法指定 4 件）。いずれも江戸時代の長崎を象徴した遺構と言えるが、平戸オランダ商館、出島資料館など、遺跡整備を兼ねた野外博物館的な活動が見られる。佐賀県は 1926（大正 15）年 11 月 4 日に、田代太田古墳、名護屋城跡並陣跡が指定される（旧法指定 5 件中、博物館が事実上保護の一翼を担う史跡、あるいは資料館併設の史跡は 4 件）。大分県では 1936（昭和 11）年までに、咸宜園、豊後国分寺、岡城などが指定されるが、最も多い指定が臼杵磨崖仏や大分元町石仏などの磨崖仏群であり、旧法指定の 13 件中 7 件を占める。これに応えた博物館活動には、磨崖仏を含む中世村落景観を調査対象に六郷満山（国東半島）をフィールドとする大分県立歴史博物館（宇佐風土記の丘）がある。このほか、大分市歴史資料館も、豊後国分寺の地にあり、千代丸古墳、大分元町石仏、高瀬石仏の保護の一端も担っている。宮崎県は、旧法指定の 12 件中、古墳は 10 件。それもこの時

期の九州の他の古墳の指定とは異なり、古墳群としての指定を5件含む。西都原古墳群における西都原考古博物館、生目古墳群における生目の杜遊古館が、宮崎県に特徴的な古墳群の保護を担う。

　このように、1945（昭和20）年までの旧法に基づく指定を九州各県の単位で見ていくと（内川 2006）、史跡内もしくは至近距離に博物館を設置する事例、あるいは資料館等を設置している事例が多く含まれており、現在の九州各県における地域の代表・特徴とも言える保存・活用が図られている博物館が設置されているところが目立つ。

　例えば、福岡においては、都府楼、水城、大野城等、大宰府を中心とする古代官衙をその主な活動対象とし、調査機能を持つ福岡県立九州歴史資料館が福岡県における遺跡博物館的な活動をリードしている。熊本県においては、熊本県立装飾古墳館が九州歴史資料館の活動に類する。本館装飾古墳館が装飾古墳、分館温故創生館は古代山城である鞠智城が中心的な保護活動の場である。鹿児島県では霧島市立隼人塚史跡館、1924（大正13）年12月9日指定の指宿橋牟礼川遺物包蔵地では指宿市考古博物館が置かれる。隼人塚史跡館はガイダンス施設として捉えられるが、指宿市考古博物館では、橋牟礼川遺跡や市内の指定史跡のみならず、開聞岳の噴火とその後の植生の復元に伴う風土が生み出した市街地をはじめとする地理的な要因をも含め、市全域を対象とした野外博物館活動を積極的に行っている。[2]

　文化財保護法施行後の指定史跡では、資料館、博物館の設置例はあるが、学芸員不在のガイダンス施設としての限定的な機能に留まるところが多い。一方、旧法の指定では、すでに九州各県の特徴を色濃く見せる史跡であること、長い保護活動に裏付けられた、九州を代表する遺跡博物館活動が顕著な博物館が多く含まれることは重要である（青木編 2006、朽津 2013）。長崎県は、1922（大正11）年12月10日が最初の指定で、出島和商館跡や平戸和商館跡など、近世の外交と関連が深い遺跡が指定を受けている。大分県は、1933（昭和8）年の装飾古墳である穴観音古墳、豊後国分寺の後、1934（昭和9）年の臼杵磨崖仏、大分元町石仏など磨崖仏群の指定が目を引く。宮崎県は、やはり1934（昭和9）年の西都原古墳群や1943（昭和18）年の生目古墳群、南方古墳群、1944（昭和19）年の新田原古墳群など、古墳群としての指定が際立つ。

古墳群の指定は、宮崎県側に接する鹿児島県大隅地方においても 1934 年には、志布志湾の唐人古墳群、1945 年には塚崎古墳群が古墳群として指定されている。

　1949（昭和 24）年の文化財保護法施行後、九州において、開発とのはざまでさまざまな遺跡の保存が実現し、なかでも国内に影響を与えた史跡指定と博物館建設を含んで整備された遺跡としては、一時は炭鉱か保存かで揺れたが、結果として九州における装飾古墳の保存・活用をリードしている福岡県の特別史跡王塚古墳（第一次指定は 1937 年、特別史跡指定は 1952 年）と王塚装飾古墳館、工業団地建設から一転全面保存となり、国営公園という形態によって遺跡博物館としての機能を備えるに至った特別史跡吉野ヶ里遺跡と国営吉野ヶ里歴史公園・佐賀県立吉野ヶ里遺跡展示館、高速道路建設では全国初となる設計変更により保護が図られた熊本県塚原古墳群と熊本市立熊本博物館分館塚原歴史民俗資料館、工業団地建設を一部断念し、埋蔵文化財センター、資料館を併設させた鹿児島県上野原遺跡が挙げられる。また、圃場整備に伴う発掘調査から全域の保存に結び付いた宮崎県本野原遺跡は、九州では稀有な環状にめぐる縄文時代後期の集落が評価され指定されている。特に圃場整備にかかる緊急調査は、受益者個人（耕作者）の負担が伴うため、このような全面保存（埋土保存による措置は数多あるが）の後指定に至る事例は九州では稀有である。住宅団地建設に伴う危機感等や、行政側の調査成果から、保存・活用に結び付いた事例（板付遺跡、大宰府）や、遺跡の学術調査の積み重ねによって、遺跡博物館を設置した事例（特別史跡原の辻遺跡と壱岐市立一支国博物館、鞠智城跡と県立装飾古墳館分館温故創生館）がある。このように見ると、九州では、文化庁による風土記の丘事業で設置された三つの風土記の丘（全国風土記の丘協議会に加盟する施設。大分県立歴史博物館、宮崎県立西都原考古博物館、熊本県立装飾古墳館）の存在は、遺跡博物館の役割・活動を示す典型的な施設としての役割があると改めて捉えられる。

　また、遺跡の移築という保存上の行為が行われた遺跡としては、高速道路建設に伴う佐賀県久保泉丸山遺跡、国道建設に伴う王子遺跡と王子遺跡資料館、高速道路建設時は、記録保存の措置が取られたが、その後に移築復元された横山古墳、宅地造成によって移築復元された佐賀県ヒャーガンサン古墳がある。

いずれも史跡指定には該当しないため未指定である(3)。

　これらを概括するのに、本節では青木分類（青木 2006：15頁）を用いる（分類①：史跡近傍に博物館を設置、分類②：史跡から離れた場所に博物館を設置、分類③：ガイダンス施設を設置、分類④施設なし。特に言及していない史跡は分類④とする）。以下、本文で言う分類とは、青木分類を指し、分類①、分類②、分類③と記す。

2. 福岡県

　2013（平成25）年10月時点で、国指定史跡・国指定特別史跡は94件。県指定史跡は74件である。国指定件数は、九州のなかでは最も多く、他県に比べ約2倍の指定数となる(4)。

　次に遺跡博物館としては、明確なもので23か所存在する（分類① 10施設、分類② 2施設、分類③ 11施設）。福岡県の場合、九州の他市町村立の歴史系の資料館に比べ、設立した市町村内の指定文化財に関連した企画展、現地見学の案内、保存施設の施錠管理までを行っている場合が多く認められる。概して、青木分類②に当てはまる場合、博物館・資料館に、教育委員会文化財保護部局が事務局として兼ねているケースが多い。博物館法第3条8では、博物館の業務として博物館周囲にある文化財保護法で指定する文化財について案内等の広報を義務付けている。野外博物館的な活動は取り組みの差異はあっても日常業務である。そのため、博物館活動と明確に分けることは難しく、歴史系の資料館・博物館のみで評価としてしまうには、議論の余地を残す。明確に特定の史跡を対象とする典型的な博物館併設事例（分類①）は実は見出しにくい。展示の実態としては①分類に相当する事例は、例えば桂川町立王塚装飾古墳館がある。実際は教育委員会文化財保護部局が資料館の学芸員を兼務している。特に王塚装飾古墳館は、福岡県装飾古墳保存連絡協議会の事務局を持っている（会長は桂川町教育長が兼務）ため、活動は王塚古墳のみには絞ることができない。福岡県内には、こうした管内全域の指定史跡を展示資料として活動する博物館活動が認められる場合（分類②に相当）が多い。ただし後者の場合、分類①と分類②の両方の施設・活動が認められつつも、①＜②の傾向が強い施設、

①＞②の傾向が強い施設等が見られ、①＜②の傾向が強い施設には、行橋市歴史資料館（御所ヶ谷神籠石）、飯塚市歴史資料館（立岩遺跡・川島古墳群）のように、管内の史跡に近接しないが、保護活動の中心的な史跡を持ちながら、市全域の史跡にバランスよく活動が認められる場合（ゆくはし屋根のない博物館ガイドブック（2008初版、2012改訂））がある。分類①＞②の傾向が強いと感じる施設には、春日市奴国の丘歴史資料館（須玖岡本遺跡）、八女市岩戸山歴史資料館（八女古墳群）が、史跡に近接して特定の史跡の保護を資料館の中心テーマに置きつつも、管内の他の史跡の保護活動にも広がる場合がある。

　福岡市では、青木分類③のガイダンス施設を複数持っているが、これらを管理するところは、福岡市立博物館ではなく教育委員会である福岡市文化財保護部局である。板付遺跡弥生館では、文化財保護部局のOBが常勤し質の高い情報を提供する等、青木分類①にも相当する場合、管理人のみ常駐する場合（金隈遺跡展示館、野方遺跡住居跡展示館）がある。福岡市の場合、緊急発掘調査の成果から、異なる性格の遺跡を、史跡指定、遺跡の保存、ガイダンス施設の設置までを行う事例を複数（鴻臚館、野方遺跡、金隈遺跡、板付遺跡）持つほか、文化財保護行政の規範となる姿勢が見出せる。

　こうした文化財保護部局による文化財保護法管轄組織での保護活動という意識は、福岡県立九州歴史資料館にも表れており、1968（昭和43）年より発掘調査を開始したことを起因として、大宰府跡、水城跡等、国指定特別史跡では、調査研究、整備、さらには活用と、野外博物館活動をする施設と位置づけられる。1973（昭和48）年の設立当初よりこの姿勢は変わらず、九州歴史資料館であって、九州歴史博物館と呼称されないところはそれを強く意識したものとされる。古都大宰府展示協会により運営されている1980（昭和55）年開館の大宰府展示館や、太宰府市教育委員会等と相互に連携した関係、太宰府市から小郡市に移って以降もこの関係は残されている。大宰府の場合、近傍の大宰府展示館、遠望の九州歴史資料館と、二つの野外博物館施設が存在する点は、大宰府都府楼の保存運動とも密接に関係した結果であるが、調査、さらには保存整備を念頭に調査課が設置され、大宰府展示館との連携した活動が続いている。新たな移転地である小郡市の敷地後背には、弥生中期の集落跡三沢遺跡（県指定史跡）が保存された森がひろがっており、分類①（三沢遺跡）と分

図1　福岡県遺跡同時公開の様子（県指定史跡嘉麻市沖出古墳）

類②（大宰府）の機能を兼ねている。分類②の機能は、大宰府のみならず、福岡県内の市町村主導の史跡整備に蓄積されたノウハウを継承する意図も含まれており、今後の活動が注目される。

この他、分類②の活動としては、飯塚市歴史資料館が主導する川島古墳等の遠賀川流域一斉公開の活動や、行橋市歴史資料館が主導する屋根のない博物館による活動が注目される。類似する文化財を対象としたボランティア活動は、直方市、うきは市、久留米市などで活発である。

装飾古墳の公開における活動では、先に述べた王塚装飾古墳館を事務局とした「福岡県装飾古墳保存連絡協議会」の存在があり、定期的な研修と現地見学を行っている。また、1998（平成10）年より実施している遠賀川流域装飾古墳一斉公開、2001（平成13）年より実施している筑後川流域装飾古墳一斉公開は、その他の遺跡の公開と併せ、福岡県遺跡同時公開として取りまとめられている。

分類③のガイダンス施設の場合、平塚川添遺跡、野方遺跡など、管理人が常駐し、その責の一端を担う場合、日々の管理こそ一定の割合で行き届くが、潜在的に課題の把握と改善点を共有するのに時間を要する場合がある。

3. 佐賀県

佐賀県は、国指定特別史跡3件、国指定史跡40件、県指定史跡45件を数える。遺跡博物館は4か所を数える（分類①が2件、分類③が2件）。分類①には、特別史跡吉野ヶ里遺跡に国営吉野ヶ里歴史公園弥生くらし館と県営の吉野ヶ里遺跡展示館がまず挙げられる。また、菜畑遺跡と唐津市末廬館もこれに該当する。

国営吉野ヶ里歴史公園は、竪穴住居跡をはじめ複数の大型復元建物を持つの

みならず、各種の服装に扮した人員による動態展示と、およそ茅葺きによる復元建物等屋外の復元家屋を対象とした考えられる限りの維持管理が行われている。なお、史跡をベースとした本格的な野外での動態展示に限ると、その事例は少ない。さらに、自然木や茅を用いた復元家屋は、維持管理を適切に行うには、小規模な改修工事でも5年単位でのメンテナンスが必須であり、地方行政が運営する資料館・博物館のみでは維持管理が難しい。全国各地に見られる竪穴住居跡の復元展示は、国営公園のように維持管理の予算、人手が構造的に充実していなければ、適切な維持管理が難しいことを、展示計画の際には理解しておく必要がある。

また、良好な保存環境であっても、史跡が劣化したという認識が持たれないとは言い切れない。佐賀県内では、古墳の保存施設に、装飾古墳である鳥栖市田代太田古墳がある。田代太田古墳の保存施設は九州の同種の施設のなかでは密閉性が高く、年間の温度変化は2℃に収まる（池田ほか 2012）。温湿度管理の面では、茨城県ひたちなか市虎塚古墳の保存施設クラスの良好な環境を保ち、福岡県、熊本県内の数多ある装飾古墳保存施設より優れた環境にある。そうした施設でさえ「壁画が劣化した」という風評が生まれることがある。たとえ、史跡が適切な環境下で管理されていても、その後の運用いかん、あるいは風評に対しタイムリーな説明責任を果たさなければ、適切な保護が図られているという周囲の理解を得にくい。田代太田古墳の壁画は、春と秋の公開時では壁画の見

図2　佐賀県立吉野ヶ里遺跡展示館

図3　吉野ヶ里遺跡での復元建物メンテナンス

え方に季節的な変化が起きるのであって劣化ではない。しかし、そうした説明を地方にある国指定史跡、県指定史跡を管理する教育委員会単独で行うには自ずと限界がある。特殊な環境の維持とその評価に関して、調査研究に費やすことのできる組織として、博物館や研究機関が関わる具体的事例もある（装飾古墳ワーキンググループ 2014）。

4. 大分県

　大分県における指定史跡は、国指定38件、県指定104件を数える。このうち、遺跡博物館としての機能・性格を有する施設は5施設。分類①が4件、分類③は1件である。この他、現時点では分類③のガイダンス施設に含まれないが、準備が進められ、何らかの施設設置が考えられるところは、大分市横尾貝塚、日田市ガランドヤ1号墳、2号墳がある。[6]

　分類①と②の展示・活動を行っている施設は、1981（昭和56）年に設立した大分県立歴史博物館（①川部高森古墳群＜②国東半島六郷満山全域の荘園跡、村落景観のほか、熊野磨崖仏、財前家墓地・田原家墓地等の史跡）、大分市歴史資料館（①豊後国分寺＞②千代丸古墳、丑殿古墳、古宮古墳等、大分元町石仏、高瀬石仏も潜在的に含む）の2施設である。また、国東市歴史体験学習館（安国寺集落遺跡）は、直接の活動は、安国寺遺跡とその周辺の活動であるが、国東市の場合は、文化財保護部局の事務局も兼ねており、福岡県内の資料館同様、国東市内のほかの史跡への保護が恒常的に行われるため、分類②の機能・活動実績を持つ。大分市歴史資料館の場合は、保護活動の主体は大分市文化財部局が磨崖仏を中心に管理するが、古墳の見学対応等では相互が連携しており、活用に際して補完的な役目を負う。[7] 類似するところでは、玉名市立歴史博物館における永安寺東古墳、大坊古墳の活用や、八代市立博物館における八代市田川内1号墳がある。大分市のような事例は、史跡指定にむけたさまざまな手続きが文化財保護部局中心となるため、その後の保護活動について責任を持ち、活動を行うケースである。視点を変えるならば、保護の一翼を担う専従の博物館学芸員が存在する場合、管内の史跡に対し、何らかの保存的な視点、あるいは措置を伴うならば、潜在的に分類②の博物館活動に発展する余地[8]

がある。

　宇佐風土記の丘にある大分県立歴史博物館は、当初、大分県立宇佐風土記の丘資料館であったもので（1981年開館）、1998年に大幅な増築により展示面積が広がった。設立当初、敷地内の川部高森古墳群内の古墳の学術調査を行いつつ、国東半島の村落景観等の中世荘園の野外調査を恒常的に行ってきた。1995（平成7）年の発掘調査を最後に川部高森古墳群の学術調査は行われていないが、県立の博物館としては、屋外の史跡、ことに磨崖仏に対する保存科学への実績を併せ持つなど、遺跡博物館としての活動では、九州をリードする点が多い。特に、文化財のひとつである文化的景観の制度をリードした田染荘、都甲荘の村落景観の復元を目的とした悉皆調査などの研究成果がある。九州歴史資料館、北九州市立自然史・歴史博物館など、九州の博物館では、数少ない科学研究助成金を申請できる研究機関である点が（文部科学省HP研究機関番号一覧より）、このような活動を支える基盤のひとつと考えられる。臼杵石仏をはじめとする、磨崖仏群の保存上の現況調査等をいち早く実施したこと、臼杵石仏ほか大分県内の磨崖仏群の調査でも、磨崖仏に対する維持管理等に主眼をおいた管理体制や覆屋等による保存の手法が蓄積されている。地方に数多集中する風土的特質を象徴する文化財を抱えた場合（例えば眼鏡橋などの石橋）、対象となる数が多いゆえに、その保護活動のレベルと維持が課題となる。その点では、福岡や熊本における装飾古墳保存施設とともに、大分県内の磨崖仏群に対する保護活動は、経緯、手法の異なる野外にある史跡の保護活動の成熟度を相互に理解する上で参考となる事例が見受けられる。

　例えば磨崖仏は、阿蘇熔結凝灰岩の岩盤に造られている。凝灰岩が冬期に痛むことを防ぐため、凍結する際の環境を特定し、その原因を緩和する措置が取られている。その一つが、近接する竹林の伐採により、石仏に吹き付ける微風が原因となる凍結を、覆屋に取り付けたカーテンを使用することで環境を抑制

図4　臼杵石仏での凍結対策用カーテン（東京文化財研究所朽津信明氏撮影）

する手法である。この他、紫外線照射によって、地衣類を枯死、クリーニングも行っているが、その前に地衣類が発生する環境を抑制する環境を整えることを必須としている。

5. 熊本県

　熊本県における国指定史跡は44件、県指定史跡は81件を数える（2013年11月現在）。このうち、史跡と遺跡博物館は6か所を数える。遺跡博物館が近接する分類①に該当するものは4施設。分類③に相当するガイダンス施設の併

図5　環境調査を実施した（2012年時点）古墳（▲原則非公開、●一般公開）

設は2施設ある。分類②は1施設（重複）。①のなかで最も歴史のある施設は1978年設立の山鹿市立博物館。チブサン古墳を主墳とする西福寺古墳群がある。山鹿市立博物館が管理するチブサン古墳は、保存施設を持つ装飾古墳のなかでも、福岡県宮若市竹原古墳と同様に常時公開を行っている。1998年に開館

図6　塚原古墳群（熊本市塚原歴史民俗資料館提供）

した装飾古墳館は分類①としての機能を岩原古墳群で担うほか、肥後古代の森の中核施設、さらには装飾古墳の専門館であることから、江田船山古墳、塚坊主古墳等の清原古墳群がある菊水地区、チブサン古墳のある山鹿地区の公園管理の責を負う。分類②に相当する活動として、県内の主要な装飾古墳保存施設を対象とした環境調査（池田・菊川 2012）、並びに一般公開の事務局・調整を担う。高速道路の建設に伴う発掘調査の後、長く倉庫内に保管された横山古墳（未指定）を敷地内に移設しており、これをひとつの保存施設の研究対象あるいは保存と活用のための研究の場を持つ。装飾古墳館の分館である温故創生館は、古代山城である鞠智城跡を対象とした遺跡博物館である。

　方保田東原遺跡のある山鹿市出土文化財管理センター（常駐時は文化財部局事務所を兼ねていた）、清原古墳群および若宮貝塚近傍にある和水町歴史資料館は常駐する学芸員は現在不在であり、その機能は事実上ガイダンス施設である。

　九州縦貫道に伴う建設でトンネル工法により古墳群が保護された塚原古墳群は、高速道路建設での初の保存事例であり、1983年に開館した塚原歴史民俗資料館が併設される。学芸員が常駐し、旧城南町内にある史跡の保護活動も兼ねた活動に実績があり、阿高・黒橋貝塚、御領貝塚等、分類②に相当する活動も行ってきた。現在熊本市との合併後、熊本博物館の分館として位置づけられている。

図7　隼人塚

6. 鹿児島県

　国指定史跡26件、県指定史跡46件を数える。遺跡博物館がある史跡は、7か所。分類①は5施設、工業団地の建設を一部断念した、国史跡上野原遺跡と上野原縄文の森、指宿市橋牟礼川遺跡と指宿市考古博物館時遊館COCCOはしむれ、薩摩国府と隣接する薩摩川内市歴史資料館、塚崎古墳群と肝付町立歴史民俗資料館、長島の各古墳と長島町歴史民俗資料館がある。このうち、上野原縄文の森は、鹿児島県埋蔵文化財センターが併設しており、南の縄文調査室が設置される。その名のとおり、鹿児島県内の縄文遺跡を対象とした学芸的な活動を企図して設置されたが、現在は埋蔵文化財センターで蓄積される出土品を展示する際に、上野原縄文の森との間に立って、学芸的な活動を支援する役目を負う。上野原をはじめ、県内の縄文遺跡を対象とした何らかの調査活動など潜在的に分類②の機能を持っている。長崎県壱岐市立一支国博物館と同様、埋蔵文化財センター内にある調査室が博物館活動を司る上野原縄文の森の学芸活動と連携を果たす役割を担っている。[9]

　分類③としては、弥生時代の竪穴住居跡を移築復元した王子遺跡資料館、三つの層塔と四神を中心とした隼人塚史跡館がある。隼人塚は修理が行われた石造物が復元されている。遺跡博物館では、こうした復元修理後の中長期的な経過観察の体制づくりも重要である。

7. 宮崎県

　宮崎県の国指定史跡は22件、県指定史跡は96件を数える。遺跡博物館としては3か所。いずれも企画展示等の博物館活動を行っており、分類①と捉えられる。風土記の丘設置第1号である、宮崎県立西都原考古博物館は、宮崎県立西都原資料館から発展し、史跡西都原古墳群の学術調査が実施されるととも

に、隣接して陵墓参考地である男狭穂塚古墳、女狭穂塚古墳がある。企画展示室、常設展示室という区分けを持たないなかで、韓国、台湾等、海外との各種連携をはじめ、動的な企画展示を続けている。また、九州にある県立の遺跡博物館のなかでは唯一入館料無料であり、博物館法の趣旨を踏まえた活動を実現している。史跡内の学術調査を継続する一方で、陵墓内でのレーダー探査による立ち入り調査も実現させている。また、覆屋式の遺構保存施設として、酒元ノ上横穴墓等、古墳群内に複数の保存施設を持つ。古墳群、保存施設、考古博物館が一体となった遺跡博物館である。[10]

図8　西都原古墳群（西都原考古博物館提供）

図9　西都原古墳群　レーダー探査図（西都原考古博物館提供）

　宮崎市生目の杜遊古館は、生目古墳群を敷地内に持ち、宮崎市の埋蔵文化財センター機能も併せ持つ。埋蔵文化財センター併設による遺跡博物館の機能を持つ施設としては、熊本県の方保田東原遺跡と山鹿市出土文化財管理センター、長崎県の鷹島海底遺跡と松浦市立鷹島埋蔵文化財センターなどがある。
　宮崎市には、蓮ヶ池横穴群の隣接地に設置されたみやざき歴史文化館がある。

8. 長崎県

長崎県は7施設。分類①4か所、分類③3か所を持つ。このうち、特別史跡原の辻遺跡が展示の中心となる壱岐市立一支国博物館は、基本的に分類①の機能を持つが、館内に市教育委員会文化財担当が常駐し、壱岐市内の弥生時代遺跡をはじめ、壱岐古墳群を対象とした壱岐風土記の丘（分類③）も管轄するため、分類①、分類②の機能を併せ持っている。さらに、長崎県埋蔵文化財センターが同居し、同センターには東アジア考古学研究室が設置されている。厳密には博物館活動には含まれないが、この組織がシンポジウムなどの長崎県下での活用事業を行っており、長崎県、壱岐市の連携が特徴的である。同センターは、大型の木器などの出土品の保存処理を一手に引き受けており、例えば鷹島海底遺跡から出土した、蒙古船の部材などの保存処理を担った実績を持つ。結果的に野外博物館活動を支援する施設となっている。[11]

図10　一支国博物館から見た原の辻遺跡

9. 考　察

以上、九州の動向、各県の概要を述べた。教育委員会文化財保護部局と遺跡博物館との活動の区分け、屋内展示とリンクした屋外での展示活動の度合い、さらには青木分類②とした周辺の遺跡とのかかわり方、分類①と分類②の機能を持つ博物館での活動実態は、議論の余地を残している。

遺跡、あるいは史跡の保護について、常に根拠をもった情報を収集し、保存と活用を両立するバランスを保つには、恒常的に遺跡、あるいは史跡に関わっている専門の博物館学芸員の存在が重要である。博物館学芸員の業務として、史跡等の指定文化財の保護を位置付けた博物館法3条の8を根拠に、登録博物

館もその責務を負うべきである。管轄内に遺跡博物館がある文化財保護部局内が、博物館を遺跡、あるいは史跡の保護に専従できる施設として、組織での位置づけを意識すれば、埋蔵文化財調査の減少によって文化財担当職員が削減されるなか、実は一層の人員が遺跡博物館では必要であるとの認識にたてる。現在は、遺してきた遺跡、あるいは史跡の数に対して、保護に結び付けるポジションにある遺跡博物館の専従学芸員が不足している。

註
（1）本節で用いた指定史跡は、2013年10月時点のもので把握した（2013年11月指定のものは一部を除いて含めていない）。福岡県、大分県、熊本県、宮崎県、鹿児島県は、各県教育委員会より本節のためデータを提供いただいた。佐賀県、長崎県は、公表されているHPよりデータを抽出した。
（2）指宿市教育委員会　鎌田洋昭氏のご教示による。
（3）ヒャーガンサン古墳の装飾は、考古遺物としての鳥栖市指定重要文化財を受けている。
（4）福岡県文化財保護課　吉田東明氏のご教示による。
（5）九州歴史資料館　杉原敏之氏のご教示による。
（6）大分県教育庁埋蔵文化財センター　横澤慈氏のご教示による。
（7）大分市教育委員会　塩地潤一氏のご教示による。
（8）大分市歴史資料館　中西武尚氏のご教示による。
（9）鹿児島県教育庁文化財課　東和幸氏・鹿児島県立埋蔵文化財センター　前迫亮一氏のご教示による。
（10）宮崎県教育庁文化財課　北郷泰道氏・宮崎県立西都原考古博物館　東憲章氏・藤木聡氏のご教示による。
（11）長崎県埋蔵文化財センター　川道寛氏・壱岐市教育委員会　田中聡一氏のご教示による。

参考文献
青木　豊　2006「地域博物館・野外博物館としての史跡整備」『史跡整備と野外博物館』雄山閣。
池田朋生・菊川知美　2012「装飾古墳の博物館資料化に向けた取組み」『熊本県立装飾古墳館研究紀要』第9集。
池田朋生・坂口圭太郎・大庭敏男・朽津信明・森本哲郎・小林由江・池内克史　2012「装飾古墳におけるCGシミュレーションを用いた季節間色変化の研究」『日本文化財科学会第29回大会発表資料集』。

内川隆志　2006「整備の現状と整備史文化財保護法以前の整備と指定」『史跡整備と野外博物館』雄山閣。

朽津信明　2013「日本の「遺跡保存」の歴史と「保存科学」の役割」『保存科学』第52号。

後藤宗俊　1988「広域村落遺跡の調査―その意義と展望―」『大分県宇佐風土記の丘歴史民俗資料館研究紀要』Vol.5。

装飾古墳ワーキンググループ　2014『古墳壁画の保存活用に関する検討会装飾古墳ワーキンググループ報告書』70頁。

田中聡一編　2011『特別史跡 原の辻遺跡第Ⅰ段階整備事業報告書』壱岐市教育委員会。

東　憲章　2012「西都原古墳群の探査と地下マップ」『月刊考古学ジャーナル』629、ニューサイエンス社。

北郷泰道　2005「宮崎県立西都原考古博物館における屋内展示と屋外展示」『遺跡学研究』第2号、日本遺跡学会誌。

(池田朋生)

ⅩⅢ　沖縄地域

　ここでは、琉球列島の歴史的・文化的一体性を重視して、沖縄県のみでなく、現在鹿児島県に属する奄美諸島の事例に関しても適宜取り上げる。

1. 遺跡保護史

　琉球列島での考古学的な遺跡調査は、いくつかの島での磨製石斧採集情報などを受けて実施された鳥居龍蔵による現地踏査が最初である（鳥居 1905）。その後、沖縄県北中城村荻堂貝塚・うるま市伊波貝塚、鹿児島県伊仙町（徳之島）の面縄貝塚群などの発掘調査が行われたが、この段階では先史時代の遺跡に関する地域の関心をわずかに高めた程度であり、積極的な遺跡保護と活用に関しては、ほとんど目立った動向は見られなかった。

　戦前の段階で、潜在的な埋蔵文化財としても、積極的な保護対象として認識されたのは、琉球王国時代の王宮である那覇市首里グスク（以下、時代名・総称などを除き、「グスク」を「城」と表記する）にほぼ限られる。老朽化で解

体の危機にあった首里城正殿は、鎌倉芳太郎・伊東忠太による文化財としての重要性再評価の働きかけを受けて、1925（大正14）年に国の特別保護建造物に指定され、1929（昭和4）年以降正殿をはじめとした首里城の主要な現存建築が国宝に指定された（首里城復元期成会編 1993）。また、民間では、1922（大正11）年に沖縄史蹟保存会が発足し、顕彰碑や標柱を史跡や伝承地に建立するといった動向が見られたが（園原 2000）、埋蔵文化財についてはまだ積極的に意識されていない。しかし、それら戦前に保護された特に沖縄本島中部～南部の文化財も、1945（昭和20）年のアメリカ軍の侵攻上陸に伴う地上戦（沖縄戦）により、膨大な人命と伝統的景観もろとも壊滅的に破壊された。

　琉球列島において、遺跡が行政的な保護対象となったのは、沖縄戦後のことである。戦後、日本国の行政から分離されて、アメリカの軍事占領下で限定的自治行政組織として発足した琉球政府は、日本国の文化財保護法を基礎に1954（昭和29）年に琉球政府文化財保護委員会を発足させ、初めて遺跡保護も行政上の課題とした。その直後の1955（昭和30）年には、琉球政府により首里城跡を含むおもにグスク時代（中世）の中城村中城城・今帰仁村北山城（今帰仁城）・南城市斎場御嶽などの遺跡が初めて「史蹟」指定された。なかでも注目されるのは、地上の残存石塁などに加えて地下の埋蔵文化財を包蔵する遺跡としての価値評価に基づいて、グスク時代の宮古島市上比屋山遺跡が1956（昭和31）年2月20日に初の「史蹟」に指定されたことである（図1）（沖縄県教育委員会監修 1978）。そして、1956（昭和31）年10月19日に、名護市運天原サバヤ貝塚・国頭村宇佐浜貝塚・嘉手納町野国貝塚群・那覇市崎樋川貝塚・北中城村荻堂貝塚・沖縄市仲宗根貝塚・石川市伊波貝塚・宜野湾市大山貝塚・うるま市平安名貝塚・糸満市米須貝塚・久米島町大原貝塚・竹富町下田原貝塚・竹富町仲間第二貝塚・竹富町仲間第一貝塚・竹富町平西貝塚・

図1　宮古島市上比屋山遺跡

石垣市川平第一貝塚・伊江村カダ原洞窟（伊江島鹿の化石）が、先史時代（旧石器時代、貝塚時代および南琉球新石器時代）の遺跡として初めて「史蹟」に指定された（沖縄県教育委員会監修 1978）。その後も琉球政府文化財保護委員会により、多くの遺跡が「史蹟」に指定され、1972（昭和 47）年の日本国行政下の沖縄県復帰（「本土復帰」）に伴い県指定史跡と国指定史跡に移行している。

　「本土復帰」後には、県内各地で大規模開発が本格化したこともあり、日本国内の他地域と同様に、沖縄県内でも緊急発掘調査が激増した。同時に、そうした遺跡調査成果が新聞等で報道される事例も増加し、遺跡保護に関する一般の関心を高めることにもつながった。「本土復帰」直前の沖縄で初めて九州の縄文土器である市来式土器（縄文時代後期）が出土し、社会的にも多くの関心を集めた浦添市浦添貝塚（貝塚時代前 3・4 期）は、1971 年にバイパス 14 号線建設による破壊の危機に見舞われたが、トンネル方式の採用により回避された（新田 1973）。沖縄県における遺跡保護の大きな画期となったのは、恩納村の仲泊遺跡群の調査である。1974 年に、沖縄海洋博覧会関連事業として国道 58 号仲泊地区の四車線拡幅工事に伴って行われた緊急発掘調査により、貝塚時代前 4 期の貝塚・岩陰住居址、琉球王国時代の比屋根坂石畳道などが発見され、新聞等で大きく報道された。そして、一般県民や沖縄考古学会などが保存を求めた結果、沖縄開発庁は遺跡部分を貫く当初計画を変更し、大きく海側に国道を迂回することで沖縄県初の本格的な遺跡保護が実現した。

　その後、沖縄県教育委員会による組織的な埋蔵文化財調査体制が整い、しだいに各市町村でも担当者の配置が進んだ。多くの遺跡が開発を前提とした緊急発掘調査の後に破壊されたが、1980～81 年にうるま市仲原遺跡で貝塚時代前 5 期の集落遺跡が全容を良好にとどめた状態で確認され、当初の土地改良事業計画を変更して 1986 年に保存が決定され、国史跡に指定された（上原ほか編 1997）（図 2）。また、那覇市内のアメリカ軍牧港住宅地区の返還に伴って 1990 年～2003 年にかけて行われた事前発掘調査の結果、14～19 世紀にかけての銘苅墓跡群（古墓群）が良好な状態で確認され、当初の那覇新都心（おもろまち）整備計画を変更して 2007 年に保存と国史跡指定が決定された（那覇市立壺屋焼物博物館編 2004）。

このような県内各地での埋蔵文化財調査の増大を受けて、県内の埋蔵文化財の調査研究・保存活用の中心拠点施設として、2000年4月1日に沖縄県立埋蔵文化財センターが西原町に開設された（沖縄県教育庁文化課編 2000）。沖縄県立埋蔵文化財センターでは、県内の緊急調査対応のみでなく、沿岸部と海面下にある遺跡を対象に

図2　うるま市「イチの里仲原遺跡」の復元住居

2004～08年に行われた沿岸地域遺跡分布調査や、20世紀のアジア・太平洋戦争時の戦争遺跡を対象に1998年から開始された戦争遺跡詳細分布調査など、沖縄県の地理的・歴史的特性に応じた遺跡保護活用対策を重点的に実施していることも注目される。

2000年には、沖縄県の遺跡保護史上の一大画期があった。今帰仁村今帰仁城跡・読谷村座喜味城跡・うるま市勝連城跡・中城村中城城跡・那覇市首里城跡・那覇市園比屋武御嶽石門・那覇市識名園・那覇市玉陵・南城市斎場御嶽が、「琉球王国のグスク及び関連遺産群」としてUNESCOの世界遺産（World Heritage）に登録され、琉球列島の遺跡に世界的価値評価が加わったのである。

このような経過を経て、2013年現在、以下の遺跡が国指定史跡となっている（沖縄県教育庁文化財課編 2014）。

国頭村宇佐浜遺跡、今帰仁村今帰仁城跡附シイナ城跡、恩納村仲泊遺跡、恩納村山田城跡、うるま市伊波貝塚、うるま市仲原遺跡、うるま市勝連城跡、うるま市安慶名城跡、北中城村荻堂貝塚、中城村中城城跡、西原町内間御殿跡、読谷村木綿原遺跡、読谷村座喜味城跡、北谷町伊礼原遺跡、宜野湾市大山貝塚、浦添市浦添城跡、那覇市首里城跡、那覇市玉陵、那覇市円覚寺跡、那覇市銘苅墓跡群、糸満市具志川城跡、南城市知念城跡、南城市斎場御嶽、南城市玉城城跡、南城市糸数城跡、南城市島添大里城跡、伊江村具志原貝塚、久米島町具志川城跡、久米島町宇江城城跡、石垣市川平貝塚、石垣市フルスト原遺跡、竹富町下田原城跡。

なお、鹿児島県下の奄美諸島では、1986年に指定された奄美市宇宿貝塚をはじめ、奄美市赤木名城跡、奄美市小湊フワガネク遺跡、奄美市城間トフル墓、伊仙町犬田布貝塚、伊仙町カムィヤキ陶器窯跡、知名町住吉貝塚が、現在までに国指定史跡の遺跡となっている。

2. 遺跡博物館設立の歴史と現状

（1）貝塚時代（先史時代）遺跡の整備活用

1972年の「本土復帰」前後から本格化した大規模開発に伴う遺跡破壊増加の転機になった恩納村仲泊遺跡群の保存は、沖縄県初の遺跡公園整備という形で結実した。そこでは、琉球王国時代の石畳道や貝塚時代前4期の貝塚・岩陰住居址の露出展示も試みられており、貝塚時代前4期の一つの典型的な遺跡立地像をその場で体感できる数少ない事例となっている（図3）。そして2001年には、遺跡に隣接して恩納村博物館が設置され、仲泊遺跡群を含む村内の主要な考古資料の展示と各種教育研究活動が実施されており、事実上仲泊遺跡の遺跡博物館としての性格を備えている。今後は、経年変化が進展している遺跡公園内の露出展示の再生などを含む一層効果的な仲泊遺跡の活用が見込まれる。

近年調査が進んでいる南城市武芸洞遺跡とサキタリ洞遺跡は、株式会社南都が運営する観光施設「おきなわワールド」の一部として2008年に設立された「ガンガラーの谷」内に位置している。そのため、同社の自然文化体験型ガイドツアーのなかで、武芸洞遺跡の前5期の石組石棺墓遺構の露出展示やサキタリ洞遺跡の発掘現場がコースに組み込まれ活用されている。出土資料の展示等は行われていないが、遺跡公園としての性格も備えているといえる。

うるま市伊計島仲原遺跡は、沖縄県内初で唯一の復元竪穴住居を基に貝塚時代（前5期）の集落景観の全体像を再現した1997年開

図3　恩納村仲泊遺跡の石畳道と岩陰住居址

園の遺跡公園であるが、野外の展示機能を主体とする遺跡博物館の一種にも数えられる。当初の土地改良事業計画を中止して全面保存が決定された後、1987〜96年にかけて保存整備事業が進められ、上屋架構部分展示例も含む合計6棟の竪穴住居が復元されている（上原ほか編 1997）。ただし、貝塚時代前5期仲原式土器の標式資料などの出土遺物を活用した屋内展示施設等は未開設である。

図4　奄美市「宇宿貝塚史跡公園」内の石組住居址

　なお、現在貝塚時代の竪穴住居の上屋建物復元例は、奄美諸島奄美大島竜郷町ウフタ遺跡の貝塚時代前5期のサンゴ石積壁がきわめて良好な状態で検出された竪穴住居址を基に、近隣の竜郷町立赤徳小学校PTAが同校敷地内に教育用に復元した一例があるのみである。また、トカラ諸島十島村中之島の十島村歴史民俗資料館でも、同島タチバナ遺跡の前5期（縄文時代晩期）竪穴住居内の生活情景を再現する別棟展示構想があったが、コンクリート製の竪穴住居上屋を意識した三角形状の建物が完成したのみで現在展示は行われていない。

　以上とは異なる注目すべき遺跡博物館例としては、奄美諸島の奄美市立宇宿貝塚の事例が挙げられる。奄美諸島の貝塚時代各時期の基準資料が多く出土した宇宿貝塚は、1986年に国史跡に指定されている。1993〜97年にかけて史跡整備に伴う発掘調査が実施され、さらに文化庁のふるさと歴史の広場事業採択を受けて1997〜2000年にかけて検出遺構の保護覆屋整備を実施し、2002年より「宇宿貝塚史跡公園」として公開している。保護覆屋内には、貝塚時代前5期の石組住居址・貝塚時代後期の土壙墓・グスク時代のV字溝などが露出展示されている（笠利町教育委員会編 2001）（図4）。また、覆屋内の一角では、宇宿貝塚出土資料などの展示も行われている。琉球列島の遺跡では、現在唯一の本格的な遺構露出展示を主体とする遺跡博物館である。

(2) 遺跡博物館に準じる事例

なお、そのほかに、遺跡現地と近接していないが、地域の先史時代の重要遺跡関連資料を中核的展示資料とする遺跡博物館に準じる博物館として評価できる事例がある。沖縄県では、八重瀬町立具志頭歴史民俗資料館（港川フィッシャー遺跡：旧石器）、読谷村立歴史民俗資料館（渡具知東原遺跡：前1～2期）、伊是名村ふれあい民俗館（伊是名貝塚・具志川島遺跡群：前3～4期）、沖縄市立郷土博物館（室川貝塚：前4～5期）、宜野湾市立博物館（安座間原遺跡：前4～5期）、石垣市立八重山博物館（ピューッタ遺跡など：南琉球新石器）などがあげられる。これらのうち、読谷村立歴史民俗資料館は、隣接するグスク時代の座喜味城の遺跡博物館を兼ねている。また、奄美諸島では、奄美市立奄美博物館（フワガネク遺跡：後期）、奄美市立笠利歴史民俗資料館（宇宿貝塚など：貝塚時代全般）、瀬戸内町立郷土館（嘉徳(かとく)遺跡：前3～4期）、喜界町埋蔵文化財センター（城久(ぐすく)遺跡群：古代～中世）、伊仙町立歴史民俗資料館（面縄(おもなわ)貝塚群：貝塚時代全般）などが代表的である。なかでも、笠利半島東岸の重要遺跡密集地帯に隣接する奄美市立笠利歴史民俗資料館は、宇宿貝塚史跡公園とともに、それらの遺跡群全体の遺跡博物館としての性格を兼ねているといえる。

3. 地域の遺跡博物館に求められる役割と展望

現在、沖縄県を含む琉球列島では、遺跡博物館の絶対数が非常に少ない。

一般社会における琉球列島の遺跡像としては、可視的な石塁遺構が多く残るグスクが最も代表的な遺跡として広く認知されている。その一方で、特に貝塚時代の遺跡は、国内他地域の遺跡ほど明確で規模の大きな貝塚が少ないことなどもあり、遺跡としての具体的な姿の認知度はグスクに比べるとかなり低い状況がみられる。このような琉球列島における一般的な遺跡像の偏りを考慮すると、遺跡博物館の活用は今後に多くの可能性を秘めている。

しかし、そこには琉球列島固有の重要な検討課題も残されている。全国的にも数多くの事例がある野外での特に先史時代の建物復元活用は、琉球列島の場合亜熱帯の旺盛な植物繁茂・苛烈な台風や降雨・ハブなどの有害生物発生対策

など、国内他地域よりも長期持続的な維持管理に多くの困難さがつきまとう。その点では、奄美市宇宿貝塚史跡公園での遺構露出展示を目的とした覆屋建物の活用は、今後さらに応用範囲を広げる余地がある。その上で、南風原町の戦争遺跡である陸軍病院壕（南風原陸軍病院壕整備検討委員会編 2003）と南風原文化センターなどで試みられているような、博物館と保存遺跡の一体的な管理運用に際して、地域のボランティアが積極的に参与する体制の整備は、一つの有効な解決策といえる。

　また、琉球列島の遺跡像を代表するグスクに関する遺跡博物館にも、いくつかの検討課題がある。グスクの場合、遺構のなかでも石塁の修復復元が優先的にこれまで実施されている。しかし、そうした石塁の修復復元が早くに着手された事例については、国内他地域の近世城郭における早い段階の石垣修復事例と同様に、その歴史的・考古学的根拠の慎重な再検証が必要とされる例も少なくない（上原 1998）。さらに、首里城以外のグスクの上屋建築物については、同時代の図像資料が一切なく、発掘調査で得られた情報のみに限られる。そこで、グスクと一体となった屋内の遺跡博物館は、それらの情報を効果的に活かし提示する上でも、調査研究の進展に応じて柔軟に修正変更可能な推定上屋建築像を提示することが可能という利点が多い。

　また、グスク時代以降の重要な遺跡として御嶽がある。しかし、御嶽を単純に考古学的遺跡と文化観光資産として位置づけた場合、現代に生きる伝統的宗教文化の聖域としての姿を見えにくくする可能性が十分に考えられる。その点では、南城市斎場御嶽の保護活用をめぐって近年議論されている、一定の条件での入場制限のみでなく、出入場管理施設を兼ねた遺跡博物館の機能をさらに充実させることも有効な解決策と考えられる。

参考文献

安里嗣淳・当真嗣一編　1978・1979『南島考古だより』第 11・12 号・第 13 号、沖縄考古学会。

池田榮史　1993「沖縄県博物館史」『國學院大學博物館學紀要』第 18 輯、國學院大學博物館学研究室、1-13 頁。

上原　静　1998「本土復帰前における史跡整備の記録：今帰仁城跡・中城城跡」『文化課紀要』第 14 号、沖縄県教育庁文化課、33-86 頁。

上原靜ほか編　1997『史跡仲原遺跡保存整備事業報告書』与那城町文化財調査報告書第3集、与那城町教育委員会。
浦添市教育委員会編　2005『蘇った琉球国中山王陵浦添ようどれ』浦添市教育委員会。
沖縄県教育委員会監修　1978『沖縄文化財調査報告：1956～1962』那覇出版社。
沖縄県教育庁文化課編　2000『くさてぃむい：沖縄県立埋蔵文化財センター建設の記録』沖縄県教育委員会。
沖縄県教育庁文化財課編　2014『平成25年度文化財課要覧』沖縄県教育委員会。
笠利町教育委員会編　2001『国指定史跡宇宿貝塚（宇宿貝塚ふるさと歴史の広場）整備事業報告書』笠利町教育委員会。
首里城復元期成会編　1993『甦る首里城：歴史と復元』首里城復元期成会。
園原　謙　2000「沖縄県の文化財保護史」『沖縄県立博物館研究紀要』第26号、沖縄県立博物館、113-156頁。
知念村教育委員会編　1999・2002『国指定史跡斎場御嶽整備事業報告書』（発掘調査資料編・工事資料編）知念村文化財調査報告書第8・9集、知念村教育委員会。
渡名喜明ほか　2000・2001『那覇市立壷屋焼物博物館紀要』創刊号・第2号、那覇市立壷屋焼物博物館。
鳥居龍蔵　1905「沖縄諸島に住居せし先住人民に就て」『東京人類学会雑誌』第227号、東京人類学会、235-244頁。
今帰仁村教育委員会編　2013『国指定史跡今帰仁城跡附シイナ城跡保存管理計画』今帰仁村教育委員会。
那覇市教育委員会編　2004『史跡玉陵整備事業報告書』那覇市教育委員会。
那覇市立壷屋焼物博物館編　2004『銘苅古墓群：蘇った先祖の眠る大地』那覇市立壷屋焼物博物館。
新田重清　1973「浦添貝塚の保存をめぐって」『南島考古だより』第11・12号、沖縄考古学会、3-4頁。
南風原陸軍病院壕群整備検討委員会編　2003『南風原陸軍病院壕整備・公開についての答申書』南風原町教育委員会。
読谷村立歴史民俗資料館編　2001『読谷村立歴史民俗資料館25年のあゆみ』読谷村教育委員会。

　　　　　　　　　　　　　　　　　　　　　　　　　　　　（伊藤慎二）

第8章

遺跡博物館のこれから

1. 遺跡博物館のこれまで

　1981（昭和56）年に出版された『日本博物館沿革要覧』[(1)]のなかで、古代までを対象とする遺跡博物館を拾い出したところ、1924年設立の美濃国分寺考古館（現、大垣市歴史民俗資料館）をはじめ、1977年の橿原市千塚資料館（現、歴史に憩う橿原市博物館）まで66か所を見出した。拾い出しに遺漏があるかもしれないことはお許し願うこととして、本書では原則として古代までという限定をかけた上で319か所をリストアップできた（巻末附表）ことと比べると、1978年以降の遺跡博物館の増加はそれ以前の5倍近くにもなったのである。『日本博物館沿革要覧』の66か所のその後を追ってみると、①そのままの名称、対象で現在まで存続するところ、②館名を変えたり、リニューアルされたりしているが存続している館、③閉館・廃止されたところ、がある。残念なのは③の事例で、1930年設立の「史蹟貝塚遺物陳列所」（千葉県良文貝塚）と同じく八王子貝塚陳列館（愛知県八王子貝塚）は設立後10年を経ずに廃止されており、またごく最近では文化庁の補助金による歴史民俗資料館建設の第1号であった江釣子民俗資料館（岩手県江釣子古墳群）、浜松市伊場遺跡資料館が廃止閉館されている。平成の大合併の影響もあるのだろうか。

　日本博物館協会による加除式の『全国博物館総覧』[(2)]の最新版からは142か所をリストアップできた。本書に掲げた館数とはだいぶ開きがある。文部科学省の2011（平成23）年度社会教育調査による博物館数が5,747であるのに日本博物館協会の2011年度末の博物館数が4,084館としていることからも[(3)]、かねてから日本博物館協会の博物館のカウントが抑制的であることを感じていた

が、そのせいもあるのかもしれない。それよりも今回私たちは原則として古代まで、という限定をしながらではあるが、ガイダンス施設も含めて、展示施設があり、十分とは言えないまでも収集・保存、調査・研究、展示・教育の博物館の機能のうち複数の観点での博物館活動が展開されているところを各地域の担当者によってあまねくリストアップすることに務めた結果であると自負するところである。

2. 第一世代の博物館としての遺跡博物館

　伊藤寿朗は、竹内順一のアイデア[4]をもとに博物館を活動のあり方から第一世代・第二世代・第三世代と分けて説明した[5]。第一世代の博物館は、「国宝や天然記念物など、希少価値をもつ資料（宝物）を中心に、その保存を運営の軸とする古典的博物館である。個人コレクションを母体とした○○文庫、収集資料の保存を目的とした歴史民俗資料館、個人や事件の顕彰を目的とした○○記念館などがこの世代の典型である」と説明され、「第二世代とは、資料の価値が多様化するとともに、その資料の公開を運営の軸とする現在の多くの博物館である。県立博物館、中規模の市立博物館がこの世代の典型であり、どこの館でも常設展示の特色と、特別展示の開催に腐心している。学芸員という専門的職員が登場するのも第二世代からであり、物の〈調査・研究〉、物の〈収集・保管〉、物の〈公開・教育〉という、博物館固有の機能に即した活動も展開されてくる」、さらに第三世代の博物館については「社会の要請にもとづいて、必要な資料を発見し、あるいはつくりあげていくもので、市民の参加・体験を運営の軸とする将来の博物館である。第三世代とは期待概念であり、典型となる博物館はまだない」と性格づけた。遺跡博物館の多くは、遺跡の保存・活用を主な目的として設立されたものであることからすると、この分類に当てはめるならば第一世代にその主部を置き、第二世代に関わるところも少なからずある、というところになるであろう。さらに個々の博物館の活動事例を見れば、千葉市立加曽利貝塚博物館のように第三世代の博物館の活動に近づいたところもあると評価したい。ただ、第一世代・第二世代・第三世代の区分はしても、第一世代が下位概念で第三世代は上位概念とは捉えていない。第一世代と分類

される博物館であっても、資料を確実に保存し後世に伝えていくことは博物館の役割として絶対に欠くことにできない重要なことであることは言うまでもあるまい。その意味でも第一世代の保存機能に重点を置く博物館が果たす役割はなお大きい。伊藤は「三つの世代の博物館像」と題する表のなかで、資料の収集・保管について、第一世代は「開館したときのまま」と記す。この資料収集のあり方は遺跡博物館にはよく当てはまるかたちである。なぜなら、遺跡博物館は繰り返しになるが遺跡の保存・活用を主な目的として設置されるものであるからだ。遺跡博物館に新たに資料が収集されるというのはどのような事情であるのか、想像してみた。

　①遺跡博物館が資料とする遺跡が新たに発掘されて、その結果として遺物は発掘記録が収集される。
　②対象の遺跡の博物館設立以前に調査されていた結果の資料が、博物館ができたことにより寄贈されたり移管されたりして収蔵される。
　③博物館の調査研究活動の成果として、対象の遺跡に関連する近隣の遺跡などについての資料が収蔵される。
　④遺跡に関連する資料以外の資料が寄贈されたりして収蔵される。

　遺跡博物館としての博物館の活動に最も直接に関連する資料収集のかたちは①であろう。しかし、本来このかたちの資料収集はあり得ない。遺跡博物館の活動は遺跡の保存・活用が主眼であるからには、今以上にその遺跡を発掘する、言い換えると遺跡をこれ以上に損ねることはとうてい許されないことであるはずだからである。考古学という学問の悲しさは、遺跡を発掘することによって研究資料を得る、というところにある。研究を進めるために研究対象でもある遺跡を損ねていかなければならない宿命がある。そのために本来発掘調査は安易に行われてよいものではなく、万全の準備を行い、その時点での最新・最良の技術や思考を持って調査されるべきものなのである。せっかく保存された遺跡を保存管理のため、とか遺跡整備のためと称して保存担当者の手で発掘がされてしまう事例があるが、いかがなものであろうか。発掘をしないで情報が得られるならばできる限りその方法を取り入れていくことが期待される。①のかたちでの資料収集はせっかく保存された遺跡を損ねることになるのであり、極言すれば、してはならない資料の収集方法なのである。②は博物館

設立直後くらいの時期の動きとしては起こりうるところであり、そうなるべく活動してしかるべきだが、そう多くは望めまい。③のかたちは博物館設立後の調査研究活動の活発さがもたらされる結果となるのだろうが、それによって一時的な資料の収集が行われることはあっても継続的な収集につながるということにはなりにくいだろう。④は遺跡博物館としての存在とは別の次元のことであるが、地域の博物館としての役割も背負わされることがあるとすれば、遺跡博物館だからと言って無視することはできまい。

3. 遺跡博物館に期待されること

　こうしてみると遺跡博物館では設立後活発な資料収集活動が行われることはあまり期待できない。博物館に新たな資料が収集されていくことは博物館の活発な活動を招く、ということが言われる。新たに収集された資料に対する研究が進められることによって新しい知見が生まれ、その研究成果が展示や研究紀要、あるいは学会誌などに発表され、メディアにも紹介されたりして人々の特に地域の人々の関心を呼び、入館者も増え、博物館が活性化する、というサイクルが期待されるのである。しかし遺跡博物館ではそのサイクルの基点になる新たな資料の収集ということがあまり期待できない。先に取り上げた「三つの世代の博物館像」の表のなかで伊藤は第一世代の博物館の調査・研究を「やらない」とにべもなく記している。「やらない」ではすまない。

　資料が入ってこないことにより調査研究が滞りその結果博物館そのものの活動の停滞を招く危険を払拭するために、収集活動以外の活動を活発化させていく必要がある。既収蔵資料すなわち遺跡博物館が対象とする遺跡に関する新たな視点、これまでとは異なる視点などからの研究をすすめることが期待される。それにより上述の③のかたちでの資料収集を招くことも期待できる。

　調査・研究活動の活性化にもまして、遺跡の保存・活用を主眼とする遺跡博物館には、教育活動を活発に行うことをもっと期待したい。本書で紹介されている博物館の具体的な活動のなかでも、種々の体験活動を展開している事例が多く紹介されている。講座や講演会のような「座学」的な催しも盛んであるが、考古学という学に基づく博物館の活動であるからにはやはりモノに依って

の体験的な活動を期待したい。具体的な数値をしめすことはできないが、勾玉作り、土器作り、火おこし体験、がそのような体験活動のビッグスリーのようだ。ほかに石器作り、発掘体験、田植えから収穫に至る米作り体験、縄文クッキー作り、編布編み、などの工夫をした活動が見られる。勾玉作りは、材料の得やすさ、作業のしやすさなどからであろうか、その遺跡博物館の対象とする遺跡の時代を問わず開催されている。ただ作るだけではなく、いにしえの人々の作る造形のふしぎさ、勾玉に込められた思いなども製作作業と同時に伝えられていることだろう。これにあえて難を言うとするならば、一過性の体験であることだろうか。火おこしや編布織りなどにも同様の指摘をしておこう。もちろんこうした体験が有効な体験活動であり、また博物館にとっても参加する子どもたちにとっても適当な条件下にあるからよく行われていることは承知しているところである。しかし、どこでも勾玉作り、火おこし体験、土器作りというのは、博物館の独自性や特色をだすという点でそれでよいのだろうか。

　遺跡のある空間を利用して「〜まつり」というイベントもよく行われている。実施しているところの多くは地域と協働して、催し自体は１日のみであっても時間をかけて準備をし実施される。ある博物館の「〜まつり」のすがたを想像してみた。開催される季節にもよるが、それまで実施されてきた体験活動のなかで作られてきたもの、米や縄文クッキーなども利用されて土器作り体験で作られた土器を使い、火おこし体験の参加者が火をおこして煮炊きし、参加した人々に振る舞われる。もちろん安全に十分な配慮をした上でのことであることは言うまでもない。だがそのためには多くの人手が必要であり、おそらく博物館の職員だけではまかなえまい。しかしこのイベントは構想段階から地域との協働のなかで構想され実施に至ったものであるから、地域の人々の多くの協力があるはずだ。館外の人々の協力を、というとボランティアの人々の協力を、という話になるのが常であるが、ボランティアの人々といってもそのときだけ協力してもらう一過性の協力体制であってはなるまい。博物館の日常の活動との関わりのなかで生まれてくるボランティアの人々であり、これを博物館は「活用」するという視点から接するのではなく、博物館の事業の一部を担ってもらう、協働して事にあたる人々として認識していくことが望まれる。このようにまつりは、普段の体験活動などの延長上に催され地域の人々と協力をし

て行われる。

　遺跡に復元されている竪穴住居などの建物を使って宿泊体験が行われているところもある。十分な人の配置のもとに行われることが必要なことは言うまでもないが、ここでもボランティアとして活動してくれる人々の協力を得ることになる。まつりにせよ宿泊体験にせよ、1回だけの催しにならない体験活動の可能性から取り上げてみた。

　遺跡博物館は対象が遺跡に特化されてはいるが、地域のなかの文化遺産の保存と活用・研究活動などを担う場である。矢野和之は、「これからの遺跡博物館のめざすもの」と題して遺跡博物館に求められる課題を、(1) ソフトの重視、(2) 歴史環境の保全、(3) 市民生活や生涯学習との関わり、(4) 観光としての位置付け、(5) もっと広域に、もっと多様に、の5点を示した[7]。人的体制の整備の不十分さ、自然景観、人文景観の保全の役割、歴史を学ぶだけでなく魅力ある憩いの場の機能、ボランティアの育成、観光資源としての地域活性化への期待、地域全体を取り込んだエコミュージアムの核としての期待、を述べている。特に地域の活性化の点には共感を覚えるところである。遺跡博物館もその存在や活動の基盤は地域にあると見なされるからには、地域の人々とともに展開する活動により地域そのものの活性化の一助となるような存在であってほしいものである。その点で、地域活動につながるような体験を主とした教育活動の展開を遺跡博物館の活動として期待したい。

　考古学というとしばしば夢やロマンを感じさせるという感想を持たれるところがあるが、遺跡博物館は夢やロマンの継承と発信にとどまらない、地域において大切な存在として認識されるような活動がなされていくことも期待したい。

註
（1）倉内史郎・伊藤寿朗・小川剛・森田恒之　1981『日本博物館沿革要覧』野間教育研究所紀要別冊、野間教育研究所・講談社。
（2）日本博物館協会『全国博物館総覧』。
（3）『博物館研究』2012年4月号、日本博物館協会。
（4）竹内順一　1985「第三世代の博物館」『冬晴春華論叢3』。
（5）伊藤寿朗　1993「第三世代の博物館像」『市民のなかの博物館』吉川弘文館。

（6）この表のなかで示された第一世代の博物館の典型例はあまりに極端で、このような博物館はほとんど存在しないだろうし、あってもごくわずかだろう。
（7）矢野和之　1998「『遺跡博物館』のめざすもの　歴史の調査・研究と市民生活の接点としての施設」『別冊歴史読本97』（野外復元　日本の歴史）新人物往来社。

（鷹野光行）

附表　全国の主要遺跡博物館一覧

都道府県	遺跡博物館名	種別	所在地	遺跡名	指定区分
北海道	網走市郷土博物館分館モヨロ貝塚館		網走市北1-2	最寄貝塚	国史跡
北海道	恵庭市郷土資料館		恵庭市南島松157-2	カリンバ遺跡	国史跡
北海道	遠軽町埋蔵文化財センター		紋別郡遠軽町白滝138-1	白滝遺跡群	国史跡
北海道	オムサロ遺跡公園（オムサロの村資料館）		紋別市渚滑町川向153	オムサロ台地竪穴群	道史跡
北海道	小樽市手宮洞窟保存館		小樽市手宮1-3-4	手宮洞窟	国史跡
北海道	釧路市北斗遺跡ふるさと歴史の広場（史跡北斗遺跡展示館）		釧路市北斗6-7	北斗遺跡	国史跡
北海道	史跡北黄金貝塚公園（北黄金貝塚情報センター）		伊達市北黄金町75	北黄金貝塚	国史跡
北海道	標津町ポー川史跡自然公園（標津町歴史民俗資料館）		標津郡標津町字伊茶仁2784	標津遺跡群	国史跡
北海道	洞爺湖町史跡入江・高砂貝塚館		虻田郡洞爺湖町高砂町44	入江・高砂貝塚	国史跡
北海道	北見市ところ遺跡の森（ところ遺跡の館）		北見市常呂町字栄浦371	常呂遺跡	国史跡
北海道	函館市大船遺跡埋蔵文化財展示館		函館市大船町575-1	大船遺跡	国史跡
北海道	函館市縄文文化交流センター		函館市臼尻町551-1	垣ノ島遺跡	国史跡
北海道	ピリカ旧石器文化館		瀬棚郡今金町字美利河228-1	ピリカ遺跡	国史跡
北海道	フゴッペ洞窟保存施設		余市郡余市町栄町87	フゴッペ洞窟	国史跡
青森県	青森市縄文の学び舎・小牧野館		青森市大字野沢字沢部108-3	小牧野遺跡	国史跡
青森県	青森市小牧野の森・どんぐりの家		青森市大字野沢字小牧野41		
青森県	阿光坊てづくり古墳館		上北郡おいらせ町阿光坊106-13	阿光坊古墳群	国史跡
青森県	田舎館村埋蔵文化財センター		南津軽郡田舎館村高樋大曲63	垂柳遺跡	国史跡
青森県	縄文時遊館・さんまるミュージアム		青森市三内字丸山305	三内丸山遺跡	国特別史跡
青森県	つがる市木造亀ヶ岡考古資料室		つがる市木造館岡屏風山195（縄文館内）	亀ヶ岡石器時代遺跡	国史跡
青森県	つがる市縄文住居展示館カルコ		つがる市木造若緑59-1		
青森県	八戸市埋蔵文化財センター是川縄文館		八戸市大字是川字横山1	是川遺跡	国史跡
岩手県	奥州市埋蔵文化財調査センター		奥州市佐倉河字九蔵田96-1	胆沢城跡	国史跡
岩手県	樺山歴史の広場（縄文館）		北上市稲瀬町大谷地316	樺山遺跡	国史跡
岩手県	北上市江釣子史跡センター		北上市上江釣子20-146	江釣子古墳群	国史跡
岩手県	御所野縄文公園（御所野縄文博物館）		二戸郡一戸町岩舘字御所野2	御所野遺跡	国史跡

都道府県	遺跡博物館名	種別	所在地	遺跡名	指定区分
岩手県	滝沢市埋蔵文化財センター「縄文ふれあい館」		滝沢市湯舟沢327-13	湯舟沢環状列石	市史跡
岩手県	柳之御所資料館		西磐井郡平泉町平泉字伽羅楽108-1	柳之御所遺跡	国史跡
岩手県	矢巾町歴史民俗資料館		紫波郡矢巾町大字3-188-2	徳丹城跡	国史跡
宮城県	奥松島縄文村歴史資料館		東松島市宮戸字里81-18	里浜貝塚	国史跡
宮城県	栗原市一迫埋蔵文化財センター（山王ろまん館）		栗原市一迫真坂字鎌折46-2	山王囲遺跡	国史跡
宮城県	七ヶ浜町歴史資料館		宮城郡七ヶ浜町境山2-1-12	大木囲貝塚	国史跡
宮城県	仙台市富沢遺跡保存館（地底の森ミュージアム）		仙台市太白区長町南4-3-1	富沢遺跡	
宮城県	仙台市縄文の森広場ガイダンス施設		仙台市太白区山田上ノ町10-1	山田上ノ台遺跡	
宮城県	多賀城市埋蔵文化財調査センター（史遊館）		多賀城市中央2-27-1	多賀城跡 附寺跡	国特別史跡
宮城県	東北歴史博物館	登録	多賀城市高崎1-22-1		
秋田県	大湯ストーンサークル館		鹿角市十和田大湯字万座45	大湯環状列石	国特別史跡
秋田県	伊勢堂岱遺跡ガイダンス施設（仮称）		北秋田市脇神字伊勢堂岱	伊勢堂岱遺跡	国史跡
秋田県	払田柵総合案内所		大仙市払田字仲谷地95	払田柵跡	国史跡
山形県	長井市古代の丘資料館		長井市草岡2768-1	長者屋敷遺跡	
山形県	西沼田遺跡公園（西沼田遺跡ガイダンス施設）		天童市大字矢野目3295	西沼田遺跡	国史跡
山形県	山形県立うきたむ風土記の丘考古資料館		東置賜郡高畠町大字安久津2117	日向洞窟ほか	国史跡
福島県	会津只見考古館		南会津郡只見町大字大倉字窪田33	窪田遺跡	県史跡
福島県	大安場史跡公園（ガイダンス施設）		郡山市田村町大善寺字大安場160	大安場古墳	国史跡
福島県	桜井古墳公園管理棟		南相馬市上渋佐字原田66-1	桜井古墳	国史跡
福島県	じょーもぴあ宮畑		福島市岡島宮畑	宮畑遺跡	国史跡
福島県	磐梯山慧日寺資料館		耶麻郡磐梯町大字磐梯字寺西38	慧日寺跡	国史跡
福島県	南相馬市博物館		南相馬市原町区牛来字出口194	羽山横穴	国史跡
茨城県	大串貝塚ふれあい公園（水戸市埋蔵文化財センター）		水戸市塩崎町1064-1	大串貝塚	国史跡
茨城県	上高津貝塚ふるさと歴史の広場（考古学資料館）	登録	土浦市上高津1843	上高津貝塚	国史跡
茨城県	ひたちなか市埋蔵文化財調査センター		ひたちなか市中根3499	虎塚古墳	国史跡
茨城県	常陸風土記の丘展示研修施設		茨城県石岡市染谷1646	鹿の子遺跡	

附表 全国の主要遺跡博物館一覧 275

都道府県	遺跡博物館名	種別	所在地	遺跡名	指定区分
茨城県	平沢官衙遺跡歴史ひろば案内所		つくば市平沢353	平沢官衙遺跡	国史跡
茨城県	美浦村文化財センター（陸平研究所）		稲敷郡美浦村土浦2359	陸平貝塚	国史跡
栃木県	うつのみや遺跡の広場資料館		宇都宮市上欠町151-1	根古谷台遺跡	国史跡
栃木県	大田原市なす風土記の丘湯津上資料館		大田原市湯津上192	上・下侍塚古墳ほか	国史跡
栃木県	小山市立博物館		小山市中央町1-1-1	乙女不動原瓦窯跡	国史跡
栃木県	おやま縄文まつりの広場（ガイダンス施設）		小山市大字梁2075-4	寺野東遺跡	国史跡
栃木県	下野薬師寺歴史館		下野市薬師寺1636	下野薬師寺跡	国史跡
栃木県	栃木県立しもつけ風土記の丘資料館		栃木県下野市国分寺993	下野国分寺跡・下野国分尼寺跡ほか	国史跡
栃木県	栃木市下野国庁跡資料館		栃木市田村町300	下野国庁跡	国史跡
栃木県	那珂川町なす風土記の丘資料館		那須郡那珂川町小川3789	那須官衙遺跡群・駒形大塚古墳	国史跡
栃木県	星野遺跡地層たんけん館		栃木市星野町504	星野遺跡	
群馬県	岩宿博物館	登録	みどり市笠懸町阿左美1790-1	岩宿遺跡	国史跡
群馬県	群馬県立歴史博物館	登録	高崎市綿貫町992-1	観音山古墳	国史跡
群馬県	史跡上野国分寺跡ガイダンス施設（上野国分寺館）		群馬県高崎市引間町250-1	上野国分寺跡	国史跡
群馬県	渋川市北橘歴史資料館		渋川市北橘町真壁246-1	小室敷石住居跡	県史跡
群馬県	高崎市かみつけの里博物館	登録	高崎市井出町1514	保渡田古墳群・八幡塚古墳ほか	国史跡
群馬県	高崎市観音塚考古資料館		高崎市八幡町800-144	観音塚古墳	国史跡
群馬県	高崎市多胡碑記念館		高崎市吉井町池1085	多胡碑	国史跡
群馬県	榛東村耳飾り館		北群馬郡榛東村大字山子田1912	茅野遺跡	国史跡
群馬県	藤岡市体験学習館MAG（マグ）		藤岡市譲原1089-2	譲原石器時代住居跡	国史跡
群馬県	藤岡歴史館(埋蔵文化財収蔵庫)		藤岡市白石1291-1	白石古墳群・白石稲荷山古墳ほか	国史跡
群馬県	みなかみ町月夜野郷土歴史資料館		群馬県利根郡みなかみ町月夜野1811-1	矢瀬遺跡	国史跡
				梨の木平敷石住居跡（梨の木平遺跡）	県史跡
埼玉県	埼玉県立さきたま史跡の博物館	登録	行田市埼玉4834	埼玉古墳群	国史跡
埼玉県	富士見市立水子貝塚資料館		富士見市大字水子2003-1	水子貝塚	国史跡
埼玉県	吉見町埋蔵文化財センター		比企郡吉見町大字北吉見321	吉見百穴	国史跡
千葉県	市立市川考古博物館	登録	市川市堀之内2-26-1	堀之内貝塚	国史跡
千葉県	木更津市郷土博物館金のすず	登録	木更津市太田2-16-2	金鈴塚古墳	県史跡
千葉県	史跡上総国分尼寺跡展示館		市原市国分寺台中央3-5-2	上総国分尼寺跡	国史跡

都道府県	遺跡博物館名	種別	所在地	遺跡名	指定区分
千葉県	芝山町立芝山古墳・はにわ博物館	登録	山武郡芝山町芝山438-1	芝山古墳群	国史跡
千葉県	千葉県立房総のむら	登録	印旛郡栄町龍角寺1028	龍角寺古墳群	国史跡
千葉県	千葉市加曽利貝塚博物館	登録	千葉市若葉区桜木8-33-1	加曽利貝塚	国史跡
千葉県	船橋市飛ノ台史跡公園博物館	登録	船橋市海神4-27-2	飛ノ台貝塚	市史跡
千葉県	歴史の里 芝山ミューゼアム	登録	山武郡芝山町芝山298	芝山古墳群	国史跡
東京都	伊興遺跡公園展示館		足立区東伊興4-9-1	伊興遺跡	
東京都	大田区立多摩川台公園古墳展示室		大田区田園調布1-63-1	亀甲山古墳	国史跡
東京都	春日小学校尾崎遺跡資料展示室		練馬区春日町5-12-1	尾崎遺跡	都史跡
東京都	北区飛鳥山博物館		北区王子1-1-3	中里貝塚	国史跡
東京都	国史跡武蔵府中熊野神社古墳展示館		府中市西府町2-9	武蔵府中熊野神社古墳	国史跡
東京都	国分寺市文化財資料展示室		国分寺市西元町3-10-7	武蔵国分寺跡	国史跡
東京都	品川区立品川歴史館		品川区大井6-11-1	大森貝塚	国史跡
東京都	下里中学校下里遺跡資料展示室		東久留米市下里3-695	新山遺跡	都史跡
東京都	下里本邑遺跡館		東久留米市野火止3-4	下里本邑遺跡	都史跡
東京都	石神井公園ふるさと文化館		練馬区石神井町5-12-16	池淵遺跡	区史跡
東京都	杉並区立郷土博物館		杉並区大宮1-20-8	松ノ木遺跡	
東京都	鈴木遺跡資料館		小平市鈴木町1-487-1	鈴木遺跡	都史跡
東京都	調布市郷土博物館分室		調布市布田6-61	下布田遺跡	国史跡
東京都	塚山公園遺跡展示室		杉並区下高井戸5-23-12	塚山遺跡	
東京都	東京都埋蔵文化財センター		多摩市落合1-14-2	多摩ニュータウンNo.57遺跡	都史跡
東京都	ふるさと府中歴史館		府中市宮町3-1	武蔵国府跡	国史跡
東京都	町田市立博物館	登録	町田市本町田3455	本町田遺跡	都史跡
東京都	港区立港郷土資料館		港区芝5-28-4 港区立三田図書館内	伊皿子貝塚遺跡	
東京都	武蔵国分寺跡資料館		国分寺市西元町1-13-10	武蔵国分寺跡	国史跡
神奈川県	海老名市立郷土資料館「海老名市温故館」		海老名市国分南1-6-36	相模国分寺跡	国史跡
神奈川県	史跡田名向原遺跡旧石器時代学習館（旧石器ハテナ館）		相模原市中央区田名塩田3-23-11	田名向原遺跡	国史跡
神奈川県	秦野市立桜土手古墳展示館	登録	秦野市堀山下380-3	桜土手古墳群	市史跡
神奈川県	横浜市三殿台考古館		横浜市磯子区岡村4-11-22	三殿台遺跡	国史跡
神奈川県	横浜市歴史博物館		横浜市都筑区中川中央1-18-1	大塚遺跡	国史跡
				歳勝土遺跡	国史跡
新潟県	糸魚川市長者ケ原考古館		糸魚川市一ノ宮1383	長者ケ原遺跡	国史跡

附表　全国の主要遺跡博物館一覧

都道府県	遺跡博物館名	種別	所在地	遺跡名	指定区分
新潟県	釜蓋遺跡公園 （釜蓋遺跡ガイダンス）		上越市大和5-771-1	釜蓋遺跡	国史跡
新潟県	史跡古津八幡山弥生の丘展示館		新潟市秋葉区蒲ヶ沢264 花と遺跡のふるさと公園内	古津八幡山遺跡	国史跡
新潟県	長岡市馬高縄文館		長岡市関原町1-3060-1	馬高・三十稲場遺跡	国史跡
新潟県	藤橋歴史の広場 （ふじはし歴史館）		長岡市西津町4157-1	藤橋遺跡	国史跡
新潟県	的場史跡公園展示棟		新潟市西区的場流通1-2-1	的場遺跡	県史跡
山梨県	坂井考古館		韮崎市藤井町坂井780	坂井遺跡	
山梨県	笛吹市春日居郷土館		笛吹市春日居町寺本170-1	寺本廃寺跡	県史跡
山梨県	北杜市考古資料館		北杜市大泉町谷戸2414	金生遺跡	国史跡
山梨県	山梨県立考古博物館	登録	甲府市下曽根923	甲斐銚子塚古墳ほか	国史跡
長野県	井戸尻考古館		諏訪郡富士見町境7053	井戸尻遺跡	
長野県	上田市立信濃国分寺資料館	登録	上田市国分1125	信濃国分寺跡	国史跡
長野県	北相木村考古博物館		南佐久郡北相木村2744	栃原岩陰遺跡	国史跡
長野県	原始・古代ロマン体験館		小県郡長和町大門1581	鷹山遺跡群	国史跡
長野県	黒耀石体験ミュージアム	登録	小県郡長和町大門3670-3	星糞峠黒耀石鉱山	国史跡
長野県	塩尻市立平出博物館	相当	塩尻市宗賀1011-3	平出遺跡	国史跡
長野県	平出遺跡公園ガイダンス棟		塩尻市大字宗賀388-2		
長野県	千曲市森将軍塚古墳館	登録	千曲市屋代29-1	森将軍塚古墳	国史跡
長野県	茅野市尖石縄文考古館	登録	茅野市豊平4734-132	尖石遺跡	国特別史跡
				与助尾根遺跡	国特別史跡
長野県	野尻湖ナウマンゾウ博物館	登録	上水内郡信濃町野尻287-5	野尻湖遺跡群	
富山県	飛鳥工人の館		射水市流通センター青井谷1-26	小杉丸山遺跡	国史跡
富山県	北代縄文館		富山市北代3871-1	北代遺跡	国史跡
富山県	なないろKAN		下新川郡朝日町横水300	不動堂遺跡	国史跡
富山県	南砺市井波歴史民俗資料館	登録	南砺市高瀬736	高瀬遺跡	国史跡
富山県	柳田布尾山古墳公園古墳館		氷見市柳田34	柳田布尾山古墳	国史跡
石川県	雨の宮能登王墓の館		鹿島郡中能登町西馬場7-12	雨の宮古墳群	国史跡
石川県	蝦夷穴歴史センター		七尾市能登島須曽町タ21-5	須曽蝦夷穴古墳	国史跡
石川県	金沢市埋蔵文化財収蔵庫		金沢市新保本町5-48	チカモリ遺跡	国史跡
石川県	河田山古墳群史跡資料館		小松市国府台3-64	河田山古墳群	
石川県	能美市立歴史民俗資料館		能美市寺井町ヲ20	和田山・末寺山古墳群	国史跡
石川県	能登国分寺展示館		七尾市国分町リ9	能登国分寺跡附建物群跡	国史跡
石川県	能登町真脇遺跡縄文館		鳳珠郡能登町字真脇48-100	真脇遺跡	国史跡
石川県	野々市ふるさと歴史館		野々市市御経塚1-182	御経塚遺跡	国史跡
石川県	法皇山横穴群展示館		加賀市勅使町イ53-1	法皇山横穴古墳	国史跡

都道府県	遺跡博物館名	種別	所在地	遺跡名	指定区分
福井県	若狭三方縄文博物館	登録	三方上中郡若狭町鳥浜122-12-1	鳥浜貝塚	
静岡県	伊豆市資料館		伊豆市上白岩425-1	上白岩遺跡	国史跡
静岡県	伊豆の国市韮山郷土史料館		伊豆の国市韮山韮山2-4	山木遺跡	
静岡県	静岡市立登呂博物館	登録	静岡市駿河区登呂5-10-5	登呂遺跡	国特別史跡
静岡県	浜松市博物館	登録	浜松市中区蜆塚4-22-1	蜆塚遺跡	国史跡
愛知県	名古屋市見晴台考古資料館	登録	名古屋市南区見晴町47	見晴台遺跡	
				志段味古墳群	国史跡
愛知県	まほらの館		犬山市字青塚22-3	青塚古墳	国史跡
愛知県	三河天平の里資料館		豊川市八幡町忍地127-1	三河国分尼寺跡	国史跡
愛知県	吉胡貝塚資料館		田原市吉胡町矢崎42-4	吉胡貝塚	国史跡
岐阜県	大垣市歴史民俗資料館		大垣市青野町1180-1	美濃国分寺跡	国史跡
岐阜県	川合考古資料館		可児市川合北2-14 川合公民館内	次郎兵衛塚1号墳	県史跡
岐阜県	古墳と柿の館		本巣市上保1-1-1	船来山古墳群	
岐阜県	関市円空館		関市池尻185	弥勒寺官衙遺跡群	国史跡
岐阜県	高山市久々野歴史民俗資料館		高山市久々野町久々野2262-1	堂ノ上遺跡	国史跡
岐阜県	塚原遺跡公園展示館		関市千疋1777-1	塚原遺跡	
岐阜県	下呂ふるさと歴史記念館		下呂市森1808-37	峰一合遺跡	
岐阜県	風土記の丘学習センター		高山市赤保木町400-2	赤保木石器時代火炉ほか	県史跡
三重県	いつきのみや歴史体験館		多気郡明和町斎宮3046-25	斎宮跡	国史跡
三重県	斎宮歴史博物館	登録	多気郡明和町竹川503		
三重県	城之越学習館		伊賀市比土4724	城之越遺跡	国名勝 国史跡
三重県	鈴鹿市考古博物館	登録	鈴鹿市国分町224	伊勢国分寺跡	国史跡
三重県	松阪市嬉野考古館		松阪市嬉野権現前町423-88	天白遺跡	国史跡
三重県	松阪市文化財センターはにわ館	登録	松阪市外五曲町1	宝塚1号墳	国史跡
三重県	美旗市民センター歴史資料館		名張市美旗町南原229-3	美旗古墳群	国史跡
滋賀県	下之郷史跡公園環濠保存施設		守山市下之郷1-12-8	下之郷遺跡	国史跡
滋賀県	高島歴史民俗資料館		高島市鴨2239	鴨稲荷山古墳	県史跡
滋賀県	野洲市桜生史跡公園案内所		野洲市小篠原4-1	大岩山古墳群 甲山古墳ほか	国史跡
滋賀県	野洲市歴史民俗資料館（銅鐸博物館）	登録	野洲市辻町57-1	大岩山古墳群・宮山2号墳ほか	国史跡
京都府	古墳公園はにわ資料館		与謝郡与謝野町字明石2341	蛭子山古墳・作山古墳	国史跡
京都府	丹後郷土資料館（ふるさとミュージアム丹後）		宮津市字国分小字天王山611-1	丹後国分寺跡	国史跡

附表　全国の主要遺跡博物館一覧

都道府県	遺跡博物館名	種別	所在地	遺跡名	指定区分
大阪府	泉大津市立池上曽根弥生学習館		泉大津市千原町2-12-45	池上・曽根遺跡	国史跡
大阪府	大阪府立弥生文化博物館	登録	和泉市池上町4-8-27		
大阪府	和泉市いずみの国歴史館		和泉市まなび野2-4（宮ノ上公園内 まなびのプラザ）	和泉黄金塚古墳	国史跡
大阪府	今城塚古代歴史館		高槻市郡家新町48-8	今城塚古墳	国史跡
大阪府	大阪府立狭山池博物館		大阪狭山市池尻中2	狭山池	国史跡
大阪府	大阪府立近つ飛鳥博物館	登録	南河内郡河南町大字東山299	一須賀古墳群	国史跡
大阪府	大阪歴史博物館		大阪市中央区大手前4-1-32	難波宮跡	国史跡
大阪府	難波宮調査事務所資料展示室		大阪市中央区法円坂1-6-41		
大阪府	柏原市立歴史資料館		柏原市高井田1598-1	高井田横穴墓群	国史跡
大阪府	古代史博物館・泉南市埋蔵文化財センター		泉南市信達大苗代374-4	海会寺跡	国史跡
大阪府	堺市博物館	登録	堺市堺区百舌鳥夕雲町2 大仙公園内	百舌鳥古墳群	国史跡（一部）
大阪府	堺市立泉北すえむら資料館		堺市南区若松台2-4	陶邑須恵器窯跡群・高蔵寺73号窯など	府史跡
大阪府	堺市立みはら歴史博物館（M・Cみはら）		堺市美原区黒山281	黒姫山古墳	国史跡
大阪府	史跡城山古墳ガイダンス棟「まほらしろやま」		藤井寺市小山6-5-6	城山古墳	国史跡
大阪府	吹田市立博物館		吹田市岸部北4-10-1	吉志部瓦窯跡	国史跡
大阪府	翠鳥園遺跡公園学習解説施設		羽曳野市翠鳥園	翠鳥園遺跡	
大阪府	太子町立竹内街道歴史資料館		南河内郡太子町山田1855	竹内街道・飛鳥千塚古墳群	国史跡、歴史国道
大阪府	土塔展示コーナー		堺市中区土塔町2143-1	土塔	国史跡
大阪府	ハニワ工場館		高槻市上土室町1	新池埴輪製作所遺跡	国史跡
大阪府	八尾市立しおんじやま古墳学習館		八尾市大竹5-143-2	心合寺山古墳	国史跡
兵庫県	尼崎市立田能資料館		尼崎市田能6-5-1	田能遺跡	国史跡
兵庫県	川西市文化財資料館・宮川石器館		川西市南花屋敷2-13-10	加茂遺跡	国史跡
兵庫県	五色塚古墳管理事務所		神戸市垂水区五色山4-1-12	五色塚古墳	国史跡
兵庫県	宍粟市歴史資料館		宍粟市一宮町三方町633	家原遺跡	
兵庫県	たつの市立埋蔵文化財センター		たつの市新宮町宮内16	新宮宮内遺跡	国史跡
兵庫県	丹波市立市島民俗資料館		丹波市市島町上田1134	三ッ塚廃寺跡	国史跡
兵庫県	播磨町郷土資料館		加古郡播磨町大中1-1-2	播磨大中遺跡	国史跡
兵庫県	兵庫県立考古博物館		加古郡播磨町大中1-1-1		
兵庫県	姫路市埋蔵文化財センター		姫路市四郷町坂元414-1	宮山古墳ほか	県史跡
				播磨国分寺跡	国史跡

都道府県	遺跡博物館名	種別	所在地	遺跡名	指定区分
奈良県	馬見丘陵公園館		北葛城郡河合町佐味田2202	ナガレ山古墳ほか	国史跡
奈良県	橿原市藤原京資料室		橿原市縄手町178-1	藤原宮跡	国特別史跡、歴史的風土特別保存地区
奈良県	独立行政法人国立文化財機構 奈良文化財研究所 藤原宮跡資料室		橿原市木之本町94-1		
奈良県	唐古・鍵考古ミュージアム		磯城郡田原本町阪手233-1 田原本青垣生涯学習センター2階	唐古・鍵遺跡	国史跡
奈良県	キトラ古墳周辺地区体験学習館(仮称)		高市郡明日香村	キトラ古墳	国特別史跡
奈良県	高松塚壁画館	相当	高市郡明日香村大字平田439	高松塚古墳	国特別史跡
奈良県	天理市立黒塚古墳展示館		天理市柳本町1118-2	黒塚古墳	国史跡
奈良県	独立行政法人国立文化財機構 奈良文化財研究所 飛鳥資料館	相当	高市郡明日香村奥山601	山田寺跡ほか	国特別史跡
奈良県	独立行政法人国立文化財機構 奈良文化財研究所 平城宮跡資料館		奈良市佐紀町247-1	平城京跡・平城宮跡	国特別史跡、世界遺産
奈良県	独立行政法人国立文化財機構 奈良文化財研究所 平城宮跡遺構展示館		奈良市佐紀町		
奈良県	平城京歴史館		奈良市二条大路南4-6-1		
奈良県	奈良県立万葉文化館		高市郡明日香村飛鳥10	飛鳥池工房遺跡	国史跡
奈良県	歴史に憩う橿原市博物館	登録	橿原市川西町858-1	新沢千塚古墳群	国史跡
和歌山県	紀ノ川市歴史民俗資料館		紀ノ川市東国分671	紀伊国分寺跡	国史跡
和歌山県	和歌山県立紀伊風土記の丘資料館	登録	和歌山市岩橋1411	岩橋千塚古墳群	国特別史跡
鳥取県	青谷上寺地遺跡展示館		鳥取市青谷町青谷4064	青谷上寺地遺跡	国史跡
鳥取県	上淀白鳳の丘展示館		米子市淀江町福岡977-2	上淀廃寺跡	国史跡
				向山古墳群(岩屋古墳・石馬谷古墳など)	国史跡
鳥取県	鳥取県立むきばんだ史跡公園・弥生の館むきばんだ		西伯郡大山町妻木1115-4	妻木晩田遺跡	国史跡
鳥取県	米子市福市考古資料館		米子市福市461-20	福市遺跡	国史跡
				青木遺跡	国史跡
島根県	出雲弥生の森博物館		出雲市大津町2760	西谷墳墓群	国史跡
島根県	ガイダンス山代の郷		松江市山代町470-1	山代二子塚古墳	国史跡
島根県	加茂岩倉遺跡ガイダンス		雲南市加茂町岩倉837-24	加茂岩倉遺跡	国史跡
島根県	荒神谷博物館		出雲市斐川町神庭873-8	荒神谷遺跡	国史跡
島根県	島根県立八雲立つ風土記の丘展示学習館		松江市大庭町456	出雲国府跡・岡田山古墳群・山代二子塚古墳ほか	国史跡
島根県	松江市立出雲玉作資料館		松江市玉湯町玉造99-3	出雲玉作跡	国史跡

都道府県	遺跡博物館名	種別	所在地	遺跡名	指定区分
岡山県	遺跡&スポーツミュージアム		岡山市北区いずみ町2-1	津島遺跡	国史跡
岡山県	寒風陶芸会館		瀬戸内市牛窓町長浜5092	寒風古窯跡群	国史跡
岡山県	総社吉備路文化館		総社市上林1252	備中国分寺跡・備中国分尼寺跡	国史跡
岡山県	津山弥生の里文化財センター		津山市沼600-1	沼遺跡	市史跡
岡山県	真庭市蒜山郷土博物館		真庭市蒜山上長田1694	四ッ塚古墳群	国史跡
広島県	庄原市帝釈峡博物展示施設時悠館	登録	庄原市東城町帝釈未渡1909	寄倉岩陰遺跡	国史跡
広島県	東広島市立中央図書館内三ッ城古墳ガイダンスコーナー		東広島市西条中央7-25-11	三ッ城古墳	国史跡
広島県	広島県立歴史民俗資料館	登録	三次市小田幸町122	浄楽寺・七ッ塚古墳群	国史跡
山口県	下関市立考古博物館	登録	下関市大字綾羅木字岡454	綾羅木郷遺跡	国史跡
山口県	茶臼山古墳資料館		柳井市柳井字向山305	茶臼山古墳	国史跡
山口県	土井ヶ浜遺跡・人類学ミュージアム		下関市豊北町神田上891-8	土井ヶ浜遺跡	国史跡
山口県	美祢市長登銅山文化交流館		美祢市美東町長登610	長登銅山跡	国史跡
徳島県	徳島市立考古資料館	登録	徳島市国府町西矢野字奥谷10-1	阿波国分尼寺跡ほか	国史跡
香川県	讃岐国分寺跡資料館		高松市国分寺町国分2177-1	讃岐国分寺跡	国特別史跡
香川県	善通寺市立郷土館		善通寺市善通寺町6-1-4	有岡古墳群	国史跡
香川県	高松市歴史資料館		高松市昭和町1-2-20	石清尾山古墳群	国史跡
香川県	三豊市宗吉かわらの里展示館		三豊市三野町吉津甲153-1	宗吉瓦窯跡	国史跡
愛媛県	泉公民館・鬼北町就業改善センター		北宇和郡鬼北町大字岩谷275	岩谷遺跡	県史跡
愛媛県	今治市大西藤山歴史資料館		今治市大西町宮脇乙579-1	妙見山古墳	国史跡
愛媛県	今治市朝倉ふるさと美術古墳館		今治市朝倉下甲898	野々瀬古墳	県史跡
愛媛県	上黒岩遺跡考古館		上浮穴郡久万高原町上黒岩1092	上黒岩岩陰遺跡	国史跡
愛媛県	西条市考古歴史館		西条市福武乙27-6	八堂山遺跡	市史跡
愛媛県	四国中央市考古資料館		四国中央市川之江町4069-1	宇摩向山古墳	国史跡
愛媛県	城川歴史民俗資料館		西予市城川町下相568	穴神洞遺跡・中津川洞穴遺跡	県史跡
愛媛県	葉佐池古墳ガイダンス施設		松山市北梅本町甲2455	葉佐池古墳	国史跡
愛媛県	平城交流センター展示室		南宇和郡愛南町御荘平城2123-1	平城貝塚	県史跡
愛媛県	松山市考古館		松山市南斎院町乙67-6	久米官衙遺跡群・久米官衙・来住廃寺跡・葉佐池古墳	国史跡
高知県	宿毛市立宿毛歴史館		宿毛市中央2-7-14	宿毛貝塚	国史跡
高知県	龍河洞博物館		香美市土佐山田町逆川1424	龍河洞洞穴遺跡	国史跡、天然記念物

都道府県	遺跡博物館名	種別	所在地	遺跡名	指定区分
福岡県	飯塚市歴史資料館		飯塚市柏の森959-1	立岩遺跡・川島古墳群	
福岡県	板付遺跡弥生館		福岡市博多区板付3-21-1	板付遺跡	国史跡
福岡県	伊都国歴史博物館	登録	糸島市井原916	平原方形周溝墓ほか	国史跡
福岡県	岩戸山歴史資料館		八女市吉田1396-1	八女古墳群 岩戸山古墳ほか	国史跡
福岡県	王塚装飾古墳館		嘉穂郡桂川町寿命376	王塚古墳	国特別史跡
福岡県	春日市ウトグチ瓦窯展示館		春日市白水ヶ丘1-4	ウトグチ瓦窯跡	県史跡
福岡県	春日市奴国の丘歴史資料館		春日市岡本3-57	須玖岡本遺跡	国史跡
福岡県	金隈遺跡甕棺展示館		福岡市博多区金の隈1-39-52	金隈遺跡	国史跡
福岡県	観世音寺宝蔵		太宰府市観世音寺5-6-1	観世音寺境内および子院跡	国史跡
福岡県	九州歴史資料館	相当	小郡市三沢5208-3	三沢遺跡	県史跡
福岡県	求菩提資料館		豊前市鳥井畑247	求菩提山	国史跡
福岡県	鴻臚館跡展示館		福岡市中央区城内1	鴻臚館跡	国史跡
福岡県	古賀市立歴史資料館		古賀市中央2-13-1	鹿部田渕遺跡	県史跡
福岡県	五郎山古墳館 (ふるさと館ちくしの別館)		筑紫野市原田3-9-5	五郎山古墳	国史跡
福岡県	新町遺跡展示館		糸島市志摩新町71	新町遺跡	国史跡
福岡県	石人山・弘化谷古墳公園 (広川町古墳公園資料館)		八女郡広川町一条1436-2	八女古墳群・弘化谷古墳・石人山古墳	国史跡
福岡県	太宰府市文化ふれあい館		太宰府市国分4-9-1	筑前国分寺跡	国史跡
福岡県	大宰府展示館		太宰府市観世音寺4-6-1	大宰府跡(都府楼跡)	国特別史跡
福岡県	野方遺跡住居跡展示館		福岡市西区野方	野方遺跡	国史跡
福岡県	英彦山修験道館		田川郡添田町大字英彦山665-1	英彦山修験道遺跡	
福岡県	平塚川添遺跡公園 (体験学習館)		朝倉市甘木平塚444-4	平塚川添遺跡	国史跡
福岡県	船迫窯跡公園・体験学習館		築上郡築上町大字船迫1342-22	船迫窯跡	国史跡
福岡県	みやこ町歴史民俗博物館	登録	京都郡みやこ町豊津1122-13	豊前国府跡	県史跡
福岡県	豊前国分寺案内所		京都郡みやこ町国分278	豊前国分寺跡	国史跡
福岡県	宗像大社神宝館		宗像市田島2331	宗像神社境内	国史跡
福岡県	行橋市歴史資料館		行橋市中央1-9-3	御所ヶ谷神籠石など	国史跡
佐賀県	唐津市末廬館		唐津市菜畑3359-2	菜畑遺跡	国史跡
佐賀県	国営吉野ヶ里歴史公園 (展示室)		神埼郡吉野ヶ里町町田手1843	吉野ヶ里遺跡	国特別史跡
佐賀県	東名縄文館		佐賀市金立町千布 (巨勢川調整池内)	東名貝塚	
佐賀県	肥前国庁跡資料館		佐賀市大和町大字久池井2254	肥前国庁跡	国史跡

都道府県	遺跡博物館名	種別	所在地	遺跡名	指定区分
長崎県	壱岐市立一支国博物館		壱岐市芦辺町深江鶴亀触515-1	原の辻遺跡	国特別史跡
長崎県	壱岐風土記の丘古墳館		壱岐市勝本町布気触325	壱岐古墳群・鬼の窟古墳ほか	国史跡
長崎県	大野原遺跡展示館		島原市有明町大三東戊1382	大野原遺跡	
長崎県	里田原歴史民俗資料館		平戸市田平町里免236-2	里田原遺跡	県史跡
長崎県	長崎市深堀貝塚遺跡資料館		長崎市深堀町5-165	深堀貝塚遺跡	
長崎県	東彼杵町歴史民俗資料館		東彼杵郡東彼杵町彼杵宿郷430-5	ひさご塚古墳	県史跡
長崎県	松浦市立鷹島歴史民俗資料館 鷹島埋蔵文化財センター		松浦市鷹島町神崎免146	鷹島海底遺跡	国史跡
熊本県	熊本県立装飾古墳館	登録	山鹿市鹿央町岩原3085	岩原古墳群	国史跡
熊本県	熊本県立装飾古墳館分館歴史公園鞠智城（温故創生館）		山鹿市菊鹿町米原443-1	鞠智城跡	国史跡
熊本県	熊本市塚原歴史民俗資料館		熊本市南区城南町大字塚原1924	塚原古墳群	国史跡
熊本県	和水町歴史民俗資料館		玉名郡和水町江田302	江田船山古墳 附塚坊主古墳・虚空像塚古墳	国史跡
熊本県	山鹿市出土文化財管理センター		山鹿市方保田128	方保田東原遺跡	国史跡
熊本県	山鹿市立博物館	登録	山鹿市鍋田2085	チブサン古墳・オブサン古墳	国史跡
大分県	宇佐神宮宝物館		宇佐市大字南宇佐2859	宇佐神宮境内	国史跡
大分県	大分県立歴史博物館	登録	宇佐市高森字京塚1	川部・高森古墳群	国史跡
大分県	大分市海部古墳史料館		大分市大字里646-1	亀塚古墳	国史跡
大分県	大分市歴史資料館		大分市大字国分960-1	豊後国分寺跡	国史跡
大分県	弥生のムラ安国寺集落遺跡公園		国東市国東町安国寺1635	安国寺集落遺跡	国史跡
宮崎県	宮崎県立西都原考古博物館	登録	西都市大字三宅字西都原5670	西都原古墳群	国特別史跡
宮崎県	宮崎市生目の杜遊古館・埋蔵文化財センター		宮崎市大字跡江4058-1	生目古墳群	国史跡
宮崎県	みやざき歴史文化館		宮崎市大字芳士2258-3	蓮ヶ池横穴群	国史跡
鹿児島県	指宿市考古博物館（時遊館COCCOはしむれ）	登録	指宿市十二町2290	指宿橋牟礼川遺跡	国史跡
鹿児島県	宇宿貝塚史跡公園		奄美市笠利町大字宇宿2301	宇宿貝塚	国史跡
鹿児島県	鹿児島県上野原縄文の森		霧島市国分上野原縄文の森1-1	上野原遺跡	国史跡
鹿児島県	鹿屋市王子遺跡資料館		鹿屋市北田町11110-1	王子遺跡	
鹿児島県	肝付町立歴史民俗資料館		肝属郡肝付町野崎1936	塚崎古墳群	国史跡
鹿児島県	薩摩川内市川内歴史資料館		薩摩川内市中郷2-2-6	薩摩国分寺跡	国史跡
鹿児島県	長島町歴史民俗資料館		出水郡長島町指江1560	小浜崎古墳群ほか	県史跡

都道府県	遺跡博物館名	種別	所在地	遺跡名	指定区分
鹿児島県	隼人塚史跡館		霧島市隼人町内山田287-1	隼人塚	国史跡
鹿児島県	東串良郷土研修館		肝属郡東串良町新川西	唐仁古墳群	国史跡
鹿児島県	広田遺跡ミュージアム		熊毛郡南種子町平山2571	広田遺跡	国史跡
沖縄県	イチの里仲原遺跡		うるま市字伊計1972	仲原遺跡	国史跡
沖縄県	恩納村博物館		国頭郡恩納村字仲泊1656-8	仲泊遺跡	国史跡

凡例
・都道府県を北から、各県内は博物館を五十音順に記す。
・複数の遺跡を対象とする場合は、代表的なものを記載する。
・遺跡の時代は、旧石器〜古代を対象にする。
監修・作成者は下記の通り。
・監修　青木豊、鷹野光行、中島金太郎。
・作成　熊木俊朗（北海道）、辻秀人（青森県、岩手県、宮城県、秋田県、山形県、福島県）、小林青樹（茨城県、栃木県、群馬県）、杉山哲司（埼玉県）、領塚正浩（千葉県）、後藤宏樹（東京都）、桝渕彰太郎（神奈川県）、中山誠二（新潟県、山梨県、長野県）、駒見和夫（富山県、石川県、福井県）、黒澤浩（静岡県、愛知県、岐阜県、三重県）、中村浩（滋賀県、京都府、大阪府、兵庫県、奈良県、和歌山県）、中原斉（鳥取県、島根県）、向田裕始（岡山県、広島県、山口県）、岡本桂典（徳島県、香川県、愛媛県、高知県）、池田朋生（福岡県、佐賀県、長崎県、熊本県、大分県、宮崎県、鹿児島県）、伊藤慎二（沖縄県）。

あとがき

　戦後を代表する考古学者の一人であった森浩一先生の持論は、「考古学は地域に勇気を与える」であった。この言葉は、考古学の調査成果である遺跡・遺物が、地域活力を創造し、愛郷心を涵養するものであることを示している。きわめて正鵠を射た言葉、と受け止めると同時に、僭越ながら、強く共感する次第である。遺跡の発見から発し、学術調査を契機として郷土博物館の設立に至る経過も、博物館設置の一要因であったのである。
　すなわち、遺跡とは、当該地域の歴史的環境を形成するために、基軸となる要素なのである。かかる観点において、遺跡を現代社会へ活用するために必要なのは、学術情報伝達を目的とする「展示」としての整備と活用をはかることであることは、確認するまでもなかろう。
　遺跡を保護した上で、それを整備・活用することは、1988年の竹下内閣による「ふるさと創生」運動や、今また安倍内閣が提唱する「地方創生」の具現においても基盤を成す要件であり、不可避であることは深く理解されなければならない。地域活性化の一具体は、遺跡の活用であり、さらにその核になるのが博物館建設と博物館活動であることは、明治末年の黒板勝美博士の主張以来、異口同音のごとく論じられてきた思想にもとづくものであることも、周知のとおりである。
　文化財保護法（1950年）・博物館法（1951年）制定以来60余年を経た今日、博物館という機関が、遺跡の有する学術情報を現代社会に十分活用したかどうかを問うた場合、残念ながら不十分であったと言わざるを得ない。
　判断の理由は、本書でも明確になったように、1960～80年代に保存され、整備・活用の手段として建設された「風土記の丘」をも含めた遺跡博物館が、今日に至る間に多く衰退化を来したことである。指定管理団体に業務移管がなされたり、休館・閉鎖・廃館となったり、という機関が多見されることであり甚だ残念である。

このことは、何も遺跡博物館に限定された傾向ではなく、我が国の地域博物館全般に認められる現象であると言えよう。もちろんすべての地域博物館に当てはまることではない。現実に、指定管理団体に移管することなく、老朽化に対してリニューアルを済ませた博物館や、発展的解消により新館建設を行った博物館が全国に多数存在していることもまた事実である。

　これらの博物館に共通することは、専門知識に加えて博物館学知識と意識を豊富に有した、熱心な学芸員が存在することである。かかる専門学芸員の存在が、生涯学習機関としての博物館の意欲的な経営を継続させ、地域社会における博物館の必要性の認知を促進している。また本庁に対して、出先機関である博物館の必要性を十分説得できるのも、専門学芸員の特性と看取されるのである。

　また、今日の遺跡と遺跡博物館不振の原因の一つとして、文化事業を所轄する文化庁・文部科学省の対応不十分な点が指摘できよう。例えば、遺跡・史跡を対象とする文化事業は、「風土記の丘」事業終了の後、数年ごとに名前を変え、新たな事業が実施されてきた。ここで指摘されるのは、矢継ぎ早に出される補助事業において、遺跡を紹介するガイダンス施設の設置は盛り込まれていても、専門職員である学芸員を配置した研究機関としての博物館や資料館の設置が謳われていない点に尽きるのである。

　文化庁文化財課記念物課の監修で2005（平成17）年に刊行された『史跡等整備のてびき』においても、「ガイダンス施設」「体験学習施設」の記載は見られるものの、「博物館」「資料館」に関する文言は、行間からも読み取ることができない。該書内で明示するガイダンス施設の目的は、「史跡等の本質的価値に関する解説を集約的に行う建築施設等である。説明板、出土品、模型等を用いた展示のほか、視聴覚設備を効果的に用い、史跡等に関する総合的な情報提供を行う」と記されている。当該記述は、取りも直さず博物館の展示機能と合致するものであり、また体験学習施設の機能は博物館の教育普及機能に包含されるのである。

　しかしながら、当該施設には調査・研究を行うことは意図されておらず、したがって、学芸員の配置についても言及されていない。また、遺跡の活用を目指すガイダンス施設には、多数の問題を指摘することができる。まずその名称

が、何故「ガイダンス施設」であって、「博物館」ではいけないのであろうか。無機能な形式的なガイダンス施設は、決して遺跡の核、郷土の核とは成り得ないものと看取される。そして、展示および教育活動を実施するにあたり専門職員を不要とする考え方である。

　保存遺跡の解説や活用には、調査研究と諸活動を担う専門職員は不要なのであろうか。断じてそうではない。そうであるはずがない。遺跡の情報伝達を最大の目的とする活用には、資料の展示、体験学習などさまざまなアプローチ方法があるが、そのいずれにも調査研究により抽出された学情報が必要であることは言うまでもない。調査研究機能を欠いたガイダンス施設や体験学習施設では、遺跡本来の情報・魅力を引き出すことはできない。それは、整備されたときに人が集まるだけの一過性のアミューズメント施設に過ぎなくなるのである。

　遺跡は、博物館活動があって初めて現在社会へ活用されるのである。ゆえに、博物館なき遺跡の活用はありえず、同時にまた考古学知識と博物館学知識さらには博物館学意識を有した熱意ある学芸員の介在なくして活用には至らず、結果として博物館は存続し得ないことが明白となったと総括しても大過なかろう。森浩一先生の言を、単なるフレーズで終わらせてはならないのである。

　したがって、専門職である学芸員の約60年に亙る養成に抜本的問題があったことも認識しなければならない。さらに、これらの問題に対する抜本的解決策としては、熟成した多様な我が国の社会において「文化財保護法」と「博物館法」の壁を取り除くということを挙げたい。これこそが、こと文化財保護に関しては早急の課題である。

　本書の刊行によって、この現状を踏まえた遺跡と博物館の必要性と望ましい在り方について、博物館・文化財保護担当者が、市長・教育長をはじめとする組織上層部に対して学習と認知を促すきっかけの一つとなることを期待し擱筆とする。

　　　2015年7月

青　木　　豊

■編者・執筆者紹介■
(五十音順)

〔編者〕
青木　豊（あおき・ゆたか）
　1951 年、和歌山県生。
　1973 年、國學院大學文学部史学科考古学専攻卒業。
　1973 年、國學院大學考古学資料館（現國學院大學博物館）学芸員。
　2000 年、博士（歴史学）國學院大學。
　2003 年より國學院大學文学部教授。
　〔主要論著〕『博物館技術学』雄山閣、1985 年。『和鏡の文化史』刀水書房、1992 年。『博物館映像展示論』雄山閣、1997 年。『博物館展示の研究』雄山閣、2003 年。『集客力を高める博物館展示論』雄山閣、2013 年。

鷹野光行（たかの・みつゆき）
　1949 年、東京都生。
　1972 年、東京大学文学部考古学専修課程卒業。
　1979 年、東京大学大学院人文科学研究科博士課程単位取得退学。
　1996～2015 年、お茶の水女子大学教授。
　現在、お茶の水女子大学名誉教授、東北歴史博物館館長。
　〔主要論著〕『縄文文化の研究』4、雄山閣、1981 年。『博物館学特論』慶友社、2010 年。『人間の発達と博物館学の課題』（編著）同成社、2015 年。

〔執筆者〕
池田朋生（いけだ・ともお）
　1972 年生。熊本大学大学院社会文化研究科博士前期課程修了。現在、熊本県教育庁教育総務局文化課参事。
　〔主要論著〕『人文系博物館資料保存論』（共著）雄山閣、2013 年。『人文系博物館教育論』（共著）雄山閣、2014 年。『最新技術でよみがえる九州装飾古墳のすべて』（共著）東京書籍、2015 年。

伊藤慎二（いとう・しんじ）
　1968 年生。國學院大學大学院文学研究科史学専攻博士課程後期修了。博士（歴史学）。現在、西南学院大学国際文化学部准教授。
　〔主要論著〕『琉球縄文文化の基礎的研究』ミュゼ、2000 年。『伊是名貝塚：沖縄県伊是名貝塚の調査と研究』（共著）勉誠出版、2001 年。『先史・原史時代の琉球列島：ヒトと景観』（共編）六一書房、2011 年。

于　大方（YU DAFANG）

　　1963 年生。建築専門学校卒業。現在、西安于右任故居紀念館館長。
　　〔主要論著〕合編書籍：「標準草書集錦」、「于右任詩詞曲全集」新編「淳化閣貼」。

岡本桂典（おかもと・けいすけ）

　　1957 年生。立正大学大学院文学研究科博士課程中退。現在、高知県立歴史民俗資料館副館長。
　　〔主要論著〕『四国八十八カ所花遍路』（共著）1997 年、新潮社。「考古企画展―現代考古学事情―<19>」『考古学ジャーナル』635、ニューサイエンス社、2012 年。「土佐の山岳信仰と四国霊場【高知】」『四国遍路と山岳信仰』2014 年、岩田書院。

落合知子（おちあい・ともこ）

　　國學院大學大学院文学研究科史学専攻博士課程後期中退。博士（学術）。現在、長崎国際大学教授。
　　〔主要論著〕『野外博物館の研究』雄山閣、2009 年。『観光考古学』（共著）ニューサイエンス社、2012 年。『改訂増補　野外博物館の研究』雄山閣、2014 年。

熊木俊朗（くまき・としあき）

　　1967 年生。東京大学大学院人文社会系研究科修士課程修了。博士（文学）。現在、東京大学大学院人文社会系研究科准教授。
　　〔主要論著〕「香深井 A 遺跡出土オホーツク土器の型式細別と編年」『東京大学考古学研究室研究紀要』26、2012 年。「隣接地域の様相と交流―サハリン・千島列島」『講座日本の考古学 3　縄文時代（上）』青木書店、2013 年。「オホーツク文化と周辺文化の交流」『歴史と地理』675、2014 年。

黒澤　浩（くろさわ・ひろし）

　　1961 年生。明治大学大学院文学研究科博士前期課程修了。修士（文学）。現在、南山大学人文学部教授。
　　〔主要論著〕「銅鐸の周辺―銅鐸形土製品をめぐって―」『みずほ』43、大和弥生文化の会、2012 年。「カンボジア中部の土器つくり」『東南アジアの伝統的土器つくり―事例調査報告書』大阪大谷大学博物館、2012 年。『博物館教育論』（編著）講談社、2015 年。

後藤宏樹（ごとう・ひろき）

　　1961 年生。國學院大學大学院文学研究科史学専攻博士課程前期修了。現在、千代田区立日比谷図書文化館文化財事務室学芸員。
　　〔主要論著〕「博物館における文化財情報システムについて」『國學院大學博物館學紀要』21、1996 年。「遺跡にみる江戸のまちづくり」『家康の江戸　江戸開府四百年』新人物往来社、2002 年。「江戸の原型と都市開発―作り替えられる水域環境―」『国立歴史民俗博物館研究報告』118、2004 年。

小林青樹（こばやし・せいじ）

　　1966 年生。國學院大學大学院文学研究科史学専攻博士課程後期満期退学。現在、

奈良大学文学部文化財学科教授。
〔主要論著〕『縄文時代の考古学11　心と信仰』（共著）同成社、2007年。『弥生時代の考古学7　儀礼と権力』（共著）同成社、2008年。『弥生時代の考古学5　食糧の獲得と生産』（共著）同成社、2009年。

駒見和夫（こまみ・かずお）
1959年生。東洋大学大学院文学研究科修士課程修了。博士（歴史学）。現在、和洋女子大学人文社会科学系教授。
〔主要論著〕『だれもが学べる博物館へ―公教育の博物館学』学文社、2008年。「出前講座による博物館リテラシーの育成支援」『博物館学雑誌』39-1、2013年。『博物館教育の原理と活動』学文社、2014年。

鄒　海寧（CHAU HOINING）
香港生。香港中文大學大学院文学研究科宗教研究専攻卒業。國學院大學大学院文学研究科史学専攻博士課程後期在籍。
〔主要論著〕「香港における『古物及び古跡条例』」。

杉山哲司（すぎやま・さとし）
1990年生。國學院大學大学院文学研究科史学専攻博士課程前期修了。現在、東京都江戸東京博物館専門調査員（学芸員）。

辻　秀人（つじ・ひでと）
1950年生。東北大学大学院文学研究科博士課程後期単位取得満期退学。現在、東北学院大学教授。
〔主要著書〕『古墳時代の考古学』シンポジウム日本の考古学4（共著）学生社、1998年。『ふくしまの古墳時代』歴史春秋社、2003年。『東北古墳研究の原点　会津大塚山古墳』新泉社、2006年。『博物館危機の時代』（編著）雄山閣、2012年。

中島金太郎（なかじま・きんたろう）
1988年生。國學院大學大学院文学研究科史学専攻博士課程前期修了。現在、國學院大學文学部助手。
〔主要論著〕「遺跡博物館での学習に関する諸問題」『國學院雑誌』115-8、2014年。「戦後期の静岡県内に於ける公立博物館の展開」『國學院大學博物館學紀要』39、2015年。「静岡県における博物館の発生」『國學院大學紀要』53、2015年。

中原　斉（なかはら・ひとし）
1959年生。國學院大學文学部史学科卒業。現在、鳥取県埋蔵文化財センター所長。
〔主要論著〕
『街道の日本史37　鳥取・米子と隠岐』（共著）吉川弘文館、2005年。『考古調査ハンドブック4　近世大名墓所要覧』（共著）ニューサイエンス社、2010年。『鳥取県の歴史散歩』（共著）山川出版社、2012年。

中村　浩（なかむら・ひろし）
1947年生。立命館大学文学部卒業。博士（文学）。大阪大谷大学名誉教授。

〔主要論著〕『博物館学で何がわかるか』芙蓉書房出版、1999 年。『泉北丘陵に広がる須恵器窯—陶邑遺跡群』新泉社、2006 年。『須恵器から見た被葬者像の研究』芙蓉書房出版、2012 年。

中山誠二（なかやま・せいじ）

1958 年生。中央大学文学部卒業。博士（文学）。現在、山梨県教育委員会学術文化財課文化財指導監。

〔主要論著〕『植物考古学と日本の農耕の起源』同成社、2010 年。「博物館資料の活用—博物館整備を踏まえて—」『人文系博物館資料論』（共著）雄山閣、2012 年。『日韓における穀物農耕の起源』（編著）山梨県立博物館、2014 年。

桝渕彰太郎（ますぶち・しょうたろう）

1988 年生。國學院大學大学院文学研究科史学専攻博士課程前期修了。現在、千代田区立日比谷図書文化館事業企画・運営部門学芸員。

〔主要論著〕「総合展示の研究—総合展示論史からみた形態的分類試案—」『國學院大學博物館學紀要』36、2012 年。「総合展示」『人文系博物館展示論』（共著）雄山閣、2013 年。「高山林次郎の博物館学思想」『國學院大學博物館學紀要』37、2013 年。

向田裕始（むかいだ・ゆうじ）

1950 年生。立正大学文学部史学科卒業。現在、広島県立美術館学芸統括マネージャー。

〔主要論著〕「芸備地方における須恵器生産（2）—御調窯跡群の成立と展開—」『研究輯録Ⅹ』（財）広島県埋蔵文化財調査センター、2000 年。「石見焼の流通と生産について—広島県を中心として—」『広島の考古学と文化財保護—松下正司先生喜寿記念論集—』広島の考古学と文化財保護刊行会、2014 年。「木原保満の造塔活動について」『東広島市の石造物』東広島市教育委員会、2015 年。

領塚正浩（りょうづか・まさひろ）

1962 年生。國學院大學経済学部経済学科卒業。現在、市立市川考古博物館副主幹。

〔主要論著〕「学校と博物館をつなぐ縄文体験学習」『歴史地理教育』743、歴史教育者協議会、2009 年。「コレクションの文化資源化と大学・地域博物館の連携」『博物館資料の再生—自明性への問いとコレクションの文化資源化』岩田書院、2013 年。「市川最古の住民たち」『図説市川の歴史（第二版）』市川市教育委員会、2015 年。

地域を活かす遺跡と博物館
――遺跡博物館のいま――

2015 年 9 月 9 日発行

編 者	青 木 　 　 豊
	鷹 野 光 行
発行者	山 脇 洋 亮
印 　 刷	亜細亜印刷㈱
製 　 本	協栄製本㈱

発行所　東京都千代田区飯田橋 4-4-8　㈱ 同 成 社
　　　　（〒102-0072）東京中央ビル
　　　　TEL　03-3239-1467　振替　00140-0-20618

Ⓒ Aoki & Takano 2015. Printed in Japan
ISBN978-4-88621-702-8 C3030

―――― 同成社の文化遺産関連書 ――――

調査と整備

978-4-88621-322-8 (05.6)

史跡等整備のてびき―保存と活用のために―
文化庁文化財部記念物課監修

B5 四分冊 総頁1396 本体12000円

史跡等の保存と活用を目的とする整備事業を、適切かつ円滑に進めるに当たって必要となる各種の事項を総合的に取りまとめた手引書。①総説編・資料編　②計画編　③技術編　④事例編

978-4-88621-525-3 (10.5)

発掘調査のてびき
文化庁文化財部記念物課監修

B5 二分冊 総頁662 本体5000円

44年ぶりに改訂された発掘調査と報告書作成に関する待望のマニュアル。新しい調査機器、分析方法など学際研究の状況を反映させ、今後の調査・研究における全国標準として関係者必備の書。

978-4-88621-641-0 (13.5)

発掘調査のてびき　各種遺跡調査編
文化庁文化財部記念物課監修

B5 424頁 本体3000円

先に刊行された集落遺跡に関わる発掘調査のてびきにつづく完結編。墳墓、寺院、官衙、城館、窯跡、貝塚、洞穴遺跡を調査する際の標準を解説する。発掘調査に携わるすべての関係者必携の書。

978-4-88621-686-1 (15.1)

石垣整備のてびき
文化庁文化財部記念物課監修

B5 232頁 本体5000円

城跡等の石垣や石積みの構造物を修理・復元し、整備事業を適切かつ円滑に進める際に必要な石垣の本質的価値を示し、その方法と実務のすべてを総合的にまとめた初の手引書。

978-4-88621-334-1 (05.9)

日本の文化的景観
文化庁文化財部記念物課監修

A4 336頁 本体4300円

文化庁記念物課が平成十二年度から十五年度にかけて実施した『農林水産業に関連する文化的景観の保護に関する調査研究』の報告書。日本人の原風景ともいえる里山や棚田などの文化的価値を解説する。

978-4-88621-504-8 (10.4)

都市の文化と景観
文化庁文化財部記念物課監修

B5 220頁 本体3500円

都市や鉱工業に関連する文化的景観とはどのようなものかを紹介。全国の選定地域とその評価ポイント、保存と活用の問題のほか、近年に相次いで改正された景観関連法令抜粋も資料として収録。

978-4-88621-676-2 (14.10)

遺跡保護行政とその担い手
須田英一著

A5 474頁 本体12000円

近現代において遺跡保護を担った人びとの軌跡を、神奈川県の事例をとりあげながら、地域社会の変遷や文化財政策の歴史と絡めて丹念にたどり、遺跡保護の有り様について考察する。

―― 同成社の文化遺産関連書 ――

文化遺産

978-4-88621-486-7 (09.6)
文化遺産と現代
土生田純之編

A5　262頁　本体3200円

考古学・社会学・歴史学・建築等の研究者がそれぞれの立場から現代社会における文化遺産の果たす役割を検証。各地の特色ある活用事例を紹介しながら、今後の文化遺産活用と展望を問う。

978-4-88621-498-0 (10.4)
世界遺産　縄文遺跡
小林達雄編

B5　114頁　本体1300円

世界遺産たる特有の価値やすぐれた文化内容をもつ北海道・東北地方にひろがる主な縄文遺跡を紹介しながら、その文化的特質を、豊富な図版やカラー写真を駆使しつつ再検証する。

978-4-88621-543-7 (10.12)
文化遺産と地域経済
澤村明著

A5　152頁　本体2000円

文化遺産の保存問題と地域社会における経済効果について、青森県三内丸山遺跡や佐賀県吉野ヶ里遺跡などをとり上げながら経済分析を試み、今後の活用における視点を提言。

978-4-88621-542-0 (10.12)
日本の世界文化遺産を歩く
藤本強著

四六　202頁　本体1800円

世界遺産の成立やその決定における要因について解説するとともに、日本に所在する世界文化遺産の一つ一つを訪ね歩き、豊富な写真と共にその歴史や現状を平易かつ的確に解説する。

978-4-88621-648-9 (13.10)
イタリアの世界文化遺産を歩く
藤本強・青柳正規編

四六　290頁　本体2400円

世界最多を誇るイタリアの世界文化遺産のうち主要な遺跡や建造物を訪ね、それぞれの歴史や世界遺産に選ばれた理由、見所などを豊富なカラー写真とともに丁寧に解説する。

博物館学

978-4-88621-488-1 (09.10)
新博物館学―これからの博物館経営―
小林克著

A5　226頁　本体2800円

博物館学芸員として長年勤務した著者が、現場での経験を踏まえ、今の博物館が抱える課題を抽出し、時代のニーズに合う博物館経営を探り出しフランクに伝える。

───────── 同成社の文化遺産関連書 ─────────

978-4-88621-527-7 (10.9)

博物館で学ぶ
G・E・ハイン著／鷹野光行監訳

ボストンの博物館で教育プログラムの評価・研究に関わってきた著者が、豊かな経験と膨大な事例研究に基づき、博物館における教育普及活動の効果的な実践法について丁寧に論じる。

A5　298頁　本体3800円

978-4-88621-555-0 (11.3)

新編博物館概論
鷹野光行・西源二郎・山田英徳・米田耕司編

平成24年度の学芸員養成科目改正に対応しうる内容をもりこんだ「博物館学」教科書。長年、現場で活躍してきた学芸員や、教職の経験豊かな研究者が、平易な言葉でわかりやすく記す。

A5　306頁　本体3000円

978-4-88621-598-7 (12.3)

公立博物館をNPOに任せたら─市民・自治体・地域の連携─
金山喜昭著

財政難の地方自治体が公共施設運営に苦悩する中、指定管理者制度を利用し画期的な成果を上げた地域博物館の紹介を通して、市民と自治体協働で運営するこれからの博物館経営を展望する。

A5　192頁　本体1900円

978-4-88621-654-0 (14.3)

博物館展示の理論と実践
里見親幸著

博物館展示の基本概念、展示空間の作り方、照明の技術等について長年博物館展示を手がけてきた著者が豊富な写真と共にわかりやすく解説。博物館関係者や学芸員を目指す人に必携の書。

A5　242頁　本体2800円

978-4-88621-687-8 (15.2)

人間の発達と博物館学の課題
鷹野光行・青木豊・並木美砂子編

人が学び成長していく過程で博物館が果たすべき役割を模索すべく、学芸員養成に関わる科目のうち博物館概論、博物館教育論、博物館経営論を中心に論述し、博物館学の現状と未来を展望する。

A5　386頁　本体6000円

パブリックアーケオロジー

978-4-88621-603-8 (12.12)

入門パブリック・アーケオロジー
松田陽・岡村勝行著

近年、世界で広がっている新しい考古学研究、パブリック・アーケオロジーについてその成り立ちや理論、手法等を具体例とともに解説する初の入門書。現代社会と向きあう考古学の展望を示す。

A5　194頁　本体1900円

978-4-88621-675-5 (14.10)

実験パブリックアーケオロジー─遺跡発掘と地域社会─
松田陽著

伊アウグストゥスの別荘遺跡における発掘調査をパブリックアーケオロジーの理論、方法論を以て検証し、発掘調査や遺跡と地域社会との関わりあい、考古学と社会との関係性を言及する。

A5　326頁　本体8000円